对外汉语教学
专业教材系列

汉语教学评价

杨翼 著

北京语言大学出版社
BEIJING LANGUAGE AND CULTURE
UNIVERSITY PRESS

© 2008 北京语言大学出版社，社图号 08227

图书在版编目（CIP）数据

汉语教学评价 / 杨翼著． -- 北京：北京语言大学出版社，2008.11（2021.3 重印）

ISBN 978-7-5619-2238-5

Ⅰ.①汉…　Ⅱ.①杨…　Ⅲ.①对外汉语教学－教学评议　Ⅳ.① H195

中国版本图书馆 CIP 数据核字（2008）第 179190 号

汉语教学评价
HANYU JIAOXUE PINGJIA

排版制作：	北京创艺涵文化发展有限公司	**责任印制：**	周 燚

出版发行： 北京语言大学出版社
社　　址： 北京市海淀区学院路 15 号，100083
网　　址： www.blcup.com
电子信箱： service@blcup.com
电　　话： 编辑部　　8610-82303647/3592/3724
　　　　　　　国内发行　8610-82303650/3591/3648
　　　　　　　海外发行　8610-82303365/3080/3668
　　　　　　　北语书店　8610-82303653
　　　　　　　网购咨询　8610-82303908
印　　刷： 北京建宏印刷有限公司

版　次： 2008 年 11 月第 1 版	**印　次：** 2021 年 3 月第 3 次印刷
开　本： 710 毫米 ×1000 毫米 1/16	**印　张：** 20.5
字　数： 357 千字	
定　价： 58.00 元	

PRINTED IN CHINA

序

今年元月初，刘珣教授写信给我，告以"对外汉语教学专业教材系列"已基本撰写修改完成，将陆续出版，嘱我为之写一总序。对外汉语教学的本科与研究生教育是我校对外汉语教育体系中非常重要的一个有机组成部分，也是我校对外汉语教育师资培养和研究生教育的重要方向。因此，我为这套教材的出版感到欢欣鼓舞，写点东西是责无旁贷的。

"对外汉语教学专业教材系列"是专门为对外汉语教学的硕士课程编写的系列教材，著作者都是北京语言大学的资深教师和青年才俊，其中有颇负盛名的资深教授，也有崭露头角的中青年学者。这支队伍是我国对外汉语教学领域的精英和领军人物，他们的学术成就可以代表我国对外汉语教学领域的最高水平。对外汉语教学是一门交叉学科，语言学、教育学、心理学、现代教育技术等学科是这个学科的基础。因此在这一书系的作者队伍中，有对外汉语教育的专家，如刘珣教授、崔永华教授、杨惠元教授；有教学理论和教材研究的专家，如张宁志副教授；有语言学专家，如张旺熹教授；有第二语言习得研究专家，如施家炜副教授；有心理学专家，如江新教授；有教育学、对外汉语教学研究专家，如姜丽萍副教授；有语言测试和语言教育专家，如郭树军副教授、杨翼副教授、王佶旻博士；有跨文化交际研究专家，如毕继万教授；有现代教育技术专家，如郑艳群教授。这些同志多年来在对外汉语教学与研究的第一线，为以对外汉语教学为专业的本科生、研究生开课，有着丰富的教学经验和研究经验。对外汉语教学涉及很多因素，教师、教材、课程、教育理念、教学模式、教学环境等等，我认为在所有的因素中人的因素是最重要的。

对外汉语教学也是一门实践性很强的学科，因此基础理论研究与应用研究同样重要，在研究生的培养方案中，两者不可偏废。这套教材包括《对外汉语教学设计》、《课堂教学理论与实践》、《对外汉语教学论》、《对外汉语学习论》、《第二语言习得概论》、《对外汉语教学评价》、《语言测试概论》、《对外汉语教材论》、《语言教学研究方法》、《跨文化交际与对外汉语教学》、《汉语多媒体教学课件设计》、《对外汉语教育学引论》（修订本）、《对外汉语教学论文选评》（第二集）等，既有基础理论研究的内容，又有应用研究的内容。它总结了北京语言大学二十多年来从事"对外汉语"本科专业和"（对外汉语教学）课程与教学论"硕士专业的教学与研究的成果，在国内开设对外汉语教学方向或专业的学校中，这样成系统的课程和与之配套的教材还是不多见的。在当前加快汉语走向世界、大力发展对外汉语教学事业的新形势下，这套教材的出版对我国对外汉语教学学科的建设、特别是教师队伍的建设来说真如雪中送炭。我的导师陆俭明先生曾经说过："对外汉语教学就是要研究怎么样在最短的时间里让学生掌握汉语。"这是我们最直接的目标。为了实现这一目标，我们要从汉语本身、教学方法、学习者习得过程和教学手段等方面着手进行深入细致的研究。这套教材也基本上体现了这样一种思想。

对外汉语教学作为国家和民族的事业得到了许多前辈学者的支持和鼓励，王力先生曾为这个专业题词曰"对外汉语教学是一门科学"，作为一门科学当然要有科学的范式和科学的态度。我想现在已经没有人认为"对外汉语是小儿科，只要会说中国话就能教"了。去年四月中旬，承蒙何九盈师惠赠他老人家的新作《汉语三论》（语文出版社2007年3月出版），其中有一论叫做"全球化时代的汉语意识"，在这里他把对外汉语教学看做"一门崭新的学科"，并认为这是一门很有前途的学科。何九盈先生还在电话中特意强调："对外汉语教学是一门独立的学科，这个学科要有国际视野，要有历史视角，要有跨学科意识，要有时代精神。"前辈学者的关怀和鼓励让我们信心倍增，也让我们感到肩上的责任重大。

一个学科的发展需要不懈的追求和持之以恒的努力。新中国的对外汉语教学已经有五十多年的历史了，曾经有许多先行者筚路蓝缕，孜孜以求。正是因为有了他们的探索和鼓吹，这个学科才有了今天的成就。我们还应该看到，这个学科还是一个比较稚嫩的学科，需要更多的人在这个园地里辛勤耕耘，需要更多地得到学界的关心和理解，需要在继承中发展、在发展中进步、在进步中成熟。

北京语言大学一直秉持"推广汉语，弘扬中华优秀文化"的办学理念，在对外汉语教学的学科建设中，博采众长，融通诸家，不胶柱鼓瑟，不闭门造车，用科学的研究方法以聪明文思，用多样的文化活动以涵养性情。我希望我们培养的学生有理性的忧患意识，有扎实的专业基本功，有宽广的学术视野，有博大的人文情怀，有深沉的历史厚度，有高雅的审美情趣。

是为序。

崔希亮

2008年4月30日

前言

本书的名字叫做"汉语教学评价",一谈到评价,我们不少教师就会想到上级领导或教务部门检查教师的教学,就如同一谈到测试,就会想到考学生一样。其实,这样理解是不全面的。那么,什么是"汉语教学评价"?评价与汉语作为第二语言的教学有什么关系?为什么要进行"汉语教学评价"?什么时候评价?我们的评价对象有哪些?如何进行"汉语教学评价"?这些问题是对外汉语教学工作者感兴趣的,也是本书想着重阐述的一系列理论和实践问题。

在以往的汉语教学评价过程中,我们常常用测试来搜集信息,因此,不少人都以为评价就是"测试",或者有时也喜欢称之为"考试""测验"。然而,它们虽然跟评价关系很密切,但二者又有所不同。比如,评价是综合性活动,需要经历若干阶段和步骤,而测试却是单一性活动,作为一种测量工具,它只是评价的某一阶段中的某一步骤。评价的方式也是多种多样的,而测试只是其中的一种方式。因此,在论述汉语教学评价研究的一系列问题时,本书有时可能会涉及测试,但又从本质上区别于单纯的"语言测试",重点在于全面探讨汉语教学评价的理论与实践、介绍该领域的研究现状与发展趋势等。

汉语作为第二语言的教学既指在中国进行的对外国人的汉语教学,也指世界各地的汉语教学,还指对中国国内少数民族的汉语教学。我们把这种教学简称为汉语教学。"汉语教学"这一概念不但可以简明扼要地涵盖上述三种教学情况,而且还便于与汉语作为第一语言的教学(即语文教学)相区别。因此,汉语教学评价是基于汉语作为第二语言教学的评价,它不但有教育评价方面的渊源,还跟语言教学理论、语言学习理论以及某些哲学文化思潮有着千丝万缕的联系,只有弄清楚它们之间的关系,才能很好地理解汉语教学评价的原理,很好地实施汉语教学评价实践的程序,因此,本书还将讨论它们之间的关系及其对教学评价的意义。

汉语教学评价又是一项理论与实践并重的技术，我们既需要领悟相关理论，又需要运用这些理论来指导我们的评价实践，解决我们汉语教学中遇到的一系列实际问题。比如，如何评价汉语学习者的学业成就，如何评价汉语教师的教学，如何评价汉语教材，等等。因此，本书还提供了一些具体的操作案例。

教学评价在第二语言教学研究领域占有重要的地位，近二十多年来国外在这方面的研究取得了较大成就，国内外语教学界也有一些成果，但汉语教学界的有关研究成果还很少。本书虽然进行了一些探索，但研究成果还不够成熟。另外，本人的研究水平有限，错谬之处在所难免，恳望专家和读者不吝指教。

杨 翼

2008 年 5 月于北京

目 录

第一章　汉语教学评价概论 …………………………………………… 1
第一节　汉语教学评价的基本概念 …………………………………… 1
第二节　汉语教学评价的主要功能 …………………………………… 11
第三节　汉语教学评价的主要类型 …………………………………… 20

第二章　汉语教学评价的理论基础 …………………………………… 29
第一节　教育评价理论与汉语教学评价 ……………………………… 29
第二节　语言学及其教学理论与汉语教学评价 ……………………… 38
第三节　当代新型评价理念溯源及启示 ……………………………… 48

第三章　汉语教学评价的源起和发展 ………………………………… 56
第一节　汉语教学评价的源流与萌芽 ………………………………… 56
第二节　汉语教学评价的现状与趋势 ………………………………… 66
第三节　汉语教学评价体系的构建 …………………………………… 84

第四章　汉语教学评价的一般过程 …………………………………… 94
第一节　准备汉语教学评价 …………………………………………… 94
第二节　收集与解释教学评价信息 …………………………………… 103
第三节　作出决策及反馈评价信息 …………………………………… 123

第五章　汉语教学评价的形式与标准 ………………………………… 141
第一节　汉语教学评价的指标体系 …………………………………… 141
第二节　汉语教学评价的概括性问题 ………………………………… 160
第三节　汉语教学评价标准的制定 …………………………………… 162

第六章　汉语教学评价信息的收集 …………………………… 177
第一节　用测试法收集信息 …………………………………… 177
第二节　用调查法收集信息 …………………………………… 193
第三节　用观察法收集信息 …………………………………… 207

第七章　汉语教学评价信息的质量 …………………………… 225
第一节　汉语教学评价信息的信度 …………………………… 225
第二节　汉语教学评价信息的效度 …………………………… 230
第三节　收集汉语教学评价信息的可行性 …………………… 237

第八章　汉语学习者评价 ……………………………………… 242
第一节　汉语学业成就评价的特点 …………………………… 242
第二节　汉语学业成就评价的内容 …………………………… 250
第三节　汉语学业成就评价的方法 …………………………… 255

第九章　汉语教师评价 ………………………………………… 268
第一节　汉语教师评价的目的与类型 ………………………… 268
第二节　汉语教师评价的形式与内容 ………………………… 270
第三节　汉语教师评价的主要方法 …………………………… 280

第十章　汉语教材评价 ………………………………………… 287
第一节　汉语教材评价的基本问题 …………………………… 287
第二节　汉语教材评价的程序与方法 ………………………… 290
第三节　汉语教材评价的指标体系 …………………………… 302

第一章
汉语教学评价概论

汉语教学从本质上来说是一种第二语言教学，因此，汉语作为第二语言教学的评价研究的性质也就属于第二语言教学评价。本章的写作目的是让读者对汉语教学评价的全貌有个初步的了解。

我们在本章将讨论以下几个问题：什么是汉语作为第二语言教学的评价？为什么要进行汉语教学评价？汉语教学评价的主要功能是什么？汉语教学评价的主要类型有哪些？其中有些问题我们在后面的章节里还会进一步讨论。

第一节　汉语教学评价的基本概念

在讨论什么是汉语教学评价、为什么要进行汉语教学评价、怎样评价之前，我们需要先了解一些基本概念，弄清它们之间的关系，澄清一些模糊认识，以便使我们的讨论在明确的界定范围内进行。需要指出的是，在教育评价领域，对"评价""评估""测量""考试"这样一些术语的定义也有分歧。我们将主要结合汉语教学评价的实际情况，同时参考某些有一定共识的说法，给出自己的定义。

一、评价与评估

在汉语中，"评价"是评定价值的意思。在生活中，人们常常在无意识地进行各种各样的评价。比如，在商店买东西，要评价货物；在餐厅吃饭，要评价饭菜；在工作中，要评价工作；在人际交往中，要评价人物，等等。从教育评价的角度来说，广义的评价是用系统、科学的方法全面地收集和分析信息，从而对教育的价值作出判断的过程；狭义的评价是依据教育目标对学生经教育后所产生的行为变化作出价值判断，并为改善和优化教育途径提供依据的过程。（王孝玲，1999）

我国教育界常把"evaluation"译为"评价"，把 assessment 译为"评估"。Alan Davies 等（2002）的 *Dictionary of Language Testing* 一书在国际语言测试领域有着广泛的影响，他们在该书中，对语言教学中的"evaluation"和"assessment"给出了明确的定义：

> 评价是为了作出决策而系统地收集信息。就一个语言教学项目进行评价是为了向该项目的涉及者（比如赞助人、管理者、教师或父母）提供信息，以便对项目的未来作出决策。这时，教学的有效性处于调查之中，语言测试被频繁地作为评价的组成部分来使用，有代表性的前测和后测或成绩测试有时将会伴随着一群控制对象来进行。

> 广义的评估是经常与测试一起使用的一个术语，但也更广泛地包含收集语言数据的意思，包括测试数据以及为评价目的利用面试、个案研究、调查问卷、观察技术这样一些工具。狭义的评估指不涉及测试的评估程序。评估的可能是一个学习者或一群学习者的语言能力，或者是实施语言教学的效果。更广泛地说，评估属于一种评价，它通过学习者评估和整个教学实施的评估（包括课程、方法、材料、资源、计划和教员）来实现。

从上述定义可以看出，"评估"类属于"评价"，它们在概念含义上非常接近。因此，在教育文献资料中二者常被人们交替使用，并无严格界限。

Alan Davies 等对"评价"的定义虽然很详细，也很清楚，但还不够简明扼要，而我们为了在后面开展更进一步的讨论，需要一个简明扼要的定义，以使大家能对"评价"这一概念产生清晰难忘的印象，这一点对大家理解本书的内容很关键，因此，我们把语言教学的"评价"的定义概括为：

评价是评价者为了作出决策而系统地收集信息，并对语言教学[1]的任意元

---

[1] 这里的"教学"指教师的"教"和学生的"学"。

素的价值作出判断的过程。

我国教育界实际使用这两个术语时，在不同的范围和场合有不同的习惯用法。比如，在我国正式出版的学术著作中称为"评价"的占绝大多数；在我国教育主管部门颁布的文件中称为"评估"的占多数。可见，二者也没有严格的使用界限。

在汉语教学界，有不少教师习惯于使用"评估"这个术语，甚至称"教学评估"的人比称"教学评价"的人还要普遍。这是为什么呢？原因是上级领导或教务部门检查汉语教师的教学情况时，常常采用"评估"的说法，时间一长，人们都沿袭这种说法。几十年来，在汉语教学界，人们不仅普遍使用"评估"这个术语，而且还会把它跟上级领导或教务部门检查汉语教师的教学联系在一起，尽管这样理解是不准确的。

综合上述情况，结合本书主要想探讨的问题，我们倾向于使用"评价"这一术语，在本书中也将一直采用这一术语，而不在"评价"与"评估"之间随意变换，以保持全书术语的前后一致。在我们确定使用"评价"这一术语后，还需要进一步定义"汉语教学评价"，这个问题我们将在本节的第五个议题中讨论。

二、评价与测量

前面我们说过，评价是评价者为了作出决策而系统地收集信息，并对语言教学[1]的任意元素的价值作出判断的过程。而测量则是依据一定规则，对事物的属性用数字进行量化描述的过程。（王孝玲，1999）

评价和测量既有联系又有区别。

测量所回答的是"程度"问题，它本质上是事实判断，而评价实质上是价值判断。但事实判断又是价值判断的基础，因为只有弄清了事实才能作出合理的价值判断。由此可见，测量是评价的工具。

测量强调数量化和客观性，一般要尽可能减少主观因素的影响。而评价则强调价值观和科学性，充分重视分析和判断。但测量的结果又是评价的重要依

---

[1] 这里的"教学"指教师的"教"和学生的"学"。

据,尽管它不是唯一依据。从这种意义上来说,评价又是测量的深化和发展。

测量是单一性活动。比如,某个留学生在中级汉语综合课第一学期期末考试中得了 75 分,全年级 60%的人低于他的得分。对于测量者来说,他已经用考试分数描述了该考生当前的汉语水平,完成了他的测量任务。而评价则是综合性活动,它需要依据更多的信息资料、使用更多的方法来进行。比如,同样是这个留学生,对于评价者来说,只描述他当前的汉语水平还不够,还应该考查该生第一学期的期中成绩。如该生期中中级汉语综合课考试 85 分,全年级 78%的人低于他的得分,而他的期末考试 65 分,全年级 30%的人低于他的得分,这时评价者就需要找出该生成绩下降的原因,分析他的汉语技能缺陷,提出补救措施等。这个例子说明,评价者不仅要描述当前结果,还要考察其发展过程,诊断其问题所在,并提出补救措施。

总之,测量限于对被评价对象(如学生)的定量描述,结果总是用数字来体现(如,玛丽答对了 30 道阅读题中的 25 道)。它既不包括定性描述,也不含有对所得结果的价值判断。而评价则不同,它可以包括对学生的定量描述(测量)和定性描述(非测量)两个方面,此外,评价还总是包含对结果的价值判断。因此,评价是一个更全面的、涵盖面更广的术语。

三、评价与测试、考试

汉语中的"测验"和"测试"在英语中都与"test"对应,而"test"在译为汉语时,有人喜欢译为"测验",有人喜欢译为"测试"。一般来说,从事语言测试研究工作的专业人员,在学术著作中使用"测试"这一术语更为普遍,比如"语言测试研究""英语测试理论与实践"等。另外,从事科技工作的人使用"测试"这一术语也十分常见,比如"测试仪器的性能""测试软件的报告"等。学校的教师和学生使用"测验"这一术语更为普遍,比如"我们今天有个小测验""下星期有语法测验"等。因为测验和测试在概念内涵上非常接近,几乎没有使用界限,所以常常有人交替使用二者。在教育评价领域,它们都是测量的工具,能引起人的代表性行为,以便对人的行为特性或心理特性进行测量与评价。因此,我们把它们视为同一概念,并这样来定义汉语教学中的"测试":

汉语测试（或测验）是汉语教学评价中收集信息的一种形式，通常是由一组要求在固定时间内完成的汉语题目组成，并在相同的条件下对所有应试的学生施测。

评价与测试和考试之间的关系如何呢？

在汉语教学评价过程中，我们常常使用测试这个工具来收集信息。测试对汉语教学评价的信息收集有很大帮助，但是测试的作用相对来说也是有限的，因为它只能告诉我们汉语学习者成绩的某些方面，而不能告诉我们许多其他因素，而这些其他因素在汉语教学评价中却常常需要考虑。因此，在汉语教学评价中，也需要一些通过其他途径来收集信息的方法。例如，通过在常规汉语课堂教学中观察学生的汉语表现来收集信息，通过学生汉语讨论会中的个体发言或登录学生的汉语博客来收集信息等。所有这一切都能获得学生汉语学习效果和教师汉语教学效果的重要信息。甚至来自学校的学生档案记录、学生父母提供的信息等，也都是信息的重要来源。由于评价所要求的信息的多样性和广泛性，这些信息资源同样可以如同测试那样为汉语学习者作出某个方面的鉴定。

从汉语教学评价的狭义范围来说，考试（examination）是汉语教学评价中收集信息的一种较为严格的特定形式，它通常是由一组要求在固定时间内完成的汉语题目组成，并在相同的条件下对所有应试的学生施测。从这种意义上来说，考试也是测试。但是，从观念上来说，学生和教师认为"考试"在形式上更正规，在程序上更严格，在规模和题量上更大；而测试较为随意、松散，题量、规模较小。其原因是，考试往往是根据汉语教学的内容和目标，严格选择有代表性的内容与题目，并以较大的内容覆盖面，对学生的汉语技能和汉语知识进行测量与评价；而测试则不一定那么严格，测试的内容覆盖面可大可小。比如我们习惯这样说：从7月1号到10号是全校的期末考试时间。这时我们会使用"考试"这个术语。同时，我们又习惯说：这周我们有个单元小测验。这时我们会使用"测验（即测试）"这个术语。这说明人们对"考试"和"测试"的理解和看法都带有浓厚的约定俗成的色彩。因此，我们也可以更准确地说，严格意义上的特定的测试就是考试。

总的来看，汉语测试的概念比汉语考试的概念内涵更宽泛，汉语考试是汉语测试的一种特定形式，但它们又都是汉语教学评价的一种工具。在某些情况下，汉语测试、汉语考试活动本身就是某种汉语教学评价活动的一个组成部分。

四、评价、测量、测试和考试之间的关系

前面我们分别介绍了评价、测量、测试、考试这些基本概念,但是它们在概念含义上纵横交错,可能会使读者产生扑朔迷离之感。我们在这里借鉴Bachman & Palmer(1997:23)中的一张图,并略加改造来形象、直观地描述一下它们之间的关系,以帮助读者更好地理解这些概念和含义。下图共有4个圆圈,分别表示评价、测量、测试和考试。

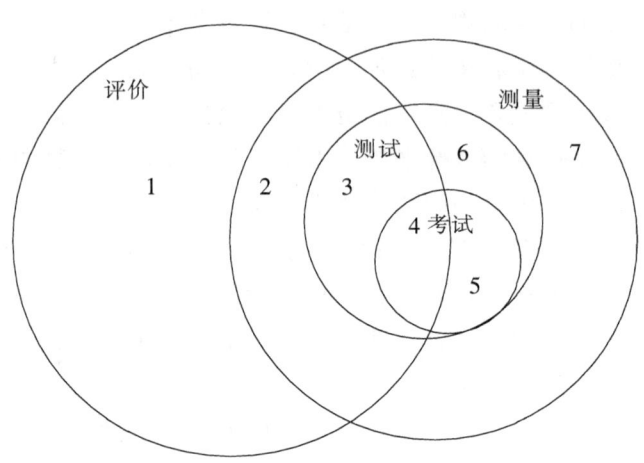

图 1-1　评价、测量、测试和考试之间的关系

从上图可以看出,圆圈覆盖的区域有7个,我们可以分别标上数字1、2、3、4、5、6、7。根据Bachman & Palmer的观点,这7个区域可以代表7种不同的情况(高兰生,2002):

1. 无测量、测试和考试的评价。

这种评价是定性地描述学生的行为表现,比如,用于诊断学习中的问题。特点是不通过测量,也没有测试和考试,不用数量陈述。

2. 通过无测试和考试的测量进行的评价。

比如教师通过平时的课堂观察,按优劣程度给学生排序,并给出分数或分出等级,以便作出评价。这时即使用了分数或等级来陈述评价结果,但这些分

数和等级也不是通过测试和考试得到的。

3. 通过有测试的测量进行的评价。

4. 通过有考试的测量进行的评价。

5. 通过考试进行的测量。

6. 有测试无考试的测量。

这种测量的目的不是为了评价，而是为了进行科学研究。例如，进行汉语作为第二语言的习得研究。

7. 无测试无考试的测量。

这种测量没有测试，也没有考试，不是为了评价。例如，为了研究的需要，根据母语的种类给每个学生分配一个号码，再计算出不同母语种类的人数分布。

对上述 7 种不同情况的描述提示我们：

（1）并不是所有的评价都会涉及测量、测试和考试。

（2）并不是所有的测量都是测试和考试。

（3）也不是所有的测试和考试都是评价。

（4）虽然测试、考试、测量都是评价的工具，但评价既可以借助定量描述型的测量工具来进行，也可以借助定性描述型的非测量工具来进行。

（5）测试包含考试，但它们又都是评价或测量的一种工具。

（6）汉语教学评价多数在 3 区和 4 区进行，有时候在 1 区进行，少数在 2 区进行。

五、汉语教学评价

我们在前面所进行的一系列定义和阐释都是为了更好地回答一个关键性问题——什么是汉语教学评价？对此我们必须清楚地给出定义，因为本书关于汉语教学评价的进一步探讨，都是在这个定义下进行的。同时，明确汉语教学评价的对象，充分认识它跟汉语教学的紧密联系，对我们理解"什么是汉语教学评价"这个问题也有很大的帮助。

（一）汉语教学评价的定义

汉语教学评价是指评价者为了作出汉语教或学的决策而系统、科学、全面地收集和分析信息，并对汉语教学的任意元素的价值作出判断的过程。其目的是改善和优化汉语教或学的质量。

上述定义有几层含义：

（1）汉语教学评价的对象可以是汉语教学领域的任意元素，既可以是汉语教学的某一参与者（如教师、学生、教学管理者等），也可以是汉语教学的某些现象或活动（如教学目标、教学设计、教学过程、教学方法、教学效果、汉语教材、汉语交际活动、汉语教学大纲等），而不只是局限于学生和教师。

（2）汉语教学评价的本质是对汉语教、学的价值作出判断。评价者作出的某种决策是以价值判断为基础的，而系统、科学、全面地收集和分析信息，则是获得正确的价值判断和决策的重要前提。

（3）汉语教学评价的手段是综合运用测量、统计、系统分析等科学的方法和技术进行全面的分析和判断，既有定量分析，又有定性分析。

（4）既然汉语教学评价的目的是为了改善和优化汉语教学，汉语教学评价就不仅要对当前的汉语教学结果作出描述和判断，还要考察其发展过程，诊断问题之所在，并提出补救措施和进一步努力的方向。

（二）汉语教学评价的对象

汉语教学评价的对象可以是汉语教学领域的任意元素，既可以是汉语教学的某一参与者（如教师、学生、教学管理者等），也可以是汉语教学的某些现象或活动（如教学目标、教学设计、教学过程、教学方法、教学效果、汉语教材、汉语交际活动、汉语教学大纲等），因此，评价并不只是针对学生和教师。

那么参与评价工作的可以是哪些人呢？参与评价工作的人一般有三类：第一类是汉语教学工作人员本身（包括汉语教师和有教学经验的管理人员），他们或是对自己的教学作出自我评价，或是对学生的汉语学习作出他人评价。他们的优点是熟悉并了解自己或学生的情况，缺点是容易受经验和情感的影响，主观性强。第二类是外请专家，他们看问题相对比较客观，但评价成本较大。所以，在较为重大的汉语教学评价活动中，理想的办法是把上述两类评价者结合起来，先进行以教学工作人员为主的评价，再进行以专家为主的评价，然后二者互相参照。如果是日常汉语教学工作中为了诊断学生的各种疑难问题而进行的汉语教学评价，则可以由汉语教师按照评价规则独自进行，不需要耗资请专家。第三类是学生，他们或是对自己的汉语学习作出自我评价，或是对汉语教师的教学作出他人评价。

（三）教学评价与汉语教学的联系

汉语教学评价是汉语教学的一个重要组成部分。因为汉语教学评价总是关注汉语教学的效果和教学目标的实现，适时发现教学中出现的问题，并提出改进途径。因此，从汉语教学的角度看，评价又可以定义为判定学生达到汉语教学目标程度的系统过程。评价过程使用的方法包括测量法（如测试）和非测量法（如观察），目的是描述学生经过汉语教学以后在汉语表现方面的变化，并对其变化进行价值判断。由此可见，汉语教学评价与汉语教学之间的联系非常紧密。不仅如此，汉语教学评价目标与汉语教学目标也是一致的，汉语教学评价内容跟汉语教学内容也是一致的，而且评价方法的使用要受汉语教学用途和汉语教学阶段的制约。

1. 教学评价目标与汉语教学目标一致

汉语教学的目标是培养学习者的跨文化汉语交际能力，汉语教学评价必须跟这一总的目标一致。汉语教学评价的目标也是为了促进或培养学习者的跨文化汉语交际能力。如果去评价与汉语教学目标关系不大的能力会影响到评价的有效性，反之，与汉语教学评价目标无关的因素会限制或改变学生的汉语表现和反应，使其无法展示出真正的汉语水平。

汉语教学目标规定了期望从汉语教学中获得的汉语学习成果，它是通过对汉语教学后学生的表现类型来界定的。高度具体化的汉语教学目标又使得构建精确的汉语教学评价目标成为可能。同时，我们也是根据汉语教学目标的重要程度来确定评价权重的。

2. 教学评价内容与汉语教学内容一致

有效的汉语教学评价既依赖于对所评价内容的清晰描述，又依赖于对评价方法的选择。在编制或选择评价工具时，汉语教学内容要点为汉语教学评价提供了很好的内容要点。评价任务的数量、指标类型和权重比例都要根据汉语教学目标和汉语教学内容来制定。比如，汉语教学时间较长的内容应该分配更多的评价任务。这样一来，各种汉语学习成果在评价时才能得到应有的重视，并保证了评价内容比例均衡、轻重分明。

汉语教学评价任务的代表性样本来自某一汉语教学内容的某个特定的汉语学习成果。不管测试和评价的范围有多广，它们几乎都是所有任务总体的一个样本。在每个汉语学习内容领域，对每个特定的汉语学习成果，我们只能选取学生汉语表现的一个样本，并将其作为学生在该汉语领域的表现的证据。我们假定学生对所选题目和任务的反应能够代表他们对同一汉语领域内的其他题目的反应，这就意味着所选的有限样本必须尽可能地在所测汉语内容领域具有代表性。由此可见，汉语教学评价内容与汉语教学内容是一致的。

3. 评价方法的使用要受汉语教学用途和教学阶段的制约

汉语教学评价方法有多种，但常常根据它在课堂教学中的用途来分类。这一分类系统遵循的是汉语教学评价方法在汉语教学中使用的时间次序。比如，安置性评价：在教学开始时判定学生的汉语表现；形成性评价：在教学过程中检测学生的汉语进步；诊断性评价：在教学过程中诊断学生的汉语学习困难；总结性评价：在汉语教学结束时评价学生的汉语学习成就。尽管有时一种工具可以用于多个目的（如同时用于形成性和总结性评价），但每种教学评价通常需要使用一些为特定用途而专门设计的工具。

上述评价方法有的是为了确定最有效的汉语教学模式和学生在汉语教学进程中的位置；有的是为了监测汉语教学过程中的进展，直接用于改善汉语教学；有的是为了查明学生在汉语学习方面"老大难"问题的成因，以制定矫正计划；有的是为了证明学生的汉语学习成就，同时判断汉语课程目标是否恰当。但都有一个共同特点，就是它们的使用要受汉语教学用途和汉语教学阶段的制约。

4. 教学评价总是要关注汉语教学的改善

在汉语教学中，许多方面需要通过诊断性评价或形成性评价来探索改善汉语教学的途径。例如，在汉语语音方面，可以进行送气音、声调、语调的诊断性评价；在汉语词汇方面，可以进行辨别同义词、根据语素义猜测新词词义的诊断性评价；在汉语语法方面，可以进行某些汉语疑难句法现象以及汉语句子连接规则的诊断性评价；在汉字方面，可以进行误写、误读规律的诊断性评价；在汉语语用方面，可以进行体现中国文化特点的表达得体性的诊断性评价；等等。汉语教学评价是监测学生汉语学习进步与汉语学习困难的手段，汉语教学中的定期评价可以提供一种"反馈→改进"的途径，有助于不断调整和改善教师的汉语教学以适应个体或群体汉语学习者的需要。

5. 教学评价会对汉语教学本身产生反拨效应[1]

汉语教学评价，尤其是以测试为工具反映学生汉语学习进步的汉语教学评价会对汉语教学本身产生反拨效应。反拨效应有两种，一种是积极的反拨效应，一种是消极的反拨效应。

如果一个汉语测试被认为是很重要的，对它的准备就会主宰所有的汉语教学和学习活动。当汉语测试内容和测试技巧与汉语课程目标不一致的时候，最有可能产生有害的消极反拨效应，从而使汉语的教或学的活动偏离它预定的轨道和目标。在汉语的教或学的效果很差或不适当的时候，测试也能发挥有益的积极的反拨效应，促使汉语教或学的活动向预定目标前进。我们要求汉语教学评价尤其是汉语测试支持好的汉语教学[2]，有必要的话，对差的汉语教学发挥一个纠错的作用，这样汉语测试对汉语教学就有一个有益的反拨效应。汉语测试的反拨效应既可以是积极的，也可以是消极的。我们要努力探索减少消极反拨效应、增加积极反拨效应的途径。

第二节　汉语教学评价的主要功能

在汉语教学领域，大纲设计、教材编写、课堂教学、教学评价被视为汉语教学的四大环节。这四大环节环环相扣，缺一不可。如果说大纲设计是其他三个环节的前提和基础，教材是课堂教学的依据，课堂教学是大纲和教材服务的中心的话，那么教学评价则是监控课堂教学效果、检验大纲设计和教材编写的有效途径，同时它还是诊断各种教、学隐患，探索改进方法，提出针对性决策建议的有利工具。它不但关注教师的教和学生的学，而且关注包括测试本身在内的全部教学活动是否科学、合理、有效。因此，汉语教学评价对于学生汉语能力的发展和汉语教学的创新，对于新大纲的制定和汉语教材的推陈出新，对于汉语教学的决策，都具有十分重要的作用。越来越多的汉语教学工作者开始关注教学评价。为什么要进行汉语教学评价呢？这个问题可以从

---

[1] 反拨效应（washback effect）指汉语教学评价尤其是以测试为工具的评价对汉语教学本身所产生的影响。
[2] 这里的汉语教学指教师的"教"和学生的"学"。

不同的角度来回答。下面我们将从评价的功能，评价的目的，评价与教、学的依存关系这三个方面来认识。

一、评价的功能[1]

评价的功能主要体现在五个方面：引导评价对象朝着理想的汉语教学目标前进的导向功能；认定、判断评价对象实际汉语教学或学习价值的鉴定功能；促进评价对象为实现汉语教学目标而不断改进和完善教、学行为的诊断功能；对汉语教师和学生等评价对象的汉语教学或汉语学习等活动进行调节和控制的调控功能；使评价对象产生精神动力的激励功能。

（一）导向功能

导向功能是指汉语教学评价本身所具有的引导评价对象朝着理想的汉语教学目标前进的功效和能力。

在汉语教学评价中，对评价对象所作的价值判断是根据一定汉语教学目标和汉语技能训练评价标准进行的。因此，评价内容常常是被评价者关注的范围，评价标准又常常是被评价者努力的方向。这样一来，评价的内容、评价的方式、评价的标准就会有力地引导被评价者（汉语教师和学生）在汉语教学中的教学或学习行为以及他们的汉语教学或学习策略。从这种意义上来说，汉语教学评价的内容、标准对汉语教师和学生起着"指挥棒"的作用，发挥着导向功能。例如，在汉语综合课的课堂教学中，学生的"开口率"是一个重要的教学评价指标。这一指标会引导汉语教师在课堂教学中充分调动学生的发言积极性，使其主动、活跃地参与课堂教学的汉语交际训练活动，从而达到我们的汉语教学目的。

因为汉语教学评价的内容和标准具有导向功能，所以依据汉语教学目标来制定恰当的评价内容和评价标准就具有十分重要的意义。在制定评价标准时，我们既要考虑国际社会政治、经济发展的需要，又要注意满足评价者的需求，及时调整汉语教学评价内容和评价标准，使其不但能符合汉语教学实际需要，

---

[1] 评价功能的分类，参见金娣、王刚（2002：20～23），吴刚（2004：8～11），王孝玲（1999：12～15）。

而且能体现时代的发展和第二语言教学和习得研究的最新成果。

（二）鉴定功能

鉴定功能是指汉语教学评价认定、判断评价对象实际价值（如，汉语教师的教学方法适当与否、学生汉语学业成绩的优劣程度、汉语教材的编制质量等）的功效和能力。

汉语教学评价的鉴定功能表现如下：

（1）用于决策鉴定。比如，通过对汉语学习者的听、说、读、写等学习难点及其成因的评价，来鉴定汉语教师的教学策略和学生汉语学习策略方面的优劣，以便帮助其合理制定教学或学习方案，因材施教，加强薄弱环节。

（2）用于认可鉴定。比如，学年末对学生的汉语学习和汉语教师的教学进行认可性评定。汉语教师常常根据期末考试成绩来评价学生，对其汉语技能水平给予认可。如果学生被认定已达到规定的汉语水平，那么该生可以从目前所在的年级进入高一级的年级继续学习汉语，否则将留级重学。

（3）用于资格鉴定。资格鉴定就是判断被评价者是否具备某种资格。比如，由国家汉办举行的"汉语教师资格考试"以及留学生的毕业考试，都是根据考试分数来鉴定其是否具有某种资格（如汉语教师资格、留学生汉语本科毕业生资格），因此它们都属于资格鉴定评价。

（三）诊断功能

诊断功能是指汉语教学评价本身所具有的促进被评价者为实现汉语教学目标而不断改进和完善汉语教、学行为的功效和能力。它主要是运用"反馈原理"，通过评价及时获得信息，及时强化正确的、有利于实现汉语教学目标的教学或学习行为，及时调整和纠正错误的、不利于实现汉语教学目标的教学或学习行为，从而控制汉语教、学的行为和过程，促使其不断完善和优化。

能否充分发挥汉语教学评价的诊断功能，不仅取决于我们的汉语教学评价是否重视三个因素：过程、结果和条件，而且取决于我们的汉语教学评价结果是否具有客观性、公正性和激励性。因为只有重视对汉语教学过程的评价分析，才能科学地解释结果、总结经验、找出问题，使汉语教学评价的诊断功能得到最大限度的体现。但是，汉语教学过程和结果都是在一定的条件下进行的。通过评价过程、结果和条件，我们就能够发现评价对象的长处和短处，因此，我们可以明确地指出：评价对象的哪些方面需要巩固和发扬，哪些方面还存在着问题，需要进一步加以改进。

（四）调控功能

调控功能指汉语教学评价对汉语教师、留学生等评价对象的汉语教学或汉语学习等活动进行调节和控制的功效和能力。通过汉语教学评价，我们可以获得汉语教学满足国际社会需要程度的信息，并用这个反馈信息去改善和调节汉语教学目标、汉语课程设置、汉语教材编写、汉语大纲设计以及教师的汉语教学过程和学生的汉语学习过程等。因此，汉语教学评价的调控功能主要体现在两个方面：

1. 调节评价对象的进程

评价者在实施汉语教学评价后，如果认为评价对象已达到或超越了现有汉语教学目标，就会调高汉语教学目标，调快汉语教学进程。评价者在实施汉语教学评价后，如果认为评价对象未达到汉语教学目标或没有可能达到汉语教学目标，就会降低汉语教学目标，并调慢汉语教学进程，使其符合汉语学习者的实际情况。

2. 通过评价进行自我调节

评价对象在被实施汉语教学评价后，能够通过评价来了解自身（如汉语学习或汉语教学）的优势与不足，明确今后努力的方向，从而有利于制定改进措施，这实际上就完成了自我调节的过程。

（五）激励功能

激励功能指汉语教学评价让评价对象产生精神动力的功效和能力。汉语教学评价结果所反馈的好信息会使评价对象（留学生或教师）明确自己的成绩所在，给予评价对象发扬成绩的动力和精神上的欣慰感，这能较好地激发被评价者汉语学习或汉语教学上的主动性和积极性。评价结果所反馈的不好的信息会使评价对象明确自己汉语学习或汉语教学上的缺点和不足，给予评价对象深刻反省自己的机会，并能督促他们改进不足，赶超先进。

二、评价的目的

上面我们从评价的功能角度阐述了之所以要进行汉语教学评价的原因，下面我们再从评价目的的角度出发，来分析一下为什么要进行汉语教学评价。

由于中国考试制度历史悠久，受历史传统的影响，加之认识上的局限，以及社会因素的制约，我们过分强调汉语应试能力的培养，用单一的、偏重汉语知识的考试代替多元的汉语教学评价，把测试或考试等同于汉语教学评价，造成了许多负面影响，形成了不少错误观念。

有人可能会问，如果说考试不等于评价的话，那么，除此之外，还有什么时候用得上汉语教学评价呢？可见，明确评价的"用武之地"，对我们了解为什么要进行汉语教学评价很有帮助。我们有必要先看一些实例，以便发现什么时候、什么情况下我们需要使用评价。比如，汉语教师在教学过程中，可能会遇到需要决策的下列情况：

（1）新学期开始了，我事先制定的教学计划是否适合这个班的新生？

要解决这个问题，我们需要作几项工作：进行学习能力倾向测验或汉语摸底小测验，查阅汉语学习者以往的汉语学习成绩记录，首堂汉语课进行课堂观察等。最后，我们对这班新生将有个综合分析和判断，这时再跟自己事先制定的教学计划进行比较，就会发现自己的教学计划哪些地方可行，哪些地方还有缺陷，由此就形成了对这个汉语教学计划的评价。但还不能到此为止，我们还要根据这个评价提供的信息来进一步决策：应该如何调整我的汉语教学计划？

（2）这一教学单元结束了，这个班的学生在多大程度上达到了教学目标？

要解决这个问题，我们需要在这个教学单元范围开展几项工作：用自编的单元汉语测验对学生进行测试，查看学生的汉语课堂作业，对学生进行提问，进行课堂观察等。你把综合分析之后得到的判断再跟预期的汉语教学目标相比较，就会形成关于自己班学生达到汉语教学目标程度的评价。这时我们可以根据评价提供的信息来进行一系列决策：继续我的汉语教学策略？或者调整我的汉语教学策略？继续用这本汉语教材，还是改换别的汉语教材？等等。

（3）在这一教学阶段，这个班的学生主要有哪些类型的汉语学习困难？

要回答这个问题，你需要对本班学生进行汉语诊断性测试，观察、提问、查看学生的汉语作业，进行访谈，最后形成自己的评价，并利用评价信息来作出如何解决他们汉语学习困难的决策，等等。

通过上述实例可以看出，汉语测试或考试不等于汉语教学评价，评价的目的也不只是为了得到考试分数。汉语教学评价从本质上来说，是对汉语教和学的价值作出判断。这种判断主要是服务于决策的，服务的对象是教师和学生以及教学管理部门，他们将依靠评价所提供的判断信息来判定问题和不足，以便作出各自合理的教或学方面的决策，而这种决策将改善汉语教学的效果，提高汉语学习的质量。由此可见，为被评价者（汉语学习者、汉语教师等）或被评价单位（汉语教学班级、系、学院等）诊断各种教、学隐患，探索改进途径，提出有针对性的决策建议，是汉语教学评价工作应该承担的义务和责任。因此，可以概括地说，离开了汉语教学评价的决策，是盲目的决策，任何合理的汉语教学决策都应该建立在科学的汉语教学评价的基础之上。

三、评价与教、学的依存关系

汉语课堂教学的主要目的是帮助留学生达到一系列既定的汉语教学目标。当从这样的视角来看汉语课堂教学时，汉语教学评价就成为教学过程中不可缺少的一个部分。因为相应的汉语教学目标决定了预期的汉语学习成果，有计划的教、学活动促成了留学生的汉语学习进步，而留学生的汉语学习进步又需要由测试和其他工具定期地予以评价。虽然教与学的相互依赖性是人所共知的，但是教、学及评价之间的这种相互依赖性以往却没有被更多的人认识到。

为了更好地阐述汉语教学、汉语学习和汉语教学评价三者之间的关系，我们借鉴 Linn & Gronlund（2003）的教学模型图，并加以改造来示意这三者之间的相互依赖关系：

下图（图1-2）把非零起点的汉语教学进程分为五个推进步骤：一是确定汉语教学目标。二是评价汉语教学目标对学习者起始的汉语技能需求。三是为汉语学习者提供恰当的教学。这里的恰当教学通过前一步骤的需求评价得到保证，在汉语教学过程中，"恰当的教学"又需要评价担当两个重任：（1）监控学习者的汉语学习进步情况；（2）诊断汉语学习者的学习难点。四是评价汉语学习者是否取得了我们期望的汉语学习成果，也就是评价预期的汉语教学目标是否实现。五是对评价结果的运用。评价结果的用途主要有三个方面：（1）改进汉语教师的教和学生的学。（2）给学生打分并向汉语学习者和教学管理部门报告分数结果。（3）用于学校的其他目的，比如评选优秀汉语学习者等。下面我们来对上述五个推进步骤进行具体分析。

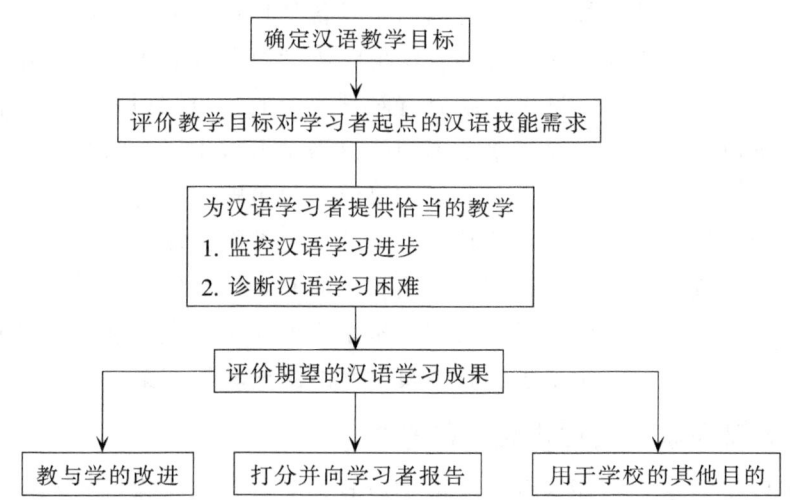

图1-2 汉语教、学与汉语评价之间的相互依赖关系

(一) 确定汉语教学目标

确定汉语教学目标意味着确定汉语课堂教学所要获得的学习成果，而汉语教学目标又是与汉语教学评价目标一致的。比如，在一段汉语学习过程结束以后，学生应该如何用汉语进行交际？他们应该具备怎样的汉语知识和汉语理解能力？他们应该展示出何种跨文化的汉语交际技能？他们应该发展怎样的中国文化兴趣？如何理解中国文化的价值观？他们的思维、感受和行为习惯应该发生怎样的变化？简而言之，我们将力图使其达到怎样的特定的汉语行为表现变化？并且当我们通过汉语课堂教学成功地引起这些变化时，学生们应有怎样的汉语能力表现？这些都是进行汉语教学前需要首先确定的，同时也是我们评价时最为关注的。如果说汉语教学目标规定了学生要达到的汉语学习标准，那么学生在汉语教学后是否达到了规定的标准？达到的程度如何？这些都需要通过各种评价方法来检验。同时，详细、具体的界定汉语教师的教学目标，又可以正确地引导评价方案的制定过程，有利于准确地实施评价，从而提高评价的信度和效度。

(二) 评价教学目标对学习者起始的汉语技能需求

当明确界定了汉语教学目标以后，下一步就应当评价汉语教学目标对学习者起始的汉语技能需求。因为教学目标对学习者的这种汉语技能需求是与预期的汉语学习成果相关的，如果学习者当前不具备某种程度的汉语技能，就无法顺利实现预定的汉语教学目标。比如，这批汉语学习者具备了进入二年级汉语教学所必需的汉语技能吗？这个问题只有对学习者的汉语知识和技能进行评价后，我们才能够回答。对于汉语水平不同的汉语学习者来说，根据新学期的汉语教学需求，制定不同的汉语学习计划和汉语学习策略，是他们最急迫的任务和愿望，这时的评价就可以为那些缺少必要的汉语技能的新生提供十分重要的信息，使其能明确了解自己的缺陷和不足，从而制定出切实可行的汉语学习计划。同时，汉语教师也可以通过评价来了解学生的实际情况，从而有针对性地修改汉语教学计划，设计出更加适合本班学生的汉语教学方案。

（三）为汉语学习者提供恰当的教学

恰当的汉语教学是指能够针对汉语学习者的实际情况，设计特别的汉语教学方法，采取相应的汉语教学策略，并把课程内容巧妙地整合进有计划的汉语教学活动中去，以帮助汉语学习者取得预期的汉语学习成果。在这个阶段，汉语教学评价是监测学习者汉语学习进步与诊断学习者汉语学习困难的有效手段。因为汉语教学中的评价，可以为汉语学习者提供一种"及时反馈→定向改正"的途径（即根据反馈的问题来有意识地改正），还可以为汉语教师提供一种"发现难点→解决问题"的途径。这种途径不但有助于汉语学习者提高自身的学习效率，取得明显的学习进步，还有助于汉语教师不断地对自己的汉语教学进行调整以适应汉语学习者群体及个体的需要。

尤其是汉语教师把汉语教学评价融入到汉语教学活动之中，使之与汉语教学紧密地结合起来，这样就既能够监控和调整汉语教学，又能激励留学生的汉语学习热情，这就有利于较好地完成汉语课堂教学任务。例如，当进行一项汉语口语交际时，教学活动如果以小组合作的方式进行，可能有些学生积极发言、热情很高，并控制着汉语交际过程，有些学生则不爱说话，只是被动的旁观者。当汉语教师在小组活动过程中观察到这一现象时，可针对不同特点的学生采用适时评价的方法，使大家都能够随着汉语教学的推进而不断调整自己的汉语口语表现。

（四）评价期望的汉语学习成果

汉语教学进程的最后一步是判定学生达到汉语教学目标（对学生来说，也就是他们期望的学习成果）的程度，这时又需要汉语教学评价来完成这一任务。因为设定的汉语教学目标并不一定就是学生实际上已经取得的结果。学生是否达到了汉语教学目标？达到的程度如何？只有靠收集相关信息，并使用综合性评价方法来判断。理想的状况是，汉语教学目标已经指明了学生应有的汉语知识和汉语交际技能的变化，并规划了适合度量和描述这些变化的评价工具及其方法。有效的汉语教学评价的基本内容就是，用适合度量和描述这些汉语知识和汉语交际技能变化的评价工具去检验预期的汉语学习成果，看学生的汉语学习成果是否与预先制定的汉语教学目标相匹配，由此来确定学生达到汉语教学目标（对学生来说，也就是他们期望的汉语学习成果）的程度。

（五）汉语评价结果的运用

汉语教学评价的结果有什么用处？对谁有用？这是人们很关心的问题。有人认为对学生的汉语评价结果主要是服务于汉语教师和教学管理者的。这种观点忽略了汉语教学评价给汉语学习者带来的直接利益，其实，正确使用汉语教学评价方法，可以直接促进学生的汉语学习。因为汉语教学评价标准是与汉语教学目标一致的，所以汉语教学评价标准实际上阐明了期望学生取得的汉语学习成果。汉语形成性评价为他们提供了近期汉语学习目标，汉语终结性评价为他们提供了远期汉语学习目标。形成性评价随时为他们提供汉语学习进程的反馈，以帮助学生找到克服汉语学习困难的方法。终结性评价为他们提供全面的、必要的汉语学习信息，以便恰当选择今后的汉语学习内容。因此，汉语教学过程中的形成性评价是实现汉语教学目标的最好手段，但是对汉语学习成果的终结性评价也是必要的。

从汉语教学评价中所获得的信息也可以促进汉语教学。因为这些信息有助于汉语教师判断汉语教学目标的恰当性及可行性，有助于汉语教师整合有用的汉语教学资源，还有助于汉语教师判断汉语教学方法的有效性。因此，评价方法不仅有助于汉语教学过程自身的改进，也直接有助于学生汉语学习的进步。

当然，评价结果有时也用于学校的各种管理和指导职能，有助于汉语课程的开发。但大量的评价方法的系统运用主要是服务于学生的汉语学习的，尽管这种服务有时是直接的，有时是间接的。因为无论是客观、全面地报告每个学生的汉语学习进步，还是发现学生的汉语学习难点，或是改善汉语教学效果，从根本上都是为了让学生取得预期的汉语学习成果。

从上述几个推进步骤，我们可以清楚地看到：汉语教学从评价开始，以评价告终。在教学过程中，汉语教师要依靠评价来监控学生的汉语学习进步，诊断学生的汉语学习困难，调整自己的教学策略；学生要依靠评价来发现自身的汉语学习缺陷，调整自己的汉语学习策略。可以说，汉语教学评价伴随着汉语教学的全过程；汉语教学需要评价，评价离不开汉语教学，这种密切的"伙伴"关系使二者互相交融，共同作用于汉语教学者和学习者，并使学生的汉语学习产生不同性质的种种变化和发展，最终取得预期的汉语学习成果。

第三节　汉语教学评价的主要类型

从不同的角度来划分，汉语教学评价可以分成多种类型。这些教学评价类型既有某些共性特征，又具有某些个性特征。不同的汉语教学评价类型适用于不同的情况和范围，评价者应该根据不同评价活动的需要来选择相应的评价类型，以获得评价工作的最大效益。

一、按评价范围分类

（一）宏观评价

这是以汉语教学的全领域或涉及汉语教学宏观决策方面的现象、措施为对象的教学评价。如由国家汉办召集海内外专家、学者进行的对汉语教学总体目标、教学对象、教学内容、教学方法、教学大纲、教材编写等方面的评价。它是总体的、全局的、战略的、宏观的评价。它以海内外专家、学者为评价主体[1]，以宏观的汉语总体教学系统、汉语教学与社会（主要是国际社会）互动关系状况为评价客体，其价值判断的依据是汉语教学满足国际社会政治经济发展需求的程度。这是对汉语教学系统进行诊断、调整和完善的评价行为，目的是调整汉语教学发展战略，改进汉语教学工作，以适应国际社会政治经济发展的需要，并促进汉语教学领域自身的发展和壮大。

---

1 "主体"指实践者、认识者或者认识活动的行为者。"客体"指实践对象、认识对象或者主体行为的对象。"评价"要评定价值，价值反映着主客体的关系，是客体对主体需要的满足。只有当主体具有某种需要，而客体本身也具有满足主体需要的客观属性时，才能体现出价值。以下出现的"主体""客体"概念含义相同。

（二）中观评价

这是学校内部以汉语教学工作为主要评价客体的教学评价。如由某校召集有关专家学者进行的对汉语教学的教师队伍、教学工作、办学条件、办学水平、办学效益等的评价。它以本学校系统的有关专家学者为评价主体，以学校内部的汉语教学工作状况为评价客体，其价值判断的依据是某一时期的汉语教学方针和政策适应学生需求的程度。这是学校对汉语教学系统进行诊断、总结和完善的评价行为，目的在于改进学校的汉语教学的总体工作，提高工作效率和汉语教学质量。

（三）微观评价

这是以汉语教学的参与者或某一相关因素为客体的教学评价。如对汉语学习者的评价、对汉语教师的评价、对汉语教学大纲的评价、对汉语教材的评价、对汉语教学课件的评价等。它的评价主体和评价客体根据评价对象的不同而发生变化。如果评价汉语教师，那么学生常常作为评价主体，汉语教师就是评价客体；如果评价汉语学习者，那么汉语教师常常作为评价主体，汉语学习者就是评价客体。其价值判断的标准是汉语教学目标和教与学的互动关系状况，目的在于改进汉语教学的有关局部工作，提高汉语教学质量。

二、按评价内容分类

（一）教学条件评价

汉语教学条件评价是对汉语教学方案达到教学目标所需条件的评价。为了判断若干汉语教学备选方案的优劣，我们需要对这些方案所消耗的费用、师资设备以及汉语教学操作思路和汉语教学环节设计等进行调查研究，并给予正确的识别和判断。如对一所新办汉语学校或一门新开汉语课程的教学条件评价等。教学条件评价是过程评价和结果评价的基础。

（二）教学过程评价

汉语教学过程评价是对汉语教学方案实施情况的评价。目的是获取汉语教学方案实施情况的反馈信息，为修改汉语教学方案提供依据，如汉语教学过程评价等。这种评价常常要将汉语教学方案的执行过程与预定过程相比较，以便考察：实施的汉语教学方案是否在按照预定计划执行？现有汉语教学资源的利用是否采用了一种有效的方式？它一般不涉及汉语教学结果，重视对汉语教学问题的诊断。从发展趋势来看，汉语教学过程评价越来越受到重视，因为人们更加注重发挥评价的改进教学、为教学决策服务的功能。

（三）教学结果评价

汉语教学的结果评价是测量、解释、判断汉语教学成就，判定人们对汉语教学的需要被满足的程度。如汉语学业成就评价、汉语学习者选优评价等。它要收集与汉语教学结果有关的各种描述和判断，并与当初的汉语教学目标相比较，以对其价值和优点作出解释。它一般不涉及汉语教学活动的过程，而着重对汉语教学结果进行成果鉴定和等级区分。

三、按评价标准分类

（一）相对评价

汉语教学的相对评价是指在被评价者的集合总体中，选取一个或若干个对象作为标准，然后将其余评价对象与该标准进行比较，或者用某种方法把所有评价对象排成先后顺序的评价。如北京语言大学速成学院为新生分班而进行的常模参照评价、北京语言大学汉语学院每年为选拔优秀本科毕业生而对全体本科毕业生进行的评价。在常模参照评价中，我们联系先前其他学生在这个测验上的表现来解释现在学生的分数成绩。先前的那些学生被称做"常模组"，我们说"这个学生的得分是90百分等级"，意思是该生的成绩高于常模组90%的人的成绩。这种评价无论被评价对象集合总体的状况如何，都可以确定标准进行比较，被评价对象都可以找到各自的相对位置，因而适应性强、应用面广，便于个体认清自己与集合中其他对象的差距，能激发被评价者的竞争意识。然而，这种评价的客观性较差，结果不一定能表示被评价者的实际水平，只表示他在该集合中的相对位置。

（二）绝对评价

汉语教学的绝对评价是指在被评价者集合之外，确定一个客观标准，将被评价对象与该客观标准进行比较，判断其达到标准的程度，作出价值判断。如学生所学汉语本科课程的期末升级考试和毕业考试就属于绝对评价，这种评价主要用于汉语学习合格性和达标性的价值判断。绝对评价能使被评价者（如汉语学习者）明确自己和标准之间的差距，激励其奋发进取。但绝对评价的标准一般根据汉语教学特定目标来确定，而客观标准的制定比较困难，很难做到完全客观、公正、合理。

（三）个体内差异评价

这种评价是把总体中的个体的过去与现在相比较，或者对某一个体本身的若干侧面进行比较。第一种情况是把评价对象的过去与现在进行比较。如我们比较某个学生的"高级汉语综合课"期中考试成绩与期末考试成绩。这种汉语学习者个体的今昔对比，可以使其了解自己汉语学习的发展情况。第二种情况是对评价对象的某几个侧面进行比较。如一个学生的汉语水平，可以从口语、阅读、听力、写作、语法、词汇、汉字等方面来考察，通过考察可以发现该生的强项与弱项。这种汉语学习者个体各侧面的比较，可以使其了解自己的汉语强项与弱项，以便进行汉语学习的自我调节。

四、按评价功能和时间分类

（一）安置性评价

安置性评价是指在某项汉语教学活动进行之前，对学生的汉语现状所作出的判断，其目的是使汉语教学计划有效地实施。它与学生开始学习时的汉语表现有关，并且总是关注如下问题：（1）学生是否具备了进行下一步汉语学习所需的知识和技能？比如，学生的汉语阅读理解能力是否已达到了能够独立阅读一本中国历史书的水平？或者刚刚开始学习汉语的留学生是否熟练掌握了关键的几个汉语语法概念？（2）对于下一步汉语教学目标中的理解力和技能，学生已经发展到何种水平？如果学生的汉语理解力和熟练程度已经很高，就表明可以跳过某些单元或以更高级的汉语课程代替。（3）学生的兴趣、学习习惯及个性特征是否表明一种汉语教学模式比另一种更合适？（如，小组教学与个别学习相比）回答这些问题需要运用各种技术手段：以往汉语成绩的记录、对汉语课程目标的预测、汉语自陈量表、观察技术等。总之，安置性评价的目的就是确定每个学生在汉语教学进程中的位置以及最有效的汉语教学模式。

（二）诊断性评价

诊断性评价是指在某项汉语教学活动进行之前或进行过程中，对汉语学习者的汉语难点尤其是存在的问题所作的判断。目的是使汉语教学计划有效地实施。例如，高级汉语学习者成段表达中的局部不连贯现象，一直受到汉语教学界的关注，并一度成为讨论和研究的热点。但是，已有的研究多注重偏误分类及其教学方法的局部调整，而解决问题的关键却在于发现学习者的局部连贯障碍，并设法排除这些障碍。因此，采用排列句序的形式来进行诊断性测试（杨翼，2000），同时结合访谈、观察等来进行诊断性评价，将有利于追寻其局部连贯障碍。

诊断性评价与汉语教学的联系非常密切。因为随着教、学活动的不断推进，教师和学习者都需要反馈信息，以便决定是否需要对教、学活动作出调整。汉语诊断性评价既能帮助教、学双方准确地发现障碍之所在，又能使我们对障碍成因的认识更客观、更深入，从而有效地帮助教师和学习者随时发现教、学中的问题，便于教、学双方及时采取全新的或补救的措施。它对汉语教、学过程的积极干预，促使教、学过程能更好地顺应第二语言习得的客观规律。从这种意义上来说，诊断性评价对教、学活动起着十分重要的作用。

（三）形成性评价

形成性评价是指在汉语教学活动进行过程中，对汉语学习活动本身的效果所进行的价值判断。其目的是为汉语学习者和教师提供连续的反馈，以便调节汉语教学活动和过程，保证实现汉语教学目标。这不仅可以及时了解汉语教学情况，还可以发现具体的汉语学习困难和需要改进的汉语教学问题。形成性评价需要使用为每个教学部分（如单元）准备的汉语测试和其他非测试任务。这些测试和其他评价任务大都是由汉语教师自编的，由于它是直接用于改善汉语教学的，所以我们通常不太关注分数。例如，在汉语"把"字句的教学过程中，我们可以使用形成性评价来测定学生对"把"字句教学内容的掌握程度，并发现他们学习过程中存在的问题和不足。这样可以帮助教、学双方把注意力集中到问题和不足上来，以调整教师的汉语教学策略和汉语学习者的学习策略。

（四）终结性评价

终结性评价又称总结性评价。这是在某项汉语教学活动完成时，对学习者的最终汉语学习成果作出的价值判断。它是以预先设定的汉语教学目标为基础，在一门汉语课程的重要部分或整个教学结束时，对汉语学习者的学习效果及其达到教学目标的程度所进行的全面评价。

汉语教学终结性评价与形成性评价的区别是：（1）进行评价的频率不同。终结性评价是在整个汉语教学或其中重要部分结束时才进行，如在期中、期末进行；形成性评价在每个汉语教学单元结束时都要进行，是经常性的。（2）进行评价的目的不同。终结性评价是为了评定汉语学习者的学业成绩，为其汉语能力或资质作证明；形成性评价则是为了引导汉语学习者掌握他们必备的汉语知识和汉语技能，发现他们的中介语偏误成因，从而使教、学双方采取适当的补救措施。（3）评价的内容范围不同。形成性评价的内容一般限制在一个教学单元的范围内；而终结性评价内容则覆盖一门汉语课程或若干个教学单元，对学习者汉语能力的概括水平高于形成性评价。

上述四种评价在汉语教学的实际评价工作中是相互联系、相互渗透的。诊断性评价虽然注重问题和缺陷，但由于任何一项汉语教学工作实际上都是连续性的，阶段的划分是相对的，问题的存在是不可避免的，因此无论是安置性评价、形成性评价还是终结性评价，它们都带有某种"诊断"的性质。从评价的目的来看，都是为了促进汉语教学，提高汉语教学质量，所以任何评价都带有"形成"的性质，只不过各自的侧重点不同而已。

五、按参与评价的主体分类

（一）自我评价

自我评价是被评价者根据一定标准对自己进行的评价。如汉语教师对自己的教学思路、教学内容、教学方法、教学效果等进行评价，汉语学习者对自己的学习策略、学习态度、学习效果等进行评价。

进行自我评价的好处是：（1）有利于全面收集信息，形成准确的汉语教学或学习的价值判断。被评价者最熟悉自己的汉语教学或学习情况，他的自我评价可以为他人作出的正式评价提供充分、必要的参考信息。当然，这要求自我评价一定要做到实事求是。 (2) 有利于真正发挥评价促进汉语教学的作用。自我评价促使被评价者主动寻找问题，这有利于他们今后自己去解决汉语的教学或学习问题，提高汉语教学质量。

（二）他人评价

他人评价是由被评价者之外的"他人"所作的评价，也称为"外部评价"。如汉语教学专家对汉语教师的评价、汉语教师之间的同行评价、学生对汉语教师的评价、汉语教师对学生的评价、学生之间的评价等。

这种评价一般较为严格、慎重、客观，易于发现自身所忽视的优势和问题。但这种评价的组织工作繁杂，耗费的资金、人力和时间较多。

六、按评价的方法分类

（一）定量评价

定量评价是采用数学的方法，对收集到的汉语教学数据资料进行统计处理和分析，对评价对象作出定量结论的价值判断。如运用测量与统计的方法、模糊数学的方法等对汉语学习者的习得障碍特性用数值进行描述和判断。对于能够数量化的汉语教学评价信息，我们采用定量方法进行处理、分析和判断，这不但较为客观，而且更有说服力。因此，量化评价的形式在汉语教学领域得到了越来越多的应用。

（二）定性评价

定性评价指不采用数学的方法，而是根据评价者对评价对象平时的汉语表现、对其现实的汉语状态的观察或根据文件资料的分析等，直接对评价对象作出定性结论的价值判断。如评出汉语学习等级、给汉语学习者写评语等。

对于不能数量化的汉语教学评价信息，我们只能采用定性方法进行处理、分析和判断。汉语教学活动有其复杂性和模糊性，存在着许多难以量化的因素，因此，定性评价不可缺少。我们既不能排斥定量评价，也不能过分追求定量评价，这需要我们根据汉语教学评价的实际情况，把定性评价和定量评价很好地结合起来，以获得客观、全面的评价结果。

七、按评价的复杂程度分类

(一) 单项评价

单项评价是指对评价对象的某个侧面进行的价值判断。如对汉语学习者阅读技能的评价；对汉语教师某一教学技能的评价（如，语法点导入、句型操练）。单项评价可以为评价对象在某一方面的改进提供依据，因为它提供了评价对象具体细节的有关状况，另外也为后续的综合评价提供了基础材料。

(二) 综合评价

综合评价是指对评价对象进行完整的、系统的价值判断。汉语教学系统各部分的活动虽然具有相对独立性，但它们又是相互联系的有机整体，只有相互协调、密切配合，才能较好地实现教学目标。

汉语教学综合评价的思路有两种：

(1) 先行分解法。

通过分析，先对汉语教学评价内容进行分解。然后，在单项评价的基础上汇总，最后作出全面的评价结论。

(2) 直接综合法。

不对评价内容进行分解，而是凭借评价者的直觉和经验对评价对象进行整体评价。在汉语教学评价中，直接综合法简便易行，一般用于非正式评价。

总的来看，汉语教学单项评价是综合评价的基础，综合评价是单项评价的综合，搞好单项评价可以提高综合评价的信度和效度。在实际汉语教学评价工作中，二者相辅相成、互为补充。

八、按收集评价信息的方式分类

(一) 测试法评价

测试法评价是指用各种测量工具来收集评价信息，从而测定评价对象（如汉语学习者）的某些重要特性的方法。由于汉语教学的效果最终要在学生的汉语行为表现上得到体现，因此，对汉语学习者的测试法评价在汉语教学评价中得到了广泛的运用。

(二) 非测试法评价

非测试法评价是指不采用测试和考试的测量方法，而采用观察、讨论、问卷调查、文献查询、网络等方法来收集评价信息，并判断评价对象（如汉语学习者）的某些重要特性的方法。汉语教学活动具有复杂性和模糊性，存在着许多难以量化的因素，因此，非测试法评价在汉语教学评价中不可缺少，并成为多角度收集评价信息的重要来源。

思考题

1. 什么是汉语教学评价？为什么要评价？什么时候评价？
2. 汉语教学评价、测量与测试之间有何区别和联系？
3. 汉语教学评价的主要功能是什么？
4. 试描述汉语教学评价与教、学之间的依存关系。
5. 除了使用从测试中得到的信息外，你对学生和教学作出决策时还考虑使用哪些信息？
6. 你计划在自己的教学班进行不同类型的评价吗？如果不，请解释为什么。如果想这么做，请解释如何评价，为什么这样评价。
7. 在你的教学班，学生也参加评价吗？如果是，请解释学生如何参加评价。如果不是，请解释为什么学生不参加评价。
8. 你觉得学生自我评价的优点和缺点各是什么？
9. 其他人的教学决策会影响你吗？他们是谁？他们的决策是如何影响你的？他们的决策还有什么可改善方式吗？如果有，请解释一下。

第二章
汉语教学评价的理论基础

　　汉语教学评价是多种学科理论交叉渗透形成的一个跨学科的新兴研究领域。它的评价理念和方法与当今各种哲学和文化思潮、语言学理论、第二语言教学理论和学习理论有着密切的联系，也与教育评价理论有很深的历史渊源。它由最初完全依赖单纯的语言测试，逐渐发展到根据汉语教学的学科特点寻找多种评价依据，探索汉语教学评价的作用、原则和方法，并逐步树立起多元评价观。在这一发展过程中，汉语教学评价从其他相关学科理论中吸取了丰富的营养，获得了发展动力。一般来说，许多学科理论都可能对汉语教学评价产生直接或间接的影响，我们这里所说的相关学科仅指与汉语教学评价的关系较为密切、较为直接的学科。

　　我们在本章将讨论以下几个问题：教育评价理论与汉语教学评价的关系如何？第二语言教学和学习理论与汉语教学评价的关系如何？当代新型教学评价理念的渊源来自哪儿？它们为汉语教学评价提供了什么启示？

第一节　教育评价理论与汉语教学评价

　　在当今世界教育领域，教育评价被誉为三大研究课题之一[1]。教育评价对教育发展和改革以及教育管理和决策起着重要的作用，因而备受各国政府教育部门的重视。教育评价是指在系统地、科学地、全面地收集、整理、处理和分析教育信息的基础上，对教育的价值作出判断的过程，目的是促进教育改革，

---

[1] 教育评价被誉为三大研究课题之一，其他两项是：教育基础理论和教育发展。

提高教育质量（金娣、王刚，2002）。教育评价理论为汉语教学评价奠定了一定的理论基础，教育评价与汉语教学评价有着最直接的联系，教育评价的方法和技术为汉语教学评价提供了实现评价目的、达到评价目标的手段，教育评价流派的发展与模式为我们开展汉语教学评价活动提供了很好的范例和启示。

一、教育评价与汉语教学评价的关系

汉语教学评价既可以视为汉语教学的一个重要分支领域，又可以视为教育评价的一个重要分支领域。这是因为汉语教学评价与教育评价既有紧密的联系，又有明显的区别。

从本质上来说，汉语教学评价属于教育评价的范畴，因而它具有教育评价的特点，既要遵循教育评价的基本原则，又要借鉴教育评价的方法和技术。它的研究目标与教育评价的研究目标基本上是一致的，都是为了发现问题，促进教学，提高教学质量。

然而，汉语教学评价又有自身的特点，这些特点来源于它的学科性质和学科特点。汉语教学指的是汉语作为第二语言的教学（又称为对外汉语教学），从这种意义上来说，它具有下列性质和特点（刘珣，2000b）：

(1) 首先是语言教学。它以培养汉语交际能力为目标。

(2) 是第二语言教学。它以语言技能训练为中心，跨文化交际知识为基础，并要将语言和文化知识转化为跨文化的语言交际技能。语言作为技能和能力，只有通过练习、实践才能掌握，它需要集中、强化教学（即课程集中，课时较多，内容密集，进度快，教学班的规模小）。

(3) 是汉语作为第二语言的教学。它以基础汉语教学为重点，以语言对比为基础，通过汉语与学习者母语的对比确定教学难点和重点，分析并纠正学习者的汉语习得错误。它与文化因素紧密结合，语言教学本身包含交际所必需的文化内容。

汉语教学的学科性质和学科特点决定了汉语教学评价的特点是——汉语作为第二语言教学的评价，这就使汉语教学评价又区别于一般的教育评价。

从评价范围来看，教育评价的范围比较广泛，它包括各种教学科目（语文、数学、物理、化学等）和各种教学单位（小学、中学、大学等）的评价。

而汉语教学评价的范围比较狭窄、集中，它主要指在目的语地区和非目的语地区进行的汉语作为第二语言教学的评价。

从参与评价的人员来看，汉语教学评价不同于一般教育评价的显著特点是，评价者或被评价者大多是没有熟练掌握汉语甚至初学汉语的外国人。他们不但汉语水平不同、文化背景不同、思维方式和价值观也不同。无论是让他们评价所学汉语课程的任课教师（这时外国留学生是评价者），还是让汉语教师评价外国留学生（这时外国留学生是被评价者），都是一种跨文化评价。文化背景的差异以及思维方式和价值观的不同，有时可能在某些方面给评价工作造成一定程度的偏差。而这种偏差在一般的教育评价中是不会发生的。

二、教育评价的方法和技术[1]与汉语教学评价

我们知道，如果没有科学合理、简明实用的评价方法和技术，实施汉语教学评价就会面临失败的危险。庆幸的是，历史相对悠久，技术较为成熟的教育评价，可以从方法和技术层面，为年轻的汉语教学评价提供一系列科学合理、丰富多样的工具和手段，从而使处于起步阶段的汉语教学评价能够利用教育评价领域多年积累的技术和方法来达到自己的评价目的，实现自己的评价目标。

（一）评价的一般过程

教育评价是一个多因素、多变量的复杂系统，它涉及评价者、评价对象、评价目的、评价方案及评价方法和技术等诸多方面。教育评价过程是按照特定目标和标准，对教育行为和教育主、客体所进行的价值判断过程（金娣、王刚，2002）。评价的一般过程可分成四个阶段：准备阶段、实施阶段、结果处理阶段、反馈阶段。在准备阶段，关键性工作是设计评价方案。大型的、正式的评价方案要拟定评价目的、对象、标准、内容、范围、方法、程序、预期结果等。实施阶段是评价活动的中心环节，它的主要任务是运用各种教育评价方法和技术，收集各种评价信息，整理各种评价信息，在处理评价信息的基础上，作出价值判断。收集评价信息的方法有：测试法、观察法、讨论法、问卷法、文献法、网络法等。处理评价信息就是运用定性和定量的方法，将评价对

---

[1] 参见程书肖（2004），金娣、王刚（2002），黄光扬（2002），吴刚（2004），陈玉琨（1999）。

象的特征运用数学或其他方法处理为评价结果。作出价值判断就是运用教育学、统计学、模糊数学等理论和方法，将分项评定的结果汇总成综合评价结果，并据此对评价对象作出准确的、客观的、定量或定性的评价结论，形成决策意见。在结果处理阶段，主要是检验评价结果，分析诊断存在的问题及其原因所在。一方面要检查程序的步骤，看其是否全面、准确地实施了评价方案；另一方面要运用统计检验方法来检验评价结果。在反馈阶段，要把评价结果返回给评价对象和有关部门，以引导、激励评价对象不断改进、完善自己，同时为有关部门的决策提供依据。

教育评价所经历的一般过程为我们汉语教学评价将要经历的一般过程初步描绘了一个大致清晰的轮廓，起到了很好的引导作用，从而大大减轻了汉语教学评价完全靠自己摸索前进所付出的代价。

（二）处理评价信息的方法

收集到的原始评价信息通常是杂乱无章的，必须进行处理才能系统、完整地反映评价对象的基本特征，得出科学合理的评价结论，并据此作出决策。从对信息分析处理的方式出发，我们可以把评价信息的处理划分为定性分析和定量分析两类。

定性分析主要运用逻辑归纳分析和哲学思辨的方法，采用语言描述的形式，揭示评价对象的特征，深入探讨问题的成因。它关注事物发展的过程及其相互关系，目的是把握事物本质，形成完整、发展、综合性的看法。定性分析的信息主要是描述性资料，如访谈记录、观察记录、周记、文献档案等。主要缺陷是，分析者的主观因素会影响分析结果的客观性。

定量分析主要运用数学和统计分析方法，通过数学或逻辑运算，抽取并推导出对特定问题有价值的数据，在此基础上得出结论，并采用数值形式，反映评价对象的特征。它关注评价对象的可测特征，进行精确而简洁的量化描述，目的是把握事物的数量特性，客观、简洁地揭示评价对象重要的可测特征。定量分析的信息主要是具有数量关系的资料，如问卷调查和测试信息等。定量分析虽然可借助计算机高效率完成，客观性也强，但在深入探讨问题的成因、关注事物发展的过程及其相互关系、把握事物本质方面不如定性分析。因此，在教育评价实践中，常常采用二者相结合的方法。

教育评价分析处理信息的方法和技术为我们分析和处理汉语教学评价信息

提供了很好的借鉴和启发，也为汉语教学评价输送了比较合理、可靠、成熟的方法和技术，从而使汉语教学评价有了获得自己较为理想的结果的可能。

（三）教育评价的再评价

教育评价在实施过程中，不可避免地会出现一些偏差，比如，对评价结论解释不当，得出了不明确或有争议的结论等，这使评价活动失去了应有的成效。质量低劣的评价还会提供错误的信息，给人以误导，因此评价活动自身也应成为评价对象，以保证评价工作的质量。

教育评价的再评价一般采用调查分析法、效度鉴定法、信度鉴定法等。调查分析是为了在评价活动完成后，了解评价结论是否被接受和评价工作的效益等。效度是判断评价质量的重要技术指标。效度鉴定是判断评价结果的有效性或准确性，具体来说，就是要求评价结果应当符合评价目的，并且与评价对象的实际情况相一致。信度也是判断评价质量的重要技术指标。信度鉴定是判断评价结果的可靠性、一致性和稳定性程度。

教育评价重视再评价的严谨态度，在进行再评价时所采取的一系列技术方法，也为我们汉语教学评价提供了十分有益的启发，并为进一步保证汉语教学评价的信度和效度提供了技术和方法。

三、国外主要教育评价流派的发展与模式[1]

教育评价在长期的发展历史中形成了多种有影响的评价模式，这些模式是教育评价研究工作者智慧的结晶，也为汉语教学评价提供了很好的借鉴。模式是指某种事物的标准形式或人们可以照着做的标准样式。教育评价模式是指教育评价的一种思路和策略，它直接指导着评价活动的开展。我们在下面简要介绍几种国外较有影响的主要教育评价模式。

（一）行为目标模式

行为目标模式又称为"泰勒（R.W.Tyler）模式"。20世纪30年代的测试编制主要是以教科书为中心，测试只是要求学生记诵教材的知识内容，并不能

---

[1] 参见范晓玲、杨志明（1999），陈玉琨（1999），黄光扬（2002），金娣、王刚（2002）。

反映学生的发展情况和他们的实际需要。泰勒不仅尖锐批评了以往的课程和测试设计，还提出了一套以教育目标为核心依据的课程和测试编制原则，这就是"行为目标模式"。泰勒认为："评价过程实质上是一个确定课程与教学计划实际上达到教育目标的程度的过程。"这就是教育评价最早的定义。

行为目标模式是一个单向封闭系统。它先制定目标，再根据目标选择和组织学习经验（学什么？怎么学？），然后评价目标的实现程度。该模式的优点是：流程简单易行，结构紧凑，逻辑严密，具有一定的可操作性。因此，它在教育评价领域占据主导地位长达近三十年。缺点是：没有对目标本身进行评价；重"结果"轻"过程"；重预期性效果轻非预期性效果；其评价标准来源于统一的目标，限制了学生的个性发展；重视定量目标，忽视定性目标。

（二）CIPP 模式

美国的斯塔弗尔比姆（L. D. Stufflebeam）1966 年提出，把背景评价（Context）、输入评价（Input）、过程评价（Process）、结果评价（Product）结合起来，从而创立了"CIPP 教育评价模式"。他认为：教育评价应当是一种有序活动。具体评价时，首先应当根据社会发展需要和评价对象的状况等对教育目标本身进行价值判断，即背景评价。其次对教育方案、计划的可行性和合法性以及道德性进行评价，即输入评价。再次通过系统地收集、整理、分析和综合大量的反馈信息，用方案的实施过程与预定过程相比较，探索实施过程中潜在的问题，寻求解决办法，即过程评价。最后通过对方案实施结果的评价，取得大量信息，并以此为依据来衡量完成目标的情况，即结果评价。

CIPP 模式将教育目标纳入评价活动之中，从而显示了该模式的一系列优点：目标本身的合理性首先得到评价，因此使这种评价更全面、更科学，评价体系更完整。它重视形成性评价，时刻考虑为决策提供所需信息，使评价活动更具方向性和实用价值。它把评价看成是教育活动的一部分，使评价成为改进工作、提高教育质量的工具。该模式的缺陷是：评价者主要是决策者，无论是背景评价、输入评价、过程评价、结果评价都是在为决策者服务，因此这种评价缺乏完全意义上的价值判断，也制约了评价人员发挥作用。由于该模式实施步骤复杂，要求各类信息资源的配合和可靠的分析技术，耗费人力、物力、财力较大，它的使用受到了很大制约。

(三) 目标游离模式

美国的斯克里芬（M. Scriven）1967 年提出了"目标游离模式"。他在考察教育活动的实际效果后认为：许多教育活动除了收到预期性效果外，往往会产生一些意想不到的"负效应"或"相反效应"，而且这种效应有时影响很大。他认为，泰勒将评价限于衡量达到教育目标的程度是不全面的。因为根据预期教育目标进行的评价，往往只注意目标规定的预期效果，忽视非预期效果，而教育活动的预定目标主要反映的是方案、计划制定者的意图。评价者考虑的重点应由"教育方案想干什么"改为"教育方案实际干了什么"，即目标游离。为了获得包括可能产生的相反效果在内的全面的、真实的效果，减少方案制定者的主观意图对评价的影响，斯克里芬主张不把方案制定者的预定活动目的告诉评价者，使评价者便于收集有关方案的全部成果信息。

该模式的优点是：突破了目标的限制，认为评价的依据不是方案制定者的预定目标，而是活动参与者的实际成效。缺点是：如果评价组织中的评价者有不同的价值标准，就会给评价操作带来很大困难。

(四) 应答模式

美国的斯塔克（R. E. Stake）1973 年提出了"应答模式"。这种评价采用非正式观察、访谈和描述性分析的自然主义方法，以问题（特别是直接从事教育活动的决策者和实施者所提出的问题）作为评价的先导，不以预定的目标或假设为出发点，通过评价者与评价有关的各方面人员之间的持续不断的"对话"，了解他们的愿望，对教育方案作出修改，对大多数人的愿望作出应答，以满足各种人的需要。斯塔克认为解决教育问题只有依靠那些直接接触问题的人，教育评价才有助于改进工作。

该模式的优点是：强调价值观的多元性和发散性，反映了与评价活动有关的各方面人员的需要，具有一定的民主性；评价方法强调自然条件下的观察、访谈和描述性分析，避免了评价信息的遗漏，评价结果效度较高。缺点是：评价结果的适用范围太小，可信度较低。在评价过程中，要耗费很多的人力、物力和时间。

(五) 反对者模式

欧文斯（T. Owens）等人 20 世纪 70 年代中期提出了"反对者模式"。该模式是为了揭示教育方案及活动的正反两个方面长短得失所采用的准法律过程评委会审议形式的评价模式。又称"对手""反向"或"抗衡"评价模式。

它主张让不同或相反意见的评价者共同参与对教育方案及活动的评判，十分重视听取对教育方案及活动有争议的意见，尤其是反对的意见，主张通过争论，使各方面的意见得到充分反映，以便决策者全面掌握情况，作出正确的结论。它的特点是能充分反映各类人员的"多元的"价值认识，依靠人们的直觉与经验进行评价。

四、国内主要教育评价流派的发展与模式[1]

由于十年文化大革命的影响，我国教育界从20世纪80年代才开始了真正的教育评价工作。我国的教育评价工作者在引进、吸收、消化国外同行的研究成果的基础上，开展了自己的教育评价模式研究工作。这为我们建立并发展具有自己学科特点的"汉语作为第二语言教学"的评价模式提供了很好的借鉴和启示。下面简要介绍几种在国内教育界较有影响的教育评价模式。

（一）教育型目标调控模式

北京的教育评价研究者提出了"教育型目标调控模式"。"教育型"指该模式的指导思想着眼于教育，通过评价使被评价者受到教育，从而自觉地改进和完善自己教或学的行为活动，以达到预期目标。"目标调控"反映了该模式的结构、功能、过程和手段。目标是评价的基础，过程是评价的重点，自我评价是进行评价的基本方法，调控是评价的功能，反馈是运行机制。

该模式认为，评价的目的不仅是选拔、鉴定，重要的是发挥评价的导向、改进和激励等教育功能，促进发展。教育评价已从静态的终结性评价向重视动态的形成性评价发展，形成性评价要与自我评价结合才能发挥评价的调控和改进功能，使评价过程成为教育过程。其特点是：在重视目标评价的同时，也重视过程评价和结果评价。既重视评价目标的导向，又重视评价过程的反馈、调节和评价结果的判断和改进，特别强调形成性评价与自我评价的结合。

---

[1] 参见金娣、王刚（2002），宋伏秋、梅克（1995）。

（二）协同自评模式

上海的教育评价研究者提出了以自我评价为主的"协同自评模式"。该模式认为，在教育活动中，只有当事人才能全过程地参与、全面真实地收集资料。而评价人员只能部分参与过程，他们所作的判断会有失实之处。但当事人的自评能力未必符合评价要求，如有评价人员的协同，可弥补其不足。因此，以自我评价为基础，协同评价为核心（评价人员协同自评者进行评价），自评者和协同者在评价过程中同心协力，经常协商，不断取得共识，一起完成确立目标、制定方案、收集资料、进行价值判断、撰写评价报告等一系列评价活动。

其特点是：（1）被评价者在自我评价中表现出较强的自主、自励和自信。（2）被评价者和评价者在评价过程中，建立起了民主、协商关系，形成了协同精神和和谐合作的氛围。（3）遵循了平等性和共建性原则。从目标制定到撰写评价结果，都是被评价者和评价者共同协商、共同构建的产物。

（三）发展性目标评价模式

上海的教育评价研究者提出了课堂教学的"发展性目标评价模式"（吴刚、张辉华，2001）。它既强调评价的发展和改进功能，也重视对教育目标的评价。该模式认为，教育目标随社会的发展而不断发展变化，评价标准也需要不断充实和调整。评价方案的实施过程和评价结论也是发展的、可变的。评价活动要在评价制度的规范下进行。它把确定现实条件和检验教育目标作为设计评价方案的主要依据，还考虑评价对象和条件及其他人员的需要、意图等相关因素，设计出以评价标准为核心的评价方案，再按照评价方案实施评价活动。它注重定量和定性方法的有机结合及多种评价类型的结合，重视反对意见和非预期效果，有效运用计算机技术完成评价报告，并对评价报告作出反馈。用评价制度控制整个评价过程，以确保评价质量。

其特点是：（1）吸取了中外主要评价模式的长处（对教育目标进行评价、重视有关人员的需要和意图、注重多种评价类型的结合等）。（2）结构紧密，程序规范，可操作性强。（3）适应面较广。

第二节　语言学及其教学理论与汉语教学评价

　　一般来说，人们对语言教学评价的认识跟他们对语言规律的认识是一致的，也就是说，有什么样的语言观，就有什么样的语言教学评价观。语言学理论正是人们认识语言规律的集中体现。它一方面通过影响第二语言教学理论来间接影响汉语教学评价，另一方面通过影响人们的教学评价计划和人们对教学评价结果的解释来直接影响汉语教学评价。

一、语言学理论与第二语言教学评价

　　语言学理论研究的新成果不断完善和深化着第二语言教学的理论研究。语言学理论在推动第二语言教学理论深入发展的过程中，引发了一系列第二语言教学法的改革和创新，为了较好地适应和匹配不同的第二语言教学法，第二语言教学评价尤其是测试法评价不断地推陈出新，形成了多种类型多种角度的第二语言教学评价方法。

（一）语言学理论与测试法评价

　　语言学理论对第二语言教学影响最大的是形成了多种语言教学法流派。比如，语法翻译法跟传统语言学有关，听说法的语言学基础是结构主义语言学，认知法的理论基础之一是转换生成语言学。由于语言教学与语言测试有着千丝万缕的联系，为了匹配相关的语言教学法，语言测试法评价也涌现出了多种流派，比如，写作-翻译测试法（the essay-translation approach）、结构主义-心理测试法（the structuralist-psychometric approach）、综合测试法（the integrative approach）、交际测试法（the communicative approach），等等。（邹申，2005）

　　传统语言学和结构主义语言学为早期的第二语言教学理论研究和评价方法提供了依据和基础，新兴的社会语言学、语用学、语义学则为现代第二语言教学理论和评价方法的发展作出了巨大贡献，进一步拓展了第二语言教学理论和评价方法的研究视角，深化了第二语言教学理论和评价方法的研究层次。近几十年来，语言学的研究无论在对象、范围、深度还是在研究方法和手段上都发

生了重大变化，其最大特点是由原来注重语言的形式分析过渡到注重语言的功能分析，其中最具代表性的领域是社会语言学、语用学、话语分析等。这些领域的变化无疑对第二语言教学理论和评价方法产生了巨大影响，由此产生了第二语言的交际性评价、第二语言的行为表现性评价（Performance assessment）等。

社会语言学理论中有关交际能力的讨论对语言教学中交际教学法的兴起和发展有着特殊贡献，交际教学法的倡导者们从中吸取了营养，构建了交际教学法的理论基础，同时又对交际能力的内涵和培养第二语言学习者交际能力的途径和方法进行了深入的探讨，从而为建立和完善交际性评价奠定了基础。

语用学是近十几年来发展最快、影响最大的新学科之一。它对第二语言教学理论研究的影响和启发主要表现在研究内容和研究方法上，第二语言教学理论研究的内容已扩展到言语行为、会话原则、预设、指示词、会话结构等方面，研究方法不再限于静态的语言形式描写，而是同时考虑动态语言使用的语境及其功能分析。这使第二语言评价不再局限于只从语言形式上去评价第二语言学习者的目的语能力，还要考虑从动态语言使用的语境及其功能分析上去评价第二语言学习者的目的语语言能力。

话语分析所描述的语言结构特征，不但为第二语言教师选择教学重点和目标提供了依据，而且也进一步扩展和深化了第二语言评价的内容和重点，为我们更好地制定第二语言评价计划和标准提供了理论依据。同时，话语分析所揭示的话语文化特征对留学生学习汉语的理解和表达也有很大帮助，因为不同语言的话语反映了不同文化的思维方式。

（二）语言学理论对第二语言教学评价计划的影响

为了进行有效的教学评价，我们通常需要制定评价计划。制定计划时，有三个问题很关键：评价什么？如何评价？如何解释评价结果？第一个问题涉及评价目标和内容；第二个问题涉及评价方法和标准。这时，评价者所持有的语言观对制定评价计划和解释评价结果将有一个重大的影响。因此，从事汉语教学的教师需要清楚地认识自己所持有的语言观，明确所设置的汉语教学目标和采取的教学方法，这样才能为教学评价制定出一个适宜的计划。

由于汉语教学目标跟汉语教学评价目标是一致的，因此，高度具体化的教学目标使得构建精确的评价目标成为可能。同时，我们又是根据教学目标的重要程度来确定评价权重[1]的。

  课堂教学目标可以分为多种类型：语言的、策略的、社会情感的、哲学的，等等。（参见 Genesee & Upshur, 1996）这些目标并不是对教学评价都同样有用，显然，语言目标应该是汉语教学评价的基础，也是我们关注的焦点，因为语言目标指学生期望通过课堂教学获得的汉语技能，我们相信这是汉语教学的中心。但是，语言目标可能有许多不同的形式和种类。因为观察语言的方式和角度有多种，所以存在着大量的语言理论，它们的思路是多种多样的。一些语言理论强调结构和构成语言的要素，一些强调语言是如何被学得的，还有些强调语言是如何用于社会和交际目的的。其中的一些理论，已经对第二语言教学界"教什么？如何教？"产生了重大影响。比如，听说法强调语法、词汇、句型操练，这种方法通常归因于结构主义语言学家的语言理论和行为主义者的语言学习理论。最近，语用学和社会语言学家的语言理论，开始强调使用多种互动技巧的交际观念和交际功能的教学，比如合作学习。因此，我们在制定评价计划时，也会因为我们赞成或支持某一种语言学理论，而基于该语言学理论制定出不同的评价目标和内容，设计出不同的评价方法和标准，进而基于该语言学理论去解释评价结果。比如，你赞成或支持结构主义的语言理论，那么你会在评价内容上强调以语法、词汇、句型等独立的语言成分为评价内容；在评价目标上，你会强调通过分别评价学生的汉语语法能力、汉语词汇能力、汉语语音能力等来判定一个学生的汉语能力。在评价方法上，你会采用分离式评价（discrete point test）（邹申，2005）。因为这种试题一次只牵涉一个考点，每道题提供的信息很明确、具体，一般不掺杂其他因素。如果学生答对了这道题，在排除猜测因素的情况下，我们可以较有把握地说，该学生了解或掌握了这个语法点的用法或某一词的含义。如果你赞成或支持 Bachman（1990：81~109）提出的交际语言能力模式，那么你会在评价内容上强调更广泛地评价汉语能力，包括汉语知识、汉语功能、汉语使用的合适性，等等。在评价目标上，你会强调衡量一个学生汉语熟练程度的最终标准是看他能否在使用汉语的环境中有效地进行交际。在评价方法上，你会设计"信息差（information gap）"，要求学生通过各种已知信息来获得未知信息；你会采用综合式评价（integrative

---

[1] 权重指各个指标的重要程度。

tests)，考虑试题材料和项目如何贴近现实语言使用环境，并要求提供真实的语境。你还会采用定性评价方式（qualitative modes of assessment）作为量化评价方式（quantitative modes of assessment）的补充。

对汉语教学来说，我们评价的目的主要是确定并促进留学生的跨文化的汉语交际能力，在这种情况下，汉语最好被视为一种交际技能，因此，我们更倾向于支持基于交际能力的语言理论。

（三）语言学理论对解释评价结果的影响

由于不同的语言学理论观察语言的方式和角度不同，强调语言的重点和侧面也不同，所以基于不同的语言理论所制定出的评价计划也会有差异，因此，在解释教学评价结果时，解释的重点和解释的角度会有明显的不同。评价计划的这种差异主要体现在评价目标、内容、方法和标准上。比如，基于结构主义的语言理论，你会从结构和语言要素的角度对某个留学生的汉语语法、汉语词汇、汉语语音能力等进行分离式评价，并会指出他在汉语各要素上的优势和弱点，并从形式结构上说明其成因。如果是基于交际能力的语言理论，你会从汉语如何用于中国社会交际目的的角度，对某个留学生的汉语交际能力进行综合性评价，并会指出他在汉语形式、语义、语用方面的优势和弱点，并从语境、可行性、得体性、形式等角度说明其成因。

二、语言教学理论与汉语教学评价

人们对语言教学评价的认识不但跟他们对语言规律的认识是一致的，还跟他们对语言教学规律的认识是一致的。也就是说，有什么样的语言教学观，就有什么样的语言评价观。语言教学理论正是人们认识语言教学规律的集中体现。汉语教学中的许多教学原则（如针对性原则、循序渐进原则等）就来自于一般意义上的语言教学理论。同时，汉语教学又属于第二语言教学，汉语教学中更多的教学原则来自于第二语言教学理论。因此，汉语教学评价跟第二语言教学理论有着更密切的联系。

（一）第二语言教学理论及其教学法对语言评价的影响

前面我们说过，测试是语言评价的一种工具，在某些情况下，测试本身就是某种语言评价活动的一个组成部分。在第二语言教学的推进过程中，我们时常进行有测试的语言评价活动。比如，大家早已熟知的单元小测验、期中考试等就属于此类情况。下面我们就以一些典型的语言测试法评价为例，来看第二语言教学法流派对语言测试方法的影响，实际上，也就是第二语言教学理论的发展及其教学法的变革对语言评价方法的影响。

1. 语法翻译法与传统的测试法评价

语法翻译法是最古老的外语教学法，已有几百年历史。它盛行于18世纪末，最初用来学习古希腊文和拉丁文这类死的语言，后来用来学习现代外语。（盛炎，1990）20世纪初，这种教学法在许多国家的外语教学中还占主导地位。我国20世纪50年代的俄语教学就采用这种方法。教学方法以翻译为主，通过大量的笔头翻译和写作练习来检验语法规则的掌握情况。用本族语和外语互译的方法巩固所学的语法规则。

传统的语言测试方法是在语法翻译法的基础上产生的，从命题的基本方针、题型、试卷内容等方面都可以看到语法翻译法的影子。传统的语言测试方法重视语法规则、词形变化和词语的用法，通常考语法、词汇、阅读和翻译，重书面语，一般只有笔试，没有口试和听力题。传统的英语测试常见题型有：填空（填写名词单复数形式、定冠词和不定冠词、动词时态或语态等）、语法分析（如在句子中某个语法成分下面画线、指出句子是单句还是复合句等）、改写句子（如改写句子中的人称代词、把动词从一般现在时变成过去时，用学过的词语替代句中的某个词语）、翻译（把英语译成母语，或把母语译成英语）等。

2. 听说法与分离式测试法评价

听说法是20世纪40年代产生于美国的一种新的外语教学法，又称结构法（高兰生、陈岳辉，1996）。从第二次世界大战末到20世纪60年代末，是听说法盛行时期，它曾经在美国外语教学中占支配地位。听说法把语言技能分成听说读写四个方面，教学重点放在发展听说技能上。

受听说法的影响，出现了分离式语言测试（the discrete-point tests）。它通常把语言测试按照语言技能分成若干部分（比如，分成听说读写四个部分），分别进行测试。同时，还把不同的语言技能进一步分割为不同的方面（比如语音、词汇、句子、短文等）和层次（比如识记、理解、应用、分析、综合等），测试编制者可以根据需要来确定怎么分，测什么。按语言技能和结构层次分割后形成的试卷，题项较多，各题在内容上是孤立的，每题都有具体的测试目标。分离式语言测试讲究测试的科学性，内容覆盖率大，注重应用教育统计学对题项和试卷进行质量检验，目前在我国英语教学界，采用分离式语言测试的仍居多。

3. 交际法与交际性测试法评价

交际法又称意念功能法，起源于英国，是20世纪70年代中期开始流行的一种新的外语教学方法。交际法特别注重培养学生使用目的语进行交际的能力，注意语境和教学内容的真实性，主张使用真实材料，主张以学生为中心，把达意和理解放在首位，鼓励学生积极参加用目的语进行的交际活动，让他们在交际活动中学习语言。

交际式语言测试是从交际法教学发展起来的。它不仅测试语言知识，而且重点测试运用语言的能力，尤其是学生用目的语进行交际的能力。典型的交际式语言测试涉及的是现实生活中存在的或可能存在的任务，要求学生用目的语完成指定的任务，答题时不仅要注意语言形式的正确性，还要考虑语言使用环境和得体性。交际式语言测试虽然也可以分为听说读写，但它更注意语言技能的综合运用，题项是围绕任务来设计的。（高兰生，2002）

4. 任务型语言教学与基于任务的行为表现性评价

任务型语言教学（Task-based Language Teaching）是一种基于任务的语言教学途径。它的来源有两个：一是交际语言教学的进一步发展，另一个是第二语言习得研究的结果。（程晓堂，2004）它主张让学生在做事情的过程中学习语言和使用语言。在具体教学过程中，学生要完成各种各样的交际任务。目前，基于任务的语言教学思想开始在国际语言教学界产生越来越大的影响，并逐步发展成为一种新的语言教学流派。

基于任务的语言评价方法与任务型语言教学思想特别吻合。它根据学生每次任务的完成情况进行评价，学生在完成任务过程中的表现及结果都作为评价的重要内容和依据。由于多数任务是小组合作完成的，所以将根据小组成员在活动中所承担的任务和表现对学生进行评价。它不过于强调语言的正确性和准确性，鼓励学生积极参与评价的过程。基于任务的语言评价方法能客观地反映学习者运用语言的能力，有利于实现课程教学目标、平时教学和课程评价的协调和统一，有利于发挥评价的积极反拨效应（washback effect）。

（二）第二语言教学理论对于汉语教学评价的意义

语言教学理论中的一个重要组成部分是第二语言教学理论。第二语言教学理论与汉语作为第二语言教学的评价之间有非常密切的联系，这是由第二语言教学理论的研究内容和研究对象所决定的，也是由汉语教学评价的目的、原则、标准和途径所决定的。考察第二语言教学理论与汉语教学评价之间的关系，了解第二语言教学理论对于汉语教学评价的意义，将有利于我们设计合适的评价方案，更好地开展汉语教学评价工作。

1. 第二语言教学理论的研究对象和内容

第二语言教学理论的研究对象是第二语言教学本身，内容涉及整个教学过程和全部教学活动以及跟教学有关的各种内部和外部因素。第二语言教学理论的研究目的是揭示和阐明第二语言教学的客观规律。（吕必松，1996）它总是从宏观和微观两个方面对第二语言教学发挥着指导作用，也是制定第二语言教学原则和开展各项教学实践活动的理论依据之一。

2. 第二语言教学理论与第二语言评价

第二语言教学理论的研究目的是揭示和阐明第二语言教学的客观规律，形形色色的第二语言教学法流派的本质特征也是它的研究对象之一。（吕必松，1996）因此，它不但对具体的语言教学活动有直接的指导作用，而且对语言测试和评价也有重要的指导意义。从第二语言测试与评价的发展历史来看，第二语言测试与评价的主要流派的理论基础都可以追溯到相关的第二语言教学理论及其教学法，先后出现的各种第二语言教学评价的主要流派也都基本上与相关的第二语言教学法对应。换句话说，不同的第二语言教学法需要不同的第二语言教学评价方法来匹配。当教学评价方法适合某种第二语言教学理论及其教学法时，它就会促进教师的教和学生的学，从而有助于实现教学目标；反之，则会阻碍教师的教和学生的学，从而不利于实现教学目标。随着人们对第二语言教学的不断探索，对其本质和规律的认识进一步加深，第二语言教学理论及其教学法有了新的发展，随之又产生了与之匹配的新的评价方法。由此可见：(1) 第二语言教学理论是第二语言教学评价产生的基础之一，一定的第二语言教学评价要以一定的第二语言教学理论为依据。(2) 第二语言教学评价服务于第二语言教学，但是，它又会促进或阻碍第二语言教学。(3) 一种新的第二语言教学理论及其教学法要求有适合自身的教学评价方法，这推动并促进了教学评价方法的不断发展和创新。

3. 第二语言教学理论对于汉语教学评价的意义

汉语教学评价是汉语教学的一个重要组成部分，它的评价目标与教学目标是一致的，评价内容跟教学内容是一致的，评价方法的使用要受教学用途和教学阶段的制约，同时教学评价又总是要关注并促进汉语教学的改善，所以汉语教学与教学评价之间有非常紧密的相互依存的联系。而对外汉语教学本身就属于第二语言教学，第二语言教学理论的研究对象又是第二语言教学本身，因此，第二语言教学理论对于汉语教学评价就具有十分重要的意义。这种意义表现在下列几个方面：

（1）任何一种新的语言测试评价法都是为了适应一种新的语言教学法流派而出现的。它的主要目的是匹配一定的语言教学法，以检验某种教学法的效果以及学生的学习成果。因此，第二语言教学法理论是汉语教学评价不可缺少的重要理论依据之一。

（2）第二语言教学理论无论对汉语教学评价体系的总体设计、评价方案的制定、评价工具的编制、评价活动的实施都具有宏观和微观方面的直接的指导作用。

（3）不存在脱离第二语言教学理论指导的某种单纯的汉语教学评价或测试。（HSK 也不例外）换句话说，脱离了语言教学理论指导的汉语教学评价或测试，是盲目的评价或测试，也是既不可靠又不可信的评价或测试。

（4）第二语言教学理论为汉语教学评价提供了评价规则和途径，决定了评价的指标类型和权重比例。它对第二语言教学本质特征的研究，可以帮助我们更好地理解评价汉语的教与学究竟意味着什么。同时，它对语言环境、教学环境和其他环境因素对第二语言教学过程的影响等的研究，为我们评价和诊断汉语教学难点提供了宝贵的解释成因的理论依据。

（5）第二语言教学理论结合目的语国家的语言政策、政治和经济需求、学习者个人需求等来研究教学目标和实施手段，同时它还研究教师培训、教材编写、课程设计、课堂教学等这些第二语言教学实践过程中极为重要的环节。这为我们制定科学、合理的评价指标，构拟切实可行的评价计划，选择符合实际的评价方法奠定了良好的基础。

从这种意义上来说，我们要搞好汉语教学评价工作，不仅需要懂得和掌握教学评价的有关知识和原理，还需要加强语言教学理论尤其是第二语言教学理论方面的修养，才能搞好我们的汉语教学评价（包括测试）工作。

三、学习理论与汉语教学评价

随着教育心理学研究的深入，学习理论层出不穷。这些学习理论不仅对世界各国的语言教学改革产生了深远影响，而且也为教学评价提供了新视角。

（一）语言学习理论对于教学评价的意义

语言学习理论主要研究语言学习和习得的心理过程，揭示语言学习和习得的客观规律。我们知道语言教学必须首先解决两个问题：教师教什么？怎么教？但教什么要由学生的需求（学习目的）来决定，怎么教要由学生的学习内容、方式和特点来决定。这样一来，研究教什么、怎么教的问题就转化为研究学什么、怎么学的问题了。（吕必松，1996）因此，语言教学评价也要重视来自语言学习理论所提供的依据和途径。

从汉语教学的角度来看，语言学习理论的一个重要组成部分是中介语理论。中介语理论研究第二语言学习和习得的多种变因，可以促使我们的汉语教学评价工作更全面、更科学、更深入、更系统地进行。例如，对第二语言学习者的语言表现进行更加全面、系统的测试和评价；在评价方案中注意考虑第二语言学习和习得条件的因素；在评价时要注意观察语言习得跟言语输入的关系和效果；利用偏误分析的成果来编制评价工具和解释评价结果。中介语理论在这些方面的任何研究成果都有助于完善和深化汉语教学评价工作，也有助于建立具有汉语教学特点的评价体系。

语言学习理论无论对汉语教学还是对汉语教学评价都是至关重要的，因为不掌握语言学习和习得的规律，汉语教学和评价都会处于盲目的境地，汉语教学评价也会因为没有理论依据而缺乏可靠性和准确性。

（二）各种现代学习理论与教学评价

学习理论主要阐明学习的产生和规律，如何进行有效的学习等问题。（饶玲，2004）对教学评价影响较大的学习理论除了我们早已熟悉的行为主义学习理论以外，还有下列几种现代学习理论。（吴维宁，2004）

1. 布鲁纳的发现学习理论与教学评价

一般说来，发现学习是指在教师的启发诱导下，学生通过对一些事实和问题的独立探究、积极思考，自行发现并掌握相应的原理和结论的一种学习方法。与发现学习相适应的教学是发现教学。发现教学强调学习过程、直觉思维、内在学习动机、知识的组织方式。

它对教学评价的启示是：在发现探究中评价，在问题情境中评价。评价不仅要关注学习的结果，同时也要重视学习的过程。这就是发现学习理论的评价观。

2. 布卢姆的掌握学习理论与教学评价

教学目标分类是掌握学习理论的核心与关键。对教学目标进行精心设计是掌握学习理论实施的基础和前提。布卢姆把全部教育目标分为三个不同领域：认知领域、情感领域和动作技能领域。按层次水平由低到高划分为六个类别：知识、领会、运用、分析、综合、评价。每类下面又包括一系列子类。

布卢姆关于教学评价的主要观点是：（1）强调形成性评价的重要作用。他认为，评价是学习过程的一部分，评价应该更多地关注学习过程。传统教学只关注总结性评价，忽视了形成性评价。（2）主张细化教学目标。细化教学目标的直接目的就是便于对学生的学业实施评价。（3）不主张把形成性评价的结果用分数或等级的形式呈现。他认为，掌握学习的主要目的是使学生对所学内容达到掌握水平，因此只需标明掌握或没掌握即可。如果没掌握，要附有详细的诊断和处方，告诉他还要做些什么。总之，形成性评价与总结性评价作用不同。前者是帮助学生和教师把注意力集中在学生对教学内容达到掌握水平所必备的知识技能上，而不是给其评定分数或等级，所以掌握学习的评价重点是形成性评价。

3. 皮亚杰的智力操作图式理论与教学评价

智力操作图式理论的基本内容是：

（1）关于心理发展。儿童的心理发展是人与环境即主体与客体相互作用的结果。主客体间的相互作用是通过活动这个中介来完成的。

（2）关于智力结构。智力是一种以活动为中介的对于环境的适应能力。它有一定的结构。它包括四个基本概念：第一，图式。这是皮亚杰理论体系的核心概念。它是主体心理活动的框架式组织结构，是智力结构的起点与核心。皮亚杰把图式假定为人们表征、组织和解释自己经验和指导自己行为的心理结构。第二，同化。这是适应的一种具体表现形式。适应有两种形式，一是同化，一是顺应。第三，顺应。又称为顺化。它指有机体调节内部结构以适应特定刺激情境的过程。智力在把某些新因素纳入到先前的图式之中时，又不断地改造着这些后来形成的图式，以便调节它们，使之适应新的情况。第四，平衡。这是皮亚杰认知发展结构理论的核心概念之一。它指同化与顺应两者作用的平衡。个体通过同化与顺应两种适应形式实现机体与环境的平衡。

（3）关于认知发展的阶段。皮亚杰认为，认知发展不是一种数量上的简单积累过程，而是认知图式不断重建的过程。

智力操作图式理论对教学评价的启示是：教学应该在活动中进行。教学过程往往包含着评价，尤其是形成性评价。以活动操作为主要形式的教学，其评价的实施必然应该在活动中进行。在这里，评价的功能已经不是选拔性与鉴别性的，而是教学性与发展性的。

第三节　当代新型评价理念溯源及启示

从国际视野来看，教育评价以及第二语言教学评价是世界各国都关注并致力研究的对象。伴随着哲学、认知心理学、社会学、人类学、系统科学等领域研究工作的不断深入，在国际教育评价领域和第二语言测试评价领域出现了一些新的评价理念，它们有些来源于某些哲学文化思潮，有些是语言教学研究的结果，有些是认知心理学研究的产物。了解它们的来源，可以帮助我们更好地理解当今新型的评价理念和评价方法，并恰当地运用于汉语教学评价之中。

一、建构主义与教学评价[1]

建构主义是学习理论中从行为主义到认知主义以后的进一步发展，是当代教育心理学中的一场革命，他们关注如何以原有的经验、心理结构和信念为基础来建构知识。（饶玲，2004）了解建构主义理论的内容，认清建构主义的教学模式，对我们理解建构主义的评价观很有帮助。

---

1 这里主要参考了吴维宁（2004）的研究成果。

（一）建构主义理论的内容

建构主义是一种认识论。它认为，人作为认识的主体，不是对现实的复制，而是在认识的过程中根据已有的经验，以自己独特的方式对现实进行选择、修正，并赋予现实特有的意义。所以，认识不是来源于现实本身，而是来源于主客体之间的相互作用。

建构主义强调学习过程中学生主动建构知识，强调以学生为中心，尊重学生的个体差异，注重互动式的学习方式等。它在本质上是要充分发挥学生的主体性、能动性、创造性。

（二）建构主义的教学模式

在建构主义的认识论背景下，产生了一系列新的教学模式，其中既较为典型又较为成熟的有：情景教学、随机访问教学、支架式教学。

情景教学指创设含有真实事件或真实问题的情景，学生在探究事件或解决问题的过程中自主地理解知识，建构意义。教师在与学生共同建构意义的过程中给学生提供必要的帮助。

随机访问教学（random access instruction）是基于建构主义学习理论的一个新兴分支——"认知弹性理论"（cognitive flexibility theory）发展起来的。认知弹性理论认为，人的认知随情景的不同而表现出极大的灵活性、复杂性和差异性。随机访问教学是指对同一教学内容在不同时间、不同情景，基于不同目的，着眼于不同方向，用不同方式多次加以呈现，以使学习者对同一内容或问题进行多方面探究和理解，获取多种意义的建构。这里的"访问"（access）是计算机科学的术语，指在互联网上对不同网站进行搜索访问。"随机访问"即自由地、随机地从不同角度访问、探索，建构同一内容。实质上是换一个角度看问题，换一个情景解决问题。

支架式教学是通过一套恰当的概念框架来帮助学习者理解特定知识、建构知识意义。借助该框架，学习者能够独立探索并解决问题，独立建构意义。"支架"（scaffolding）原意是建筑行业使用的"脚手架"，这里用来比喻对学生解决问题和建构意义起辅助作用的概念框架。它处于学生的"最近发展区"，通过支撑作用，学生的认知发展不断从实际水平提升到潜在水平。教师的作用是使这样的概念框架尽可能完善。

（三）建构主义的评价观

由于建构主义注重学生在知识获取过程中的主动性、独特性、社会性，所以它认为，教学评价应该在活动中进行，在任务中进行，在表现中进行，在协商中进行，在合作中进行。

1. 在活动中进行学生学业评价

在建构主义看来，"活动"是学生主动建构知识的重要形式。在教学活动中进行的学生学业评价简称"活动式评价"，它可以是正式评价，也可以是非正式的随堂评价。

"活动式评价"得到了建构主义的认知弹性理论的支持，它具有多样性和灵活性，能较好地适应建构主义的随机访问教学形式，能够充分展示学生的个性特征、能力特征及其认识过程。它作为一种非常有效的学生学业评价方式，在当代国际教育领域尤其是教育发达国家得到了提倡。因为在课堂教学中，教学过程与对学生的评价过程是相互交融的，实际上很难分清何时是单纯的教学，何时是单纯的评价。"活动式评价"设计把教学活动与评价活动巧妙地融为了一体。

2. 在任务中进行学生学业评价

建构主义要求教学过程情景化，它认为学生应该在具体的问题情景中建构意义，获得知识，所以学生学业评价相应地也应该有一个问题情景、任务情景。由此，就产生了任务式评价。任务式评价的特点是评价在学习任务的完成过程中进行。

3. 在表现中进行学生学业评价

社会性建构主义认为，知识是对客观世界的描述，但它又与学生个体的主动建构有关，与社会群体的相互影响有关，还与观念冲突相联系。因此，建构主义评价观强调评价应该在群体的相互作用中进行，也就是在群体成员的相互探讨与对话中进行，即在个人面向群体的表现中进行。苏格拉底式研讨评定[1]就是一种典型的表现式评价法。

---

[1] 苏格拉底式研讨评定（Socratic Seminars）是集中体现课程、教学与评价整合的一种评价方法。该方法源于古希腊著名思想家苏格拉底创立的"精神助产术"。详见李雁冰（2002：247）。

（四）建构主义评价观对汉语教学评价的启示

汉语教学评价设计应该把教学活动与评价活动融为一体，让汉语学习者在教学活动中进行评价，同时又通过评价来促进汉语教学和检验汉语教学。

通过设计任务式评价激发汉语学习者参与用汉语完成任务、用汉语解决问题的动机和兴趣，以便培养他们跨文化实际使用汉语的技能。

为了提高汉语学习者学业评价的真实性和可靠性，除了使用考试等测试法评价以外，还应该通过观察汉语学习者的汉语行为表现来验证其实际的汉语运用能力。

二、多元智力理论与教学评价[1]

多元智力理论自产生以来对世界各国的教育理论和实践影响巨大，在教学评价领域影响尤甚。可以说，它给教学评价带来了一场真正意义上的革命。这场革命既发生在评价观念层面，也发生在评价方法和技术层面。如多元化评价就渗透了多元智力理论的核心思想。

（一）多元智力理论的主要内容

智力的基本性质是多元的，即它不是一种能力，而是一组能力。其基本结构也是多元的，即各种能力不是以整合的形式存在，而是以相对独立的形式存在。

智力是在特定文化背景或社会中解决问题或制作产品的非常重要的能力。含义有三：（1）智力不能独立于实际生活情景。（2）智力应该能够解决问题。（3）智力与创新密切相关。创新是智力的最高表现。

支撑多元智力理论的是个体身上相对独立存在的、与特定认知领域相联系的七种智力：语言智力、音乐智力、数理逻辑智力、空间智力、身体运动智力、自我认识智力和人际交往智力等。语言智力主要指听、说、读、写能力，表现为个人能够顺利而高效地利用语言描述事件、表达思想并与人交流的能力。

---

1 这里主要参考了吴维宁（2004）、潘永庆等（2004）等的研究成果。

（二）多元智力理论的评价观

多元智力理论给教学评价带来了一场革命，这场革命首先发生在评价观念上，并被大多数美国教育工作者所接受。其代表人物加得纳、坎贝尔、阿姆斯特朗的评价观集中反映了这一理论学派的评价观。

1. 加得纳的评价观

建立科学的评价体系是体现多元智力理论价值的重要途径。（1）评价的目的。主要是帮助学生，为他们提供智能的强项和弱项信息，提出继续学习方向的建议。（2）评价的效度。真正有效的评价，应该在更接近他们"实际工作情况"的条件下进行。（3）评价手段。不能仅通过传统的考试和测试手段来评价教学，应使用"智能公正"的评价手段。即不通过间接的方式，而是直接观察运作中的智能。他将评价看做是个体获得关于自身技能和潜能等信息的过程，并认为评价应该针对被评者解决问题和动手操作的能力作出判断。他认为，在美国盛行的标准化考试就是让学生掌握各种信息，然后应用于非情景化的场合。标准化考试只能测出智能的一小部分，过分注重考试和成绩，不利于学生多元智能的发展，尤其不利于学生创造性思维的开发。

2. 坎贝尔的评价观及其倡导的评价方法

坎贝尔的评价观主要有：（1）评价应该是多维度的。（2）评价应该关注学生的成长过程。（3）评价应该反映教学信息。（4）非正式评价（如观察、小组讨论）与正式评价（如期末考试）同样重要。（5）学生应该成为自觉的评价者。提倡自我评价。坎贝尔倡导的评价方法有：（1）多维度智能展示法。（2）游戏评价法。（3）多元智能报考单。

3. 阿姆斯特朗强调的评价方法

阿姆斯特朗主要强调两种评价方法：（1）观察法。可分为两类，一类是一般性观察，另一类是集中观察。（2）档案袋评价法。可按功能分为两类，展示性（最后终结性的定稿作品）的和形成性的。

（三）多元智力评价观对汉语教学评价的启示

汉语教学评价的主要目的不是仅仅对学生的汉语能力或汉语水平进行分级和打分，而是帮助汉语学习者更好地获得汉语技能，为他们提供自身潜在的汉语能力优势及不足的信息，并为其提供进一步的汉语学习建议。

有效的汉语教学评价应该在真实自然的汉语交际环境中进行，并成为汉语学习的一个组成部分，从而更好地预测并促进汉语学习者汉语能力的发展。

　　汉语教学评价的手段应该多样化，不能让传统的汉语考试或测验成为判断学生汉语学业成就的唯一手段，还可以通过直接观察学生实际的汉语行为表现来验证其汉语熟练程度。

　　汉语学习者来自不同国家，拥有丰富多彩的文化背景，持有多样化的思维习惯和价值观，汉语教学评价应该为学生创造充分展示自己智力特点和学习风格的环境氛围，为学生提供表现自己汉语强项的评价方式。

三、后现代主义与教学评价[1]

　　后现代主义有三个基本特征（吴维宁，2004）：来源丰富、内容复杂、指向多样。它来源于多种学科，又反作用于这些学科，有着独特的视角和批判精神。

（一）后现代主义的概念

　　后现代主义是20世纪后半叶在西方社会兴起的一种哲学与文化思潮，由于来源的多样性，其构成十分复杂，从诞生到现在，人们还无法给它下一个明确的定义。一般来说，它是一种对现代性的反思，是对一些社会主流观念的质疑，是一种崇尚多元和差异的思维方式。后现代主义的产生与发展，与后工业社会的政治、经济和文化的发展有着密切联系。

（二）后现代主义的评价观

　　后现代主义的评价观建立在对现代主义评价观批判的基础之上。后现代主义认为，现代主义的评价基本上是一种区分的手段，考试主要是为了甄别而非对话。因此，他们提出了后现代状况下的评价理念，这种理念主要强调下列三个方面：

1. 强调评价的模糊、动态、开放

　　后现代主义评价放弃了现代主义评价标准的精确性、稳定性、封闭性和简单性，强调评价标准的模糊性、动态性、开放性和复杂性，原因是评价对象本身就具有这些特征。

---

[1] 这里主要参考了吴维宁的研究成果（2004）。

2. 强调评价的协商性

后现代主义认为，评价在本质上就是一个共同体内部的平等对话与协商的过程。

3. 有条件地运用评价的区分功能

后现代主义认为，如果需要的话，后现代框架下的评价仍可发挥甄别功能，不过，这样的评价方式与评价标准要依靠参与评价的共同体全体成员一起来商定。

（三）后现代主义评价突出的特点

总的来看，后现代主义评价主张评价应该关注不同个体与不同团体的声音，评价应该尊重不同对象间的差异。后现代主义评价的这些特点具体表现如下：

1. 主张评价应倾听不同意见

后现代主义崇尚价值多元。在他们看来，每一个评价者都是一种价值载体，都具有同等话语权；评价应该淡化教师的权威，反对话语霸权，评价活动中的教师只是评价主体中的普通一员，而不是领导者或决策人。

2. 主张评价应尊重评价对象间的差异

后现代主义承认并尊重评价对象之间的差异，并把这种差异视为一种可以利用的教育资源。这既是对价值等同观念的认可，也是一种正视现实的可取态度。因此，后现代主义评价关注学生个体的处境和需要，注意保护学生的自尊心和自信心。对学生处于优势的素质或个体发展处于优势的学生，给予积极评价，使其发挥多方面的潜能；对学生处于弱势的素质，要激发学生的主体意识，使其主动参与评价，促进有关素质的发展。

（四）后现代主义评价观对汉语教学评价的启示

汉语教学评价要给学汉语有困难的学生创造得到肯定的机会，及时发现他们的优点，不断表扬他们在汉语学习上的点滴进步，鼓励他们大胆使用汉语来表达。

汉语教学评价要善于借助评价的力量和效果，调动汉语学习效果好的学生来帮助和促进汉语学习效果差的学生，使他们有机会共享成功的汉语学习策略，进而提高自己的汉语水平和使用汉语交际的能力。

汉语教学评价要为学汉语有困难的学生确定合理的评价目标，让他们有机会尝试汉语学习获得成功的体验，以提高他们学习汉语的兴趣。

思考题

1. 国外教育评价流派有哪几种主要的教育评价模式？它们的主张是什么？各有什么合理之处？
2. 国内教育评价流派有哪几种主要的教育评价模式？它们的主张是什么？各有什么合理之处？
3. 语言学理论对第二语言教学评价有什么意义？为什么？
4. 语言教学理论对第二语言教学评价有什么意义？为什么？
5. 语言学习理论对第二语言教学评价有什么意义？为什么？
6. 现代学习理论主要有哪几种？各自有什么特点？它们对汉语教学评价有什么启示？
7. 当代新型评价理念主要有哪些重要来源？它们各自有什么特点和主张？
8. 国内外教育评价流派及其模式对建立汉语教学的评价模式有什么启发？
9. 你认为汉语教学评价应该建立什么样的评价模式？为什么？
10. 你认为对学汉语很吃力的学生应该如何评价？为什么？

第三章
汉语教学评价的源起和发展

在人类一切有目的的活动中，实际上都存在着评价。只不过有些是有意识地进行，有些是无意识地进行；有些规模大，有些规模小；有些是外显的，有些是隐含的而已。汉语教学就是一种目的性很强的把汉语作为第二语言教学的活动，因此，在这个活动中自然也存在着评价。

汉语教学评价是伴随着汉语教学活动而出现的，也伴随着汉语教学活动的发展而发展。在我国政府进行大规模的国际汉语推广的新形势下，教学评价作为汉语教学活动的重要环节与调节手段，将在汉语教学领域发挥着重要作用。从它的整体历史发展阶段来看，汉语教学评价经历了起源→萌芽→发展三个不同的演变阶段。关注的范围和层次也经历了从单一进行期中、期末考试到开发多种测试，从只关注成绩测试到关注汉语教学多元评价的过程。回顾汉语教学评价的历史演化过程，将有助于我们深入认识汉语教学评价的现状与不足，更好地研究和推动汉语教学评价的发展。

我们在本章将讨论以下几个问题：汉语教学评价的源流来自哪儿？汉语教学评价的萌芽是什么时候出现的？汉语教学评价的现状与趋势如何？在此基础上，初步构建一个汉语教学评价体系的框架。

第一节 汉语教学评价的源流与萌芽

从历史演化过程来看，汉语教学评价源于早期的汉语作为第二语言教学的测试研究。因为在汉语教学评价[1]研究出现之前，汉语测试研究（即汉语成绩

---

[1] 有些人称为"对外汉语教学评估"，我们把二者视为同一个概念。

测试）就已经历了漫长的发展过程，并长期居于统治地位。随着国家汉语教学事业的不断发展，汉语成绩测试研究的分类日趋细化，研究层次不断深入。这为后来的汉语教学评价萌芽的出现及其进一步发展奠定了基础。从这种意义上来说，汉语教学评价的源流就是汉语教学的成绩测试。需要指出的是，我们所追寻的源流是跟汉语教学评价紧密相关的源流，因此，我们主要关注与汉语教学联系紧密的汉语测试（如成绩测试等），其他性质的汉语测试（如汉语水平考试HSK）因为完全独立于汉语教学，将不在我们讨论的范围。

一、汉语教学评价源于成绩测试

20世纪80年代以前的汉语教学，人们只是从传统语言教学角度来进行常规性的期中和期末考试。考试目的主要是给学生划分分数等级。重点考查语法、词汇、语音这些汉语知识，并把考查能否识记、理解这些知识放在重要地位。考试内容有听写、造句、改写句子等形式。考试主要注意学生使用的汉语形式是否正确，同时也考读和写。在这一时期，汉语成绩测试的命题有很大的随意性，主要凭汉语教师的经验和感觉来命题，对考试的研究非常罕见。直到20世纪80年代初，汉语教学工作者才开始关注成绩测试的相关问题，进入20世纪90年代以后，汉语成绩测试研究出现了深入与细化的趋势。

（一）"测试问题"的提出

1983年，刘英林在《试论对外汉语教学的测试问题》一文中，首次全面、系统地论述了汉语教学测试的地位和作用、测试原则、测试种类和项目、考题设计的注意事项、测试管理的科学化和标准化。他认为，汉语教学活动由总体设计（教学总计划、教学大纲、课程设置等）、教材编写、课堂教学和测试（考题设计和测试管理）四大环节组成。其中，测试是教学活动的四大环节之一，是教学的有机组成部分，是一种特殊形式的教学手段。测试和其他环节一样，是直接受教学总体计划的支配和制约的。

他发现人们对测试的重要地位没有足够的认识，表现在：（1）教材决定一切，测试也以教材为依据。（2）测试没有充分体现教学计划的要求，带有一定的任意性。（3）编写教材时不考虑或极少考虑测试问题。（4）对测试的作用重视不够，对测试的原则、标准和方法等缺乏认真的研究。他把测试的作用归结为三个方面：（1）检查学生的学习情况，鉴定学习成绩。（2）检查教学效果，发现教学中存在的问题。（3）对教和学两方面都起一定的督促和引导作用。

他提出了五条测试原则：（1）要根据汉语本身的特点进行各种测试。（2）测试要求应与教学总要求相一致。（3）听说读写四种语言技能应全面测试。（4）用不同的测试方法测不同的语言技能。（5）注意各种语言技能的特点，选取最有效的方法进行测试。这引起了汉语教学界对有关问题的关注。

1984年，鲁健骥在《多项选择答案测试：出题技巧与题目分析》一文中，首次探讨了汉语测试中的多项选择题的出题技巧以及可能遇到的问题，并介绍了如何使用统计方法来分析多项选择题。在当时经验性出题之风盛行的汉语教学界，该文以崭新的视角和思路为汉语教学界带来了一股清新、严谨、科学的学术风气。同时，作者提出的汉语测试有关出题技巧和方法，为人们开阔汉语测试的眼界和思路提供了启示。

（二）对测试项目和内容的认识

1996年，吕必松在《对外汉语教学概论讲义》中"把语言测试看成语言教学的一个组成部分"，并专节论述了语言测试的一系列问题。他按照不同的测试目的把语言测试划分成了四种类型：水平测试、成绩测试、诊断测试、潜能测试。作者主张把听说读写作为基本的测试项目。因为听说读写都要涉及具体的"语言点"，即有关的语言要素、文化因素和语用规则，因此这些"语言点"就是测试内容。作者还认为，既然第二语言教学的目的是培养学生的语言能力和语言交际能力，那么第二语言测试就必须跟这一总的教学目标相一致，应当以测量学生的语言能力和语言交际能力为出发点。总之，作者明确地阐述了对第二语言测试目的和任务、对测试项目和内容的基本认识。另外，作者还讨论了试卷设计。

该文是汉语教学领域早期比较系统、全面、深入地阐述汉语作为第二语言测试问题的专题论述。

二、汉语测试研究的深入与细化

从20世纪90年代初开始到21世纪初，汉语教学工作者经过20多年的探索，对汉语测试研究的范围不断扩展，研究的问题也不断深入和细化，这为后来出现汉语教学评价的萌芽奠定了良好的基础。

（一）分班测试的探索

从 1996 年起，北京大学对外汉语教学中心开始实行口语分班制，在每学期开学初进行口语分班测试。测试采用面试形式，评分标准基本上以总体印象为主。1999 年秋季的测试题目之一是用图片描述任务。刘颂浩等（2002）在《交际策略与口语测试》一文中以这种图片描述为语料，探讨了从交际策略角度评定汉语口语水平的可行性。该文比较了 14 名中国学生和 59 名外国学生在 17 个信息点上的表现。结果发现，留学生水平越低，提到的信息点越少。从整体上来说，留学生提到的信息点显著低于中国学生。无论在信息点的数量上，还是在表达信息点的形式上，都没能发现可以用来评定汉语口语水平等级的可靠标准。但他们得到了另外的启示：要注意语言点在某一特定语境中的使用频率，并且根据使用频率调整教学目标。

2003 年，李海燕等在《口语分班测试题型研究》一文中，对六种题型（自我介绍、对话、话题表达、看图说话、朗读和听读）进行了调查研究。目的是回答两个问题：（1）口语分班测试采用哪些题型或题型组合更有效？（2）对不同汉字背景的学生是否有必要采用不同的题型？研究结果表明，这六种题型都能在一定程度上反映学生的口语水平，其中"自我介绍"和"朗读"对日韩和欧美学生有不同的影响。这一研究结果为根据实际需要选择题型提供了较为可靠的标准。根据调查结果，他们设计了一套新的口语分班测试试卷。

（二）诊断性测试的兴起

2000 年，杨翼《从排序看汉语学习者的局部连贯障碍》一文首先尝试用排列句序的诊断性测试作为追寻汉语学习者局部连贯障碍的工具，以数据统计的方法来比较、考察学习者对不同材料类型的反应，进而发现学习者的局部连贯障碍，并尽可能客观地解释了成因，在此基础上提出了教学和测试中的针对性策略。

2001 年，杨翼《诊断性测试在对外汉语教学中的应用》一文则系统地总结讨论了汉语诊断性测试的重要意义、测试类型、测试形式、编制原则和操作环节。作者认为，由于汉语学习者理解和表达障碍的形成是一系列大脑认知处理的过程，而这一过程到目前为止仍处于看不见、摸不着的"黑箱"状态，所以我们只能通过汉语诊断性测试来推断这个"黑箱"是怎样工作的（即解释障碍的成因）。又由于汉语诊断性测试对输入的材料可以控制，测试输出的结果相对来说比较容易观察，而且这种输出毫无疑问是从"黑箱"中出来的，因此汉语诊断性测试的结果便可以成为我们判断和解释汉语学习者的理解或表达障碍及其成因的重要依据之一。

作者认为，诊断性测试与汉语教学的联系非常密切。这是因为随着教、学活动的不断推进，教师和学习者都需要反馈信息，以便决定是否需要对教、学活动作出调整。汉语诊断性测试作为一种工具，它既能帮助教、学双方准确地发现障碍之所在，又能使我们对障碍成因的认识更客观、更深入，从而能有效地帮助教师和学习者随时发现教、学中的问题，便于教、学双方及时采取全新的或补救的措施。它通过对教、学过程的积极干预，促使教、学过程能更好地顺应第二语言习得的客观规律。因此，诊断性测试对教、学活动起到了十分重要的促进作用。

（三）单项技能测试研究

1998年，陈昭玲在《大型对外汉语口语成绩测试的探索》一文中提出，口语教师深感汉语口语测试存在不少急需研究解决的问题。例如，如何进行大型的汉语口语成绩测试？如何做到统一化和科学化？如何有效地测试学生对所学课程的掌握情况以及他们运用汉语交际的实际能力？如何提高表达测试的科学性？作者对汉语口语成绩测试的方法、题型设计、等级标准等问题进行了探讨，并提出了自己的看法：（1）口语成绩测试可采用标准化试题，利用语音室让整个班级的学生同步进行口语录音限时测试的方法。（2）结合自己编制使用口语试题的实践经验，总结出适合于大型对外汉语初、中级口语成绩测试的题型16种，并对题型设计提出了5条基本要求。

2001年，朱正才、范开泰的《语言听力理解能力的认知结构与测试》用认知心理学理论来解释听力理解的内部机制，并尝试用"图式活动"来描述听力理解过程，并从交际听能的测试角度，提出了一个关于听力理解语言能力的认知结构测试模型。基于这一模型的听力理解测试主要包括两类题目：一类是测试低级听力技能的（声音反应图式的速度和准确性）；另一类是测试高级认知技能的（相关知识图式的数量与质量）；还允许一些题介于两者之间。

2002年，钱旭菁《词汇量测试研究初探》一文提出了词汇量测试的设计方法和原则。作者认为，词汇量测试设计要考虑三个问题：（1）什么是词？（2）怎么选词？（3）用什么测试形式？他建议：《现代汉语词典》和《汉语水平词汇与汉字等级大纲》可以作为确定词的参考标准；选词可用"词典法"或"频率表法"；常见的测试形式有词表法、多项选择、翻译法、释义法。根据这些方法和原则，他运用释义法和翻译法分别设计了两个基于3000常用词等级的词汇量测试，并对学习汉语的日本学生进行了测试，最后讨论了词汇量测试在汉语教学和词汇习得研究中的作用。作者指出：词汇量测试有助于确定词汇教学目标和词汇教学重点，还可以在听、说、读、写技能教学中发挥作用。用词汇量测试还可以诊断学习者各技能词汇量方面存在的问题，据此采取相应的教学措施。

2006年，任春艳、马新芳《汉语作为第二语言的学习者听说能力关系实证分析》一文对第二语言测试领域中存在的听说能力之间具有高相关，可以用听力水平推测口语水平的认识提出了质疑。他们通过对听力理解分测验和口语分测验的数据进行分析后认为，听力和口语能力之间存在一定相关，但相关度不高，更不能达到以此代彼的程度。因此，作者建议，在第二语言教学和测试研究领域，要同时注重听说能力的培养和考查，根据各自的特点分别安排教学和实施测试。

（四）成绩测试的现状分析

2002年，陈若凡的《谈成绩测试的科学化》提到一种现象"成绩测试虽然每年都在进行，……但从教学管理的角度来说，尚未组织专门人员对测试进行全面、深入的分析。"该文通过分析《初级汉语课本》听力理解试卷（36~55课）乙卷，讨论了成绩测试的现状以及如何实现测试的科学化。最后，作者通过统计分析总结了成绩测试中存在的两个问题：（1）命题工作科学化程度不高。（2）试卷的反馈效果差。由此，她提出了两个建议：第一，加强命题工作的科学化；第二，建立题库。

该文为21世纪面向汉语教学的测试提出了更高的要求和新的研究课题，值得我们深思和进一步努力。

三、汉语教学评价的萌芽

从历史演变的时间跨度（1988~1998）来看，汉语教学评价研究的出现不是汉语测试研究的简单延续，也不是在汉语测试研究衰落的基础上发展而来的。它经历了：源于汉语测试研究→与汉语测试研究并存→把汉语测试研究整合为汉语教学评价中的一个部分或阶段来进行研究的发展过程。这是因为20世纪80年代末至90年代，中国从改革开放进入了经济高速发展时期，中外国际文化交流日益频繁，来华留学生增势强劲，汉语教学事业进入了蓬勃发展的兴旺时期。在新形势下，一些思维敏锐的汉语教学工作者开始反思所在工作领域的缺陷和不足，从过去单纯地关注测试，被动地接受上级评价，无意识地评价学生，逐渐向主动地、有意识地评价转化。这使得汉语教学评价研究虽然源于汉语成绩测试研究，但并没有满足于停留在这一原始的层面，而是在研究视角和思维层次上不断探索，逐步有一个质的飞跃，从而催生了汉语教学评价萌芽的出现。在这一时期出现了少量的具有开拓性的研究成果，它们是汉语教学评价萌芽出现的标志。

（一）汉语教学评价[1]的提出

1. 讨论评价的原因、方法和依据

1986年，韩孝平《试论对外汉语教学工作的评估》一文，在汉语教学界首次专门提出了教学评价[2]问题。该文主要论述了三个问题：为什么要建立教学评价标准？怎样进行评价？教学评价的理论依据是什么？

作者把教师作为评价的重点，教师的课堂教学作为评价的核心，评价的参与者分为主、客体[3]两种类型。他所制定的主、客体评估标准，包括教师应具备的知识结构、教育技能、教学方法、教学技巧，以及教师个人心理品质等方面的内容。这些标准的意义在于，使教师有章可循，能看到具体的努力目标，

---

[1] 汉语教学评价习惯上又称为汉语教学评估。
[2] 汉语教师普遍使用"教学评估"这一术语，本书则使用"教学评价"这一术语，二者含义相同。
[3] 作者这里的主体评估指教师的自我评价；客体评估指他人评价教师。

由从前只是被动地被评估变为主动地评估自己。主体与客体评估相结合，经过反复地评估、再评估，就能使教学不断进步，从过去带有一定的盲目性向现在具有完全的自觉性转化，从而实现教学的最优化。作者认为要使教学工作逐步走向正规化、科学化，使教学质量得到进一步提高，就必须建立起一套比较完整、科学的教学体系，而评估工作正是这个体系中不可缺少的重要环节。

作者设计了四个表。表1是用于教师自我评价的主体评估表。表2是学生基本情况表，用于教师评价学生。表3是客体评估教师基本情况表，用于他人评价教师。表4是客体评估课堂教学表，这个表是核心，是第一手材料。作者设计这些表格是为了使评估工作更客观、更简便实用。

作者对汉语教师应具备的知识结构、教学法知识、教学能力以及心理素质等作了说明。知识结构方面应具备：现代汉语知识、与语言教学有关的知识（语言学和教育心理学）、社会文化知识、媒介语[1]。教学法方面应具备：以发展学生的智能为出发点；以调动学生学习的积极性和充分发挥教师主导作用为基本特点，学生要成为学习的主体；注重对学生学习方法的研究；重视学生的情绪；对传统教学方法适当保留并加以改造。在教学能力方面应具备：组织教学的能力，对学生的感染力，语言表达能力。

2. 具体探讨汉语教师评价

1991年，黄祥年《关于课堂教学评估的实践与认识》一文，回顾和总结了北京语言大学（1988~1990年）对当时来华留学生一系汉语教师所进行的教学评价实验工作。评价的课程涉及《听说课》《阅读课》《读写课》。作者总结了评价工作的成功之处：（1）增强了任课教师对评价工作的适应性。（2）进一步明确了评价的导向性。因为合理的评价标准可以引导教师掌握教学方向和方法。针对汉语教学的特点，从教师的教学态度、教学目的、教学重点、教学内容、教学方法与技巧、教学效果等方面考察，就把教师的课堂教学引导到正确的方向上来了。（3）评价活动对教师评价具有公正性。（4）课堂教学评价的内容和方式具有可行性。

作者还指出了应注意的几个问题：（1）评价者的身份和条件对课堂教学评价有一定影响。（2）消除评价者与被评价者的心理障碍，应贯穿评价全过程。（3）要重视教学对象的配合与实际水平对评价的影响。因为汉语教学对

---

1 所谓媒介语就是教师与学生在初级汉语教学阶段能共同使用的语言。

象来自各个国家，他们的文化素养、学习习惯和智商存在着很大差异，在语言习得过程中，他们对汉语语音、词汇、语法的理解、模仿、掌握能力不可能完全相同，这对任课教师完成教学任务影响极大，所以不能只凭课堂上学生表现出的绝对水平来评价教师。

最后，作者对汉语教学评价工作提出了几点思考与建议。（1）把教学检查与课堂教学评价结合起来，使之制度化、经常化。（2）在评价中应认真贯彻三个原则：客观公正性原则，一致性原则，连续性与纵观性原则。作者解释说，客观公正性原则一是指评价者可根据所拟标准，详察教学的客观实际进行评价，力避主观色彩和先入为主的偏见；二是对每位被评价者一视同仁。所谓一致性原则，就是把教与学两方面的全过程综合起来加以考虑，适当参考学生的考试成绩。把课堂教学的目的、方法及效果统一起来作出评价。所谓连续性与纵观性原则，就是不以教师的某一次课的优劣作出评价，而是把教师一学期（或一学年）的教学情况综合起来作出评价。同时，要从被评价者教学情况发展变化看其成长与进步，而较少横向比较。这样做有利于调动教师的积极性。（3）采用更加合理的评价用表，使评价工作臻于完善。

需要指出的是，这项评价活动的评价者全部由资深同行担任，因此，作者的总结以及提出的注意事项和建议都只适用于此种前提之下。该文是早期具体、细致地探论汉语教师评价工作的专题文章，文中提出的一些见解尤其值得教学管理人员思考和借鉴。

（二）第二语言测试与评价的关系

1990年，盛炎在《语言教学原理》中，对第二语言测试与评价的关系作了专题讨论。他明确指出："测试跟评价（evaluation）关系密切，但二者又有所不同。评价的方式多种多样，测试只是其中的一种方式。"这对澄清在汉语教学界长期存在的"测试等于评价"的模糊认识具有重要的意义。

作者在书中花了两章来重点讨论测试的过去与现在、测试的种类、好的测试的特点、测试分数分析、第二语言教学评价。尤其是他关于第二语言教学评价的讨论，在当时汉语教学界非常缺乏此类研究的情况下，显得十分难得。作者简要论述了：什么是评价？为什么要进行评价？谁来评价？教学目标在评价中起什么作用？评价的手段、方法和数据分析，数据的收集与分析，课堂活动评价，写评价报告等。这些论述不仅拓宽了汉语教学工作者的研究视野，而且为我们开展第二语言教学评价活动提供了有益的启示。

（三）汉语教材评价量表的出现

1998年，赵金铭《论对外汉语教材评估》一文，从分析汉语教材现状出发，阐述了如何建立客观、公允的评价标准，并论述了涉及评价标准的若干问题。该文主要论述了四个问题：（1）对教材进行科学评价的必要性。作者认为，不少教材是在同一水平上重复，缺乏特点，更无新意，主要原因是缺乏一套完整、科学、便于操作的汉语教材评价系统。（2）如何建立科学的教材评价标准。作者提出，达到教学目的和满足学习者需求是评价的两大主要内容。同时，还必须设计一套全面、合理的评价标准。为此作者设计了一个汉语教材评价表。该表共设评价项目55项，每项分为四个等级。评价者可以根据总分判断教材的等级。（3）制定教材评价标准要注意的问题。作者指出了现存的一些问题：缺乏高层次的教材编写理论指导；教材内容不够有意思；词汇量大，复现率低；练习种类单调，数量不足；语法注释烦琐，外文翻译艰涩难懂；文化取向欠妥；版面不活泼，缺乏插图；教材系统不完善，各阶段衔接困难；单项语言技能训练教材未形成配套；缺少教师用书。（4）通过评价寻求教材的创新突破。作者认为，学习者对汉语教材的意见集中在两个方面：一是教材内容没意思，二是词汇量太多。今后的教材编写应更多地考虑学习者如何学，能否满足学习者的需求。

在深入分析的基础上，作者设计了一份"汉语教材评估一览表"。这是汉语教学界首次出现的较为系统、全面的教材评价等级量表。

（四）课堂教学评价的对象与角度

2000年，刘珣在《对外汉语教育学引论》一书中专门论述了汉语课堂教学评价问题。作者认为，汉语课堂教学评价应当按照教学大纲所规定的目的和任务，以基本的教学原则为依据，分析教师和学生在课堂教学过程中的全部活动，特别是教师所使用的教学方法和技巧，并结合学生的汉语习得效果作出全面的评价。尤其要重点评价教师以下几个方面：（1）课堂教学的目的和要求是否明确具体，是否适合学生的水平。（2）教学内容是否重点突出，难点分散。（3）教学环节是否安排得合理、清晰、紧凑、自然。对新课中知识的感知、理解、巩固、运用与旧课中知识的重现、复习之间的关系能否处理好。（4）教学时间安排是否得当，是否体现了精讲多练的原则。（5）是否体现了启发式教学原则，教学方法是否灵活、多样、有效。（6）是否体现了成熟的教学技巧，包括教师驾驭课堂的能力、提问、板书、教辅手段、教态、语言、课堂气氛等。（7）是否完成了教学任务，教学效果如何。

作者把汉语课堂教学评价问题纳入到汉语教育学的宏观框架中来认识，并深入阐释了汉语课堂教学评价的对象与角度，为开展汉语教学评价工作，制定有关的评价量表提供了重要的启示。

第二节　汉语教学评价的现状与趋势

在 21 世纪初，我国政府开始进行大规模的国际汉语推广工作。与此同时，汉语教学工作者开始进一步深入探索汉语教学评价的模式、作用、原则和方法，并注意到教学评价中的偏差问题。在这一时期，教学评价的重要性不仅得到了国内汉语教学界的普遍认同，而且在国外汉语教学界也出现了一些引人注目的教学评价活动以及汉语教学成绩测试的研究成果。

一、国外汉语教学界的评价活动和研究成果

（一）美国汉语教学界

1. 口语能力测试与学习成绩评价

2003 年，柯传仁、沈禾玲《回顾与展望：美国汉语教学理论研究述评》一文对近 20 年来美国中文教学的研究从八个方面（汉语语音习得、汉字（词）的习得、阅读加工和策略、读写关系、汉语语法习得、非认知因素对学习的影响、语用问题、语言测试与评价、书面语言发展模式）进行了比较系统的介绍和评价。其中对汉语测试与评价研究成果的介绍，是我们所能看到的本世纪最早介绍美国汉语教学界测试与评价最新发展状况的文献资料，因此，尤其值得关注。

柯文主要介绍了两项研究（Ke，1993；Ke 和 Read，1995）成果，一项是关于口语能力测试的，另一项是关于对学生汉语学习成绩的全面评价。因为这两项研究均与美国外语教学学会（ACTFL）制定的"口语能力测试（OPI）"有

联系，因此，他同时也介绍了一下 OPI[①]。

  Ke（1993）的研究主要是确定被称为"口语能力模拟测试"（SOPI）这一测试内容的效度及信度以及与 OPI 的相关度。该测试沿用了"口语能力测试（OPI）"的基本模式，不过 SOPI 不使用面对面的考试形式，而是给予被试书面材料，让他们根据其中的内容进行口述并录音。Ke 的基本设想是：假若 SOPI 经证实具有与 OPI 类似的信度，它便可以取代 OPI 在某些测试情境中运用。因为 SOPI 测试不需要像 OPI 那样需要具有资格认证的主考人在场，学生只需把录音带在测试后交给评定者评分就可以了。SOPI 在阅卷时间上还具有很大的灵活性。具体需要考查：（1）对同一受试者的口语能力水平，应用 SOPI 能否得出与 OPI 一致或接近的评分？（2）在评分方面，SOPI 能否达到类似于 OPI 这样高的评分者间的信度系数？研究结果证明，SOPI 与 OPI 一样具有高度的评分者间信度系数；学生在 SOPI 和 OPI 测试中的成绩也非常接近。作者还了解到，学生喜爱 OPI 主考与考生间的对话方式的程度高于 SOPI 的人机对话方式。

  另一项研究是对美国一所大学的暑期汉语强化学习班的学生汉语学习进展情况进行全面的评价。（Ke 和 Read，1995）评价主要是使用美国应用语言学中心（CAL）的"汉语能力测试卷（CPT）"以及美国外语教学学会的"口语能力测试"来进行。CPT 是一项标准化的常模参照测试，主要检验汉语学习者的听力和阅读能力。它包括听力、语法以及阅读理解三部分。该研究有四项结果：（1）CPT 与 OPI 测试之间仅存在中等程度的相关。这表明不能根据学生在其中一项测试中的成绩而准确地推断他们在另一项测试中的成绩。（2）学习结束时的 CPT 与 OPI 成绩之间的相关系数要高于学习开始时二者之间的相关系数。这表明该暑期项目所提供的"沉浸式"（immersion）语言学习环境在一定程度上促进了语言的习得。（3）学生在 CPT 与 OPI 两项测试中的成绩均表明，通过 9 个星期的学习，他们在一定程度上提高了自己的汉语能力，半数以

---

1 OPI 是一项综合考查口语能力的标准化测试，该测试从四个方面来检验学习者的口语能力：能掌握何种语言功能；能在何种情境中运用目的语完成哪些话题内容；能达到何种准确程度；能创造多长篇幅的语段。考试形式是主考人和受试者面对面的谈话，考试时间一般持续 10~30 分钟，在测试过程中，主考人从以上四个方面来测定被试的强势（即其语言能力的最上限）和弱势（即其语言能力的最下限），然后分别定级。OPI 测试将口语能力划分为四大能力等级，即初级、中级、高级和最高级。

上学生的 OPI 成绩都要高于开始时的相应测试成绩，而所有学生的 CPT 成绩都要高于开始时的相应测试成绩。（4）CPT 成绩较高的学生 OPI 成绩也较高。CPT 中听力部分的成绩与学生的 OPI 成绩呈显著正相关。而 CPT 的其他两个部分，即语法和阅读理解部分的成绩并未与 OPI 成绩有显著正相关。这项研究首次对美国暑期汉语强化学习阶段的学生学习进展情况进行了全面评价，研究获得的资料为今后进一步研究美国暑期强化教学的各个方面提供了重要信息。作者认为，这种研究今后还应该在目的语环境中进行，并将其结果与美国国内的研究结果进行比较，这将有助于了解不同教学环境下学生的学习特点。

2. 汉语成绩测试

2006 年，崔颂人《略谈对外汉语成绩考试的改进》一文分析了中美两国二十余所大学及几个暑期短训班的成绩考试情况，从测试效度、信度、考试频率、成绩测试与教学目标、试题内容抽样、题型选择以及反拨效应等方面，对汉语成绩测试的有关问题进行了一次初步探讨。

作者认为，就北美的情况而言，使用最多、对汉语学习影响最大最直接的，还是课堂测试和阶段性的成绩考试（achievement tests）。一个汉语教学单位的测试情况，包括考试的设计、试题的编写、考试的实施以及对考试结果的解释等，是该单位教学成熟和健全程度的标志之一。试题所采取的形式和覆盖的内容，必须客观地反映教学大纲的要求和具体教学内容，并通过学生的语言行为，体现其对语言交际功能的掌握。

作者对汉语成绩测试试卷中出现的一些问题（试题形式、试题效度、试题内容、成绩测试如何体现语言交际功能、试题语言等）进行了分析，并提出了几点建议：（1）提高测试的效度和信度。编写试题必须考虑测试目的语使用的范畴（domain）与考生需要完成的任务之间的关系。合理地增加考试频率，以提高成绩测试的信度。（2）考题要体现行为目标。考试的题目应能体现具体的、以学生的行为来描述的教学目标，即说明经过学习后，学生能用目的语做哪些事情。（3）试题抽样要具有代表性。成绩考试篇幅有限，必须抽取有代表性的样品作为测试内容。如果更严格，还要考虑时间和实施过程中是否经济，能否产生积极的反拨效应（washback effect）。（4）语言知识与语言能力并重。选择合适、高效的题型，包括语句语义的关联、交际功能以及语言在社会文化方面是否得当。（5）创造积极的反拨效应。如果考试的内容和方法与课程的教学目标相符，能准确地检测教学效果，客观地评价学生的交际能力，则可能产生积极的反拨效应。作者还提出了一些有助于取得积极反拨效应的做法。

  作者最后指出，要开创对外汉语教学事业的新局面，使汉语在全世界成为真正的强势语言，就必须全面提高对外汉语的教学水平，包括测试水平。由于成绩测试特有的强制性、经常性和经济性，它可以直接、多次地影响到所有学习汉语的学生。因此，搞好教学过程中的经常性、有针对性的成绩测试，有很大的现实意义。

3. 哈佛大学暑期汉语项目的教学评价

  哈佛大学暑期汉语教学项目（Harvard Beijing Academy，简称HBA）的课堂教学评价对象有两类：一是汉语学习者评价，二是汉语教师评价。学习者评价的性质有两种：一种着重教学过程，一种着重教学结果。前者属于诊断性和形成性评价，后者属于终结性评价。上述一整套严密的师生评价体系为汉语教学计划的顺利实施提供了保障。

  HBA的汉语学习者评价有下列几个特点：

  （1）评价内容全面、多元

  对学生的评价不只看期中、期末考试成绩，而是比较全面系统地评价学生各方面的表现，它包括：出勤、听写、背诵、作业、周考、口头报告、期中考试、期末考试、社会调查报告。该评价体系的构成充分显示出对形成性评价的重视，也体现了评价在整个汉语教学中的重要地位。HBA每天每周都要对学生进行多种评价，从而使学生的每一种汉语学习行为都能得到及时评价，以此关注学生的汉语学习发展过程。学生也可以通过评价来促进自己的汉语学习，激发学习的积极性。比如，学生每天都有听写，以此检查他们对新课生词的预习情况以及对旧课的复习情况。教师可以视不同情况灵活变换听写的形式，有时听写词语，有时听写句子。学生的听写结果会迅速地得到教师的评价，并及时反馈给学生本人，同时听写情况也会在学生的总评成绩中得到反映。另外，期末考试成绩只在总体评价中占适当比例，而不是占一半或多半的比例。总之，学生平时各个方面的汉语学习表现都会在总评成绩中有所反映。这种关注学生的汉语学习发展过程，全面考量学生学习态度、表达能力的评价模式在HBA已操作得比较完善和成熟，师生都认为这是一种比较合理、公平的评价体系。

(2) 评价标准细化、客观

评价标准在开学之初就发放给学生和教师，让双方都清楚地了解评价标准。HBA 的每一项评价内容都有细化的标准，并以英文形式出现，以避免学生在理解上遇到困难。这些细化标准也有助于教师在评价学生的过程中避免过多的主观意向，便于追求最大的客观性，从而使评价结果更准确、有效。例如：

Oral presentation：(your presentation will be graded based on the following) Draft：___%；Pronunciation：___%；Tones/Intonation：___%；Fluency/Performance：___%。

Reading[1]：(your overall reading will be graded based on the following) Pronunciation：___%；Tones：___%；Correct pause：___%；Accuracy：___%；Fluency：___%；Intonations：___%。

(3) 评价灵活、反馈及时

HBA 的每位教师都会在课堂上观察学生的表现，包括他们的学习和心理情况，每周都会根据学生的情况进行及时评价并据此来决定下周的教学计划。比如，对于声调有问题的学生，如果在有限的上课时间内纠音不能达到很好的效果，反映在 Reading 和 Oral Presentation 中的评价成绩就较差，不但要让该生课后去语音门诊部，而且还会针对这类学生单独开设 Individual Session 来专门纠正发音问题。学生一旦有了明显的进步（无论这种进步表现在学习成绩中，还是教师平时观察中发现了），教师就会及时给予学生鼓励，甚至可以在"中文桌子"就餐时，奖励该生多点一个菜[2]。这种根据学生情况进行及时评价和反馈并灵活调整教学计划的策略，对教学非常有利，对于稳定学生情绪、激发他们的汉语学习热情也非常有帮助。

HBA 的教师评价主要采取以下几种形式：

(1) 课堂观察

HBA 的教学管理人员通过听课，观察汉语教师的课堂教学全过程，并对其

---

[1] 这里的"Reading"指朗读。
[2] 这是 HBA 王秋雨老师的创意。

效率进行评价。主要观察内容为：教学任务是否完成，板书是否整洁，教学设计是否合理，重点是否突出，课堂气氛是否活跃，教学是否有效率和应变能力，精神是否饱满，教态是否端庄大方，等等。

(2) 教学录像评价

汉语教师授课时由专门人员对课堂教学活动进行录像，以弥补人工观察法的不足。录制对象的选取是随机的，录像结果由任课教师与同行一起分析优缺点，并由教学管理人员点评作出总结。

(3) 教学准备工作评价

HBA 认为教学准备工作关系到课堂教学活动的成败，因此，HBA 规定任课教师必须在备课会之前做好教案，并提交给指定的负责人。教师的教案是教师评价的一个组成部分。

(4) 学生评价教师

学生评价教师是 HBA 教学评价工作的重要组成部分。每隔一段时间，HBA 的学生就会对任课教师进行一次评价。评价表附有待评教师的照片，以防错评现象的发生。学生需评价打分的共有六项，分别为：

Class Organization（课堂组织能力），Ability to Communicate Effectively with Students（与学生有效交流的能力），Helpfulness in Answering Questions（回答问题的效益），Emphasis on Correct Pronunciation（注重纠音），Dedication（奉献精神），Overall Effectiveness（总体效果）。

4. 哥伦比亚大学暑期汉语项目的教学评价[1]

哥伦比亚大学暑期汉语项目（Columbia in Beijing，简称 CIB）的教学评价同样有两个主要对象——学生和教师。

CIB 在汉语课程正式开始前要进行分班测试，大致确定新生的汉语能力。考试分笔试和口试两个部分。口试使用美国外语教学界盛行的口语能力测试（OPI）。评价内容主要是发音、词汇量、语法、长句或段落的情况等。

注重教学过程的评价是 CIB 的一个突出特点，各种方式的评价使学生与教师时时处于积极、主动状态，教和学一环紧扣一环，共同朝着汉语教学目标不断前进。学生的形成性评价包括每日评价和单元评价两个部分：

---

[1] 参见汲传波（2006），修玉霞（2008）。

（1）每日评价，即学生每天都会得到不同形式的评价成绩。比如，检查预习和复习情况的听写分数、做作业的分数、课堂表现的评分。

（2）单元评价，即学生每周都会进行一次周考。周考分笔试和口试两个部分，笔试考查的核心是本周所学的生词和语法，同时加入部分前面所学的重点内容。口试是学生口述自己上一周作文的内容，教师根据语音、声调、语法、长度、流利五项内容标准给出分数。

期中和期末学生要进行两次大规模的终结性评价测试，考查他们对各阶段教学内容的总体掌握情况，以判断是否达到了汉语教学目标。

CIB 的每位教师都在评价过程中不断提高、进步，并成功地进入了工作角色。教师在每天或每次集体备课时及时总结在评价中所发现的问题，并针对不同问题、不同学生来调整、改善自己的教学方案。教师评价主要通过互评方式进行。每周集体备课会上，大家还会交流听课经验。在期中、期末考试以后，学生要对所有任课教师作出两次评价。评价内容包括教师的教学能力、方法、态度等方面，并要求学生写评语。问卷一般以英文形式出现，以避免因理解问题造成的评价误差。这一整套严密的师生评价体系促进了汉语教学计划的顺利实施。

5. 明德学院中文暑期学校的教学评价[1]

明德学院（Liberal Arts College）暑期语言学校是美国最负盛名的语言学校，也是美国外语教学的重镇。它的中文暑期学校长期采用"明德模式"进行强化汉语教学，不但在美国赢得了很高的声誉，而且在国际汉语教学界产生了广泛影响。明德中文暑校实行严格的师生评价制度，它的严格性表现在学生评价和教师评价两个方面。

在开学和期末学生都要参加计算机自适应阅读能力考试（CARPT）和口语能力考试（OPI），以便为学生分班、项目评价和学习者本人的比较提供参考。学生的成绩测试有每天的小考、每周的口试和笔试、期中和期末的大考等。在入学的第 3、6、9 周还给学生作出三次综合评价报告。暑校结束时，要根据学生的学习表现，给出书面评语，同时按照学生的作业、日考、周考、期中和期末的大考、上课出勤和表现等情况统计出最终成绩。

---

1 参见曹贤文（2007）。

学生也要对教师和整个教学项目进行期中和期末两次书面评价。暑校校长要跟每个学生逐一面谈 1~2 次,亲自听取学生对教学和管理的意见。

(二) 日本汉语教学界

2006 年,贾笑寒在《日本国内的汉语能力考试及其借鉴意义》一文中指出,在汉语教学工作中,充实和完善汉语能力考试是不可缺少的一环。从世界范围来看,日本是汉语考试制度相对发达并较为完善的地区。这对完善汉语能力考试有着一定的借鉴意义。

进入 21 世纪以后,日本社会对汉语人才的需求不断扩大,日本的汉语教学随之迅速发展起来。除了正规的学校教育以外,还出现了面向社会各层次人员的汉语学习班,另外还有相当一批通过广播、电视自学汉语的学习者。由于学习者的多样化,制定能够评判学习者汉语水平并易为社会所接受的客观、统一的评价标准就成了一个极为迫切而重要的问题。

1981 年秋,日本中国语检定学会举行了第一次汉语考试,并在 1985 年把这一考试推广到日本全国。其后,为了适应社会的不同需求,又出现了其他一些汉语能力考试。目前日本国内主要有 3 种汉语能力考试:中国语检定、商贸中国语检定、中国语交际能力测试 (TECC)。除此以外,导游资格考试等职业资格考试中也包含有汉语能力的考试。

中国语检定考试从 1981 年开始举行,由中国语检定协会主办,日本全国近 30 所高校的大学教授参与了此项工作。它是日本最有权威性、参加人数最多的汉语考试。大多数和中国有关的公司企业在招聘员工时都要求有相应级别的中国语检定证书。商贸中国语检定从 1990 年开始举行,由以大学教授为主要成员的日本商贸汉语协会主办,主要考查从事中日商贸工作的公司职员的汉语能力。商贸中国语检定只有检查读写能力的笔试,试题以选择、填空、问答形式为主。中国语交际能力测试从 1998 年开始举行,由中国语交际协会主办,是汉语专家和从事中国业务的大公司共同开发的考试,它相当于英语的 TOEIC 考试,主要测试被考者的日常会话能力,为汉语交际能力的测试制定了标准。其成绩在向与中国有贸易关系的公司企业求职时可以作为参考。

日本国内汉语考试的特点是不同种类考试相互补充。中国语检定是参加人数最多的汉语考试,每年报名人数超过 4 万人,从 1981 年至今,总报名人数已经超过 40 万人,该考试自称是一种学习助成型考试,把激发学习者的学习热情作为主要目标之一，因此采用分级出卷的形式，考查学生是否完成了相应阶段的学习。不同级别的试卷涉及的词语和语法点均有一定的层次区别。尽管有"中国语检定"这样的权威汉语考试存在，但一部分汉语教学者还是认识到了它的局限性。随着中日贸易的日益频繁，日本对中国投资额大幅度增加，日本企业对汉语人才的需求更为迫切，同样也需要一种针对性强的商贸汉语考试来公正、客观地评价应试者使用汉语从事商贸活动的能力，商贸中国语检定便应运而生了。在经济交流的带动下，中日两国在文化、艺术等各方面的交流日益频繁，使日本人有了更多直接与中国人交流的机会。这时，中国语交际能力测试产生了。相对于高度专业的内容，大部分学习者和用人单位更看重汉语的实际运用能力。在一部分公务员考试中，也可以把它作为加分的参考，而且它采用同一试卷，按分数高低决定等级，没有合格不合格之分，这也使它深受欢迎。可见，这三种考试都是顺应时代需要而产生的。它们不仅完善了日本国内汉语考试制度，而且也基本满足了日本社会对汉语能力考试的市场需要。

（三）韩国汉语教学界

2006年，雷莉在《韩国三星集团的汉语教学》一文中介绍了韩国三星人力开发院汉语教学的评价体系。为了加强教学管理，提高教学质量，开发院制定了严格而完善的评价体系。开发院的评价体系包括两个方面：一是对教师的评价，二是对学生的评价。

对教师的评价包括自评、学生评定、领导听课、课程竞争等方式。自我评定是任课教师每年对自己担任课程作一次总体评定，提出改进方案。学生评定指每学期都要组织1~2次学员对担任课程的所有教师的教学工作进行全面的评定。评定的指标包括：备课情况、教学方法、教学态度、教学效果、批改作业的情况、使用教材的情况、补充资料的情况、辅导答疑、上课的仪表风度、上课内容的趣味性、上课内容的创新性等。领导听课指主任教师不定期地听课，检查教学实施情况。课程竞争指多名教师为同一层次的学员开设相同课程，在第一周学员可以自由选班。

对学生的评价包括语言测试、学能、学习态度、演讲与发表、写作能力等几个方面。三星人力开发院的语言测试有每日测试、单元考试、期中考试、期末考试、HSK考试、SST考试等几种形式，其中SST考试是最重要的。人力开发院的 SST（Samsung Speaking Testing）测试是效仿美国的 OPI（Oral Proficiency Interview）测试而产生的。它根据所表达的话题范围、深度以及遣词造句能力和交际的正确程度，将汉语口语能力分为初级、中级、高级、超高级四级。主要从四个方面来评价受试者的语言能力：

(1) 受试者完成了哪些交际功能或功能任务。初级只要完成基本的交际功能，能在最低限度上进行沟通就行了。中级要求能创造话语，能以简单提问或回答的方式来发起、维持并最终结束一段简单的会话。高级能成段描述过去、现在、将来的事件，有效地处理预料之外的复杂情况。超高级能深入讨论某一问题，能从不同侧面来支持自己的观点，应付自己不熟悉的语言情境。

(2) 受试者能在什么样的语境中完成什么样的内容。初级是在最常见的非正式场合能回答最常见的日常生活的基本问题。中级是在一些非正式的场合以及有限的一些事务性处理的情景之下完成与日常生活和个人环境相关、可预料的熟悉的话题。高级要求能在非正式和正式的场合下完成一些专业领域的话题。超高级要求在正式的场合下能完成各类专业方面的话题。

(3) 任务完成的准确度。准确度是指信息传达的可接受性、质量和精确程度，主要从语音、语法、词汇、流利度、话语的得体性等几个方面来考查，准确度主要决定于说话人的话语被理解的程度。

(4) 受试者所能完成的口语篇章类型。篇章类型指的是受试者话语的数量及其组织形式，即从初级的单句递升到中级的复句，再到高级的段落，一直到最高级组织有序的多段落扩展篇章。

只有在功能、内容和语境、准确度以及篇章类型上的表现都能维持如一的情况，所评的等级才能成立。因此，SST 等级的提高不仅仅是汉语词汇量的增加和语法能力的提高，而是一种全面的、综合的能力的提高，包括话题范围的增加、扩大，话语内容的丰富与深入，语言形式的准确、灵活，表达的自然、得体。这种测试方式值得国内同行注意。学习态度包括诚实度、参与度、配合度等方面。演讲与发表指每天下午 5 点以后，都有一场汉语话题演讲比赛，根据其准备的情况、话题的内容是否有趣、演讲态度等给予评价。

二、国内对外汉语教学界的评价活动和研究成果

（一）教学质量多元评估模式的提出

2003年，张宝玲《谈对外汉语教学质量的多元评估模式》一文提出："对外汉语教学作为一门新兴的学科正在蓬勃发展，国内外的对外汉语教育市场十分繁荣，但激烈的教育市场竞争对教学质量的要求越来越高。传统的教学质量评估模式已经不适应形势发展的需要，建立新的教学质量评估模式已经成为对外汉语教学改革与发展中的重要而迫切的课题"。

作者认为：汉语教学是第二语言教学，授课对象又是学习目的和动机不同，年龄与经历不同，文化背景各异的各国留学生，教学具有复杂性和特殊性。因此，教学质量评估也必须适应这些复杂性和特殊性。如果用一个评估体系运作过于宏观，使用多种方案又会使评估复杂化。这就需要研究并建立一套以科学、客观的评估指标体系为依据，以适应变化、符合实际的动态调控方式为原则的多元评估模式，以实现教学评估的导向、激励和改进功能。

（二）探讨课堂教学评价原则、方法、内容及其指标体系

2004年，杨惠元《课堂教学评估的作用、原则和方法》一文，全面深入地探讨了汉语课堂教学评价的作用、原则和方法。作者认为，课堂教学评价对教师具有如下作用：（1）帮助教师积累教学经验，提高教学技艺。（2）从评估中得到必要的信息反馈，及时调整教学计划和安排。（3）改善师生关系，优化课堂环境。（4）教学评估是研究教学的突破口，可以为科学研究提供素材和资料。课堂教学评估对学生具有如下作用：（1）使学生了解学习的过程，更加积极主动地学习。（2）使学生及时了解自己的进步，获得成就感。（3）使学生及时了解自己的不足，以便改进。（4）帮助学生学会学习，改进学习方法。

作者提出了几条评价原则：（1）课堂教学评价要贯彻目的性原则。教师首先要明确本次评价的目的和预期的效果。（2）针对性原则。体现为：过程性、诊断性的；个人性的、局部性的、具体的。（3）有效性原则。课堂教学评价要讲究实效，得到的信息反馈，可以使教师调整教学策略，学生调整学习

策略。（4）常规性原则。课堂教学评价应该纳入正常的教学之中，并非只在期中和期末进行。（5）客观性原则。科学的评价务求客观公正、真实可靠。（6）可行性原则。课堂教学评价的方法必须简便易行。（7）变化性原则。课堂教学评价可采用多种方式进行，以增加学生的新鲜感，使其乐于参与。

作者还提出了几种教学评价方法：（1）课上评价。一是由学生自评；二是由教师记录学生课上的表现；三是学生互评，学生互评以肯定和鼓励为主；四是教师总结，这也是以肯定和鼓励为主。（2）课下评价。一是学生访谈，二是调查问卷，三是教师自评，写教学后记。

2002年，陈光磊总结出一个新的汉语教学评价指标体系[1]，包括8个方面，34项内容，这是一个面向汉语教师的教学评价指标体系，也是迄今为止最为具体全面的汉语教学评价指标体系。

2006年，江傲霜在《论对外汉语课堂教学的评价体系》一文中探讨了汉语课堂教学评价体系的具体内容。作者认为，该体系应该是以教师为主导、学生为主体的双向互动过程，因此，应把教学过程和教学效果作为课堂教学评价体系的具体内容。教学过程包括：（1）教学目的。（2）教学内容（培养发展言语技能；传授言语知识；理解交际背后的文化因素）。（3）教学结构（教学环节联系紧密、教学时间安排得当、教学节奏快；体现学生的活动性与主动性；信息的反馈与调节）。（4）教学方法（始终遵循"精讲活练"的原则；根据不同课型可以运用实物、图片、幻灯、投影、电视、录像、录音等不同教学手段）。（5）教师的教学能力（教学语言准确、易懂、简练、有针对性；善于用激励的手段与方法调动学生学习的积极性；组织和应变能力）。教学效果包括：（1）是否达到教学目标。（2）学生的积极性与课堂气氛。作者认为，汉语课堂教学的评价体系是检验教学效果的一个标准和尺度，有了这个标准和尺度，课堂教学就有据可依，避免了随意性和盲目性。

2006年，李靖华在《基于胜任特质理论的对外汉语课堂教学评估量表》一文中，借助人力资源管理领域的胜任特质理论，采用关键事件访谈法、因素分析等心理测量学方法，建构了一个"基于胜任特质理论的对外汉语课堂教学评估量表"，这是首次通过实证研究途径产生的汉语课堂教学评价量表，为我

---

1 详见陈光磊（2002）表9-4。

们开展汉语课堂教学评价工作提供了可靠的依据。

2007年，邵菁、张忻、李黔萍在《如何提高对外汉语教学评估的有效性》一文中，通过比较美、日、中三所高校中的三份教学评估问卷，结合汉语教学的特点，论述了四个方面的问题：（1）汉语教学评估的目的和对象；（2）如何编制科学、合理和可操作的评估表或问卷；（3）如何对评估数据进行处理以达到发展性的评估目的；（4）如何组织、实施有效的评估。作者在尝试建立有效的汉语教学评估方面作了有益的探索。

（三）教学评价偏差分析及纠偏对策

2004年，刘德联、李海燕《对外汉语教学评估偏差分析及纠偏对策》运用问卷调查和统计分析的方法，从影响评估的客观因素和主观因素两方面，分析了学生在连续四个学期里的汉语课教学评估材料和调查问卷，发现了汉语教学评价中存在的偏差及其原因，提出了纠正偏差的策略和教学评价的新思路。

作者分别从评价指标体系是否恰当；能否通过信度和效度检验两个方面来客观分析了造成评价偏差的原因。据此得出结论：（1）以学生为评价者进行教学评价的方式大都能反映出教师的教学水平和课堂教学质量。（2）以学生为评价者所进行的教学评价从整体上看是稳定的，有一定可信度。（3）水平不同的学生对某些指标项目有所侧重而产生差异，不同文化背景的学生对同一课程的评价可能存在差异。

他们从学生主观角度分析造成评价偏差的原因：（1）从评价者自身来看，他们是来自世界各地的留学生，受某些心理因素的影响，学生会对教师或课堂教学作出不正确的判断，评价结果甚至与事实出入较大。由于文化背景不同，学生学习动机、目的不同，对课程及教师的要求也就不同。（2）通过调查问卷对评价者进行心理分析后发现：首先，印象偏差会造成评价时的心理倾斜。其次，特定的文化背景会带来评价偏差。另外，强烈的个人主义会造成评价偏差。最后，因不重视而随意填写评价调查表也会造成评价偏差。

作者据此提出了相关对策：（1）防止评价的单一性，采取多种办法征求学生对教学、教师的意见和建议。（2）评价不能过滥。（3）在评价表上增加"希望"一栏，提出希望教师授课时应注意的问题。（4）在自愿的前提下，学生在问卷上写下自己的背景材料。这有助于发现问题。最后，作者提出：（1）评价最重要的目的不是证明，而是改进。（2）建立一套完整的评价体系。把领导评价、同行评价、自我评价与学生评价有机地结合起来。

(四) "南开"汉语教学评价模式的探索

2007年，南开大学施向东在"对外汉语教学模式、教学法与教材编写研讨会"[1]上提出了"系统型、全方位的"南开教学模式及其测试评价体系。该模式和测试评价体系一方面来源于该校多年来的汉语教学经验，另一方面受到南开—爱大模式和欧美著名高校（哈佛、普林斯顿等）模式的启示。他们的测试评价体系包括阶段考试、课堂测试、作业和讲评等。这种测试评价体系与南开汉语教学模式密切配合，在教学效果和学生满意度方面取得了引人注目的成绩[2]。

(五) 数字化汉语教学评价

2005年，刘晓海在《数字化对外汉语教学学习者评价系统》一文中，针对目前汉语学习者评价中存在的诸多问题，提出要整合信息技术，构建数字化的汉语教学学习者评价系统。具体来说，就是尽可能做到在数字化汉语教学过程中，动态收集学习信息，全面展示学习结果，对学习者进行全方位多元化的价值评判，以促进他们更好地学习。为实现这样的评价目的，而设计开发的基于计算机系统的数字化汉语学习者评价系统，可以从定性和定量两方面对学习者进行全面的动态评价。

这个评价系统的评价对象是汉语学习者，评价主体有教师、计算机，该系统的评价内容包括考试、测验、作业、出勤、评语评价、语言交互、资源利用7个方面。评价指标体系的框架结构在细化系统评价内容的基础上，经多次修订完成。指标权重是通过对一线教师以及长期从事汉语教学研究工作的专家进行问卷调查，然后利用层次分析法进行统计后设定的，避免了人为设定权重的主观随意性。

该系统利用网络数据库技术和动态网页制作技术完成，其最大特点是能以电子学档的形式展示学习者的整个学习过程和学习结果，实现了数据提交、文件上传、数据和文件即时查询并下载、与用户动态交互、图形化直观展示评价

---

[1] 此会由北京语言大学出版社召集，京津多所高校的对外汉语教学专业资深人士参加。
[2] 施向东教授和该校梁磊老师接受过笔者的有关口头和电子邮件访谈，并提供过帮助，特此致谢！

结果等一系列功能。这个评价系统的设计开发，对改革汉语教学中的学习者评价具有重要的现实意义。

2006年，罗立祥在《对外汉语教学网络课程的评价研究》一文中，为了保证汉语教学网络课程的质量，拟定了一套基于网络数据库的汉语教学网络课程评价系统。该系统从课程说明、内容分块、内容编排、资源扩展、学习目标、交流与协作、动机兴趣、练习与反馈、测评9个方面进行细化，并根据初、中、高三个不同等级课型的教学特点及规律，对各评价指标逐一进行了细化。在实现该评价系统时，作者还运用了网络数据库技术和动态网页制作技术。

（六）汉语教材的定性评价与指标体系评价

教材是课堂教学的依据，直接关系着教学质量。进入21世纪以后，汉语教学界不仅继续关注汉语教材的定性分析和评价，而且出现了定性分析与定量考察相结合的评价研究成果，研究的层面不断深入，弥补了以往汉语教材评价研究中的不足。

2005年，薛艳君在《初级阶段对外汉语精读教材评估指标体系研究》一文中，首次采用问卷调查和统计分析的方法，确定了初级汉语精读教材评价量表的项目和标准，并初步建立了一个初级汉语精读教材的评价指标体系，为进行初级汉语精读教材的评价提供了依据。

2006年，赵新、李英的《中级精读教材的分析与评估》一文选取了三套有代表性的中级汉语精读教材（北京语言大学出版社的《桥梁》、上海教育出版社的《标准汉语教程》、北京大学出版社的《中级汉语精读教程》），从总体设计、语料选取、生词控制和编排、重点词语和语法注释、练习设计这五个方面进行了定性分析和评价，并提出了改进的措施。

2006年，林敏在《以学习者为评估者的对外汉语教材评估模式研究》一文中，尝试构建一个以当今教学法中学习者中心论为理论基点，以评估量表的建立为核心环节，遵循长期性和开放性原则的由学习者评估汉语教材的评估模式。作者从理论和实证两个角度对模式的科学性和合理性进行了论证。运用了问卷调查、统计分析的方法对学习者和教师评估教材的结果的差异作了分析，验证了学习者作为教材评估者确有必要。这是对以往汉语教材评估研究的进一步完善，也为今后的汉语教材评价提供了一条新思路。

2007年，姜安在《对外汉字初级教材评价研究》的论文中，尝试建立一个科学、系统的汉字初级教材评价指标体系表。作者论述了建立这个评价指标体系表的原因和方法。作者征询了多位专家对其设计的汉字初级教材评价指标内容的意见，制作了汉字初级教材评价指标权重系数调查表，采用"专家排序法"和"均值法"，来减少主观因素对权重的影响，最终得出了汉字初级教材评价指标的权重系数。

三、汉语教学评价研究的不足及其发展趋势

汉语教学评价的源流虽然可以追溯到20世纪80年代初，汉语教学评价的专题讨论虽然萌芽于20世纪80年代末，汉语测试研究的细化与深入虽然从20世纪末持续到21世纪初，但真正意义上的汉语教学评价研究的兴起却始于21世纪初。沿着汉语教学评价的成长轨迹，我们可以把汉语教学评价进一步分为萌芽阶段和起步阶段。萌芽阶段是汉语教学工作者逐步关注评价并产生评价愿望的阶段，起步阶段是汉语教学工作者具有评价意识并从不同的角度进行考察和探索的阶段。回顾20多年来汉语教学评价的发展历程，我们有必要对已有的研究成果进行总结、分析和梳理，以发现我们存在的问题和不足。教学评价的理论研究离不开教学评价实践的支持，我们不仅要在汉语教学评价实践中，善于发现问题和解决问题，还要不断总结经验教训，对感性经验进行提炼升华，逐渐认识并揭示出汉语教学评价的特有规律，以建立和发展汉语教学评价的理论体系。

应该指出的是，到目前为止，汉语教学界的汉语教学评价研究还比较零散，处于分散自发状态，没有形成系统研究规模，汉语教学评价的研究成果相对于汉语本体研究和教学法研究成果来说，寥寥无几，很不丰硕。关于汉语教学评价的类型、标准、模式、系统、基本程序、基本原则和制度、编制评价标准、收集和处理评价信息的方法、检查评价质量的方法等都缺乏深入细致地研究。还没有建立起以调查研究为基础，在汉语教学界可以通用的教学评价标准和量表；缺乏利用计算机技术，全面收集和科学处理汉语学习者评价信息的机制。评价活动和评价过程还有待于制度化和系统化，已有的汉语教学评价工作还需要提高评价信度和效度。因此，我们还需要深入开展对上述问题的理论和

实践研究，争取出现更多的专题研究成果，以便初步形成具有汉语教学评价特点的评价理论和方法体系，这是我们今后在相当长的一段时期里所面临的光荣而艰巨的任务，也是历史赋予我们的使命。

20世纪90年代以来，世界各国对教学评价的各个方面重新进行了思考和定位，尤其是西方发达国家的第二语言教学更是展开了一系列的教学评价改革。越来越多的国内外汉语教学工作者也开始意识到有效地实现汉语教学目标的必要条件之一就是要建立与之相适应的评价体系和评价操作模式。因此，汉语教学评价研究已逐渐成为国内外汉语教学研究的重要组成部分，其发展趋势主要表现在以下几个方面：

（一）淡化鉴别，注重过程

随着目前国际汉语的推广，汉语学习者规模的不断扩大，汉语学习目的多元化的特点日渐突出。汉语教学界原有的培养汉语文化专业人才的功能受到了极大的挑战，新的时代要求国内外的汉语教学提供多元化的教学形式，培养多样化的汉语人才。配合汉语教学形式和培养目标的转变，评价功能也发生了转变。从单纯考查学生的汉语知识和技能，区分汉语学习的优劣，转变为关注学生掌握汉语知识和技能的过程与方法，关注学生对中国文化及其价值观的认识、理解和欣赏。汉语教学评价不只是为了甄别与选拔，还要通过分析与指导提出如何改进的建议，发挥评价对学习汉语的激励作用，促进学生在汉语学习方面的成长与进步。评价功能的这一转变，同时影响着对教师的评价工作，由以往主要关注汉语教师已有工作业绩是否达标，向促进汉语教师的职业技能不断发展转变。评价工作应该促进被评价者的发展，这已成为当今国际教育领域共同的发展趋势和要求。

（二）注意综合评价，关注个体差异

汉语学业期中和期末考试成绩曾经是考查学生汉语学业成就的重要指标。但随着国际社会的发展，仅仅靠死记硬背掌握汉语知识和技能，已远远不能适应国际社会政治经济的发展需要。于是，在进行常规的汉语学业成就考试的同时，人们开始关注汉语学习者的个体需要和个体差异，汉语学习态度、合作学习精神、汉语学习策略、对中国文化及其价值观的认识、理解和欣赏、跨文化的汉语交际技能等都逐渐成为汉语教学评价的组成部分。从单纯考查学生学到了什么汉语知识，向学生是否掌握了跨文化的汉语交际技能、是否能理解和欣

赏中国文化及其价值观、是否具备良好的汉语学习策略等方向转化；从笼统的要求听说读写全面提高，向承认汉语学习者个体差异方向发展，鼓励学生发展自己感兴趣的汉语技能，汉语教学评价逐渐以多元指标对学生的汉语学业成就进行综合性评价。

（三）定性定量结合，评价方法多元化

随着对汉语学习者评价内容的综合化，单纯以量化方式描述和评价学生的汉语发展状况，就会出现简单、肤浅、片面的结果，而失去汉语教学的意义和根本目的。因为汉语学习者来自世界各国，他们的个性化需要、学习特点、文化背景、学习态度等都有很大差异，不是简单抽象的数据能表现的。因此，除了传统分数形式的定量评价以外，以全面、深入、真实再现学生汉语学习特点和发展情况的定性评价（如汉语行为表现性评价等）也受到汉语教学界的欢迎。

随着数字化汉语教学理论与方法的发展，整合信息技术，启动数字化的汉语教学学习者评价；建立网络数据库，实现汉语课程的数字化评价；基于评价指标体系，开发汉语教材评价的计算机软件，将是数字化时代汉语教学评价的发展方向。这些方面的技术升级，将为评价信息的收集带来更大的效率。同时，定性与定量评价相结合，更全面、准确地描述汉语学习者的学业成就，已成为当今国内外汉语教学评价发展的共同趋势。

（四）参与和互动，自评他评相结合

如果汉语学习者理解自评的重要性，能随时检查自己的汉语学习进步，构建自己的学习目标，这样他们就会为自己的汉语学习进步和学习方向负责，从而逐步成长为一个自立的汉语学习者。通过自评，他们对自己的汉语能力会有一个基本认识，知道自己的汉语优势和不足，有利于他们确定自己的努力方向和发展目标。汉语学习者同伴之间以及与汉语教师之间的他人评价，也会有利于提高学生的汉语沟通技能和汉语交际技能，形成良好的汉语互动学习氛围。因此，目前汉语教学界也已经开始从传统的教师评价学生，逐步向自评他评相结合、师生互动、同伴互动的方向转化，教学双方、同伴之间共同参与汉语教学评价已形成一种发展趋势。

（五）评价重心转移，终结性和形成性评价结合

关注汉语学习结果的终结性评价是面向"过去"的评价，关注汉语学习过程的形成性评价是面向"未来"重视汉语学习发展的评价。传统的学生汉语学业评价过分注重结果，忽视了学生的汉语学习思维过程、汉语学习态度、合作学习精神、汉语学习策略、对中国文化及其价值观的认识、理解和欣赏以及跨文化汉语交际技能的培养。因此，汉语教学界近年来出现了尝试把评价的重心逐渐转向更多地关注学生的汉语学习过程，了解学生的汉语学习状况，发现汉语学习的问题与障碍，帮助或支持学生获得汉语学习进步，以便真正地发挥评价促进学生的汉语学习和教师的汉语教学的功能。

第三节 汉语教学评价体系的构建

汉语教学作为一门新兴的学科正在蓬勃发展，汉语国际推广工作正在进行，国内外的汉语教学繁荣兴旺，激烈的市场竞争要求我们提供高质量的汉语教学，更需要我们提供科学系统的评价保障。然而，传统的零散的汉语教学评价模式已经不适应形势发展的需要，整合并建立面向不同价值判断元素的新的汉语教学评价体系，使汉语教学评价活动和评价过程制度化和系统化，已经成为汉语教学界重要而迫切的研究课题。

一、汉语教学评价体系的框架

汉语教学评价通常涉及的价值判断元素来自四个方面：汉语教师的"教"、汉语学习者的"学"、汉语教材、汉语课件[1]等。这些元素之间的交互作用结果，最终会在学生的汉语学习成就中反映出来。也就是说，学生的汉语学习成就不是某一个元素单独导致的，而是多个元素相互影响、相互作用而导致的总体效应，其中各个元素所起的具体作用、作用的大小、作用的特点等还需要深入到这些元素的内部进行分析和评价。在各元素内部，存在着构成该元素的各

---

[1] 如果是基于课件的汉语课堂教学会涉及该元素，否则可以不考虑该元素。

个环节或阶段，其中不同的环节或阶段所发挥的作用和影响也是不同的，所以我们有时还要深入到这些具体的环节或阶段中进行评价。由此看来，一个笼统的"汉语教学评价体系"还不能深入考察其内部的构成因素和本质特征，需要对其进行结构分析，即应用系统分析的方法，将汉语教学评价体系按组成因素逐次分解，直至所有因素都能够被清楚地表现和考察为止。通过汉语教学评价体系的结构化分析，可以使汉语教学评价体系的评价内容层次清楚，纲举目张，使我们对汉语教学评价的宏观体系和微观体系都有比较详尽的认识，从而为建立科学、合理的汉语教学评价体系打下良好的基础。下面我们以"汉语学习者评价"为例，分别从宏观、中观、微观三个方面来分析和图示它的结构层次，其余元素（汉语教师、汉语教材、汉语课件评价等）都可以依此类推，所以我们将省略对其余元素的中观、微观的层次分析。

从宏观上分解（图3-1），汉语教学的宏观评价体系由四大部分组成：第一部分是着眼于"教"的汉语教师评价，它包括汉语课堂教学评价、汉语教师素质评价等。第二部分是着眼于"学"的汉语学习者评价，它包括教学前的安置性评价、教学中的形成性评价、教学后的终结性评价等。第三部分是着眼于"教学依据"的汉语教材评价，它包括教材编制背景、指导思想、教材内容等。第四部分是着眼于"教学工具"的汉语课件评价，它包括内容结构、教学生动性、使用方便性等。概括地说，汉语教师评价、汉语学习者评价、汉语教材评价、汉语课件评价等共同构成了汉语教学的宏观评价体系。为了反映这种构成关系，在图3-1中，由这四大组成部分引出的4个纵向黑色粗箭头共同指向了宏观评价体系模块。四大组成部分之间虽然可以相对独立地构成各自的中观评价体系，但四大组成部分的最终目的都是为了促进汉语学习者的"学"。其中汉语教材评价体系是通过提高教材的可用性（即质量）和适用性来间接促进汉语学习者的"学"；汉语课件评价体系是通过提高教学课件的生动性、直观性来间接促进汉语学习者的"学"；汉语教师评价体系是通过提高教师对汉语学习者的输入质量[1]和输入效率来间接促进汉语学习者的"学"；汉语学习者评价体系是通过激发学习者的汉语学习热情，发现他们汉语学习过程中的缺陷和不足，来直接促进汉语学习者的"学"。为了反映上述各种直接或间接的关系，

---

[1] 教师对汉语学习者的输入质量表现在：输入的信息对学生来说是否易懂、易记、易用。

在图 3-1 中，四大组成部分之间各自都有一个横向黑色细箭头把各部分串联起来，并都指向了汉语学习者评价。

总的来看，横向黑色细箭头所串联起来的各个组成部分又形成了若干个中观评价体系（如，汉语教师评价体系、汉语学习者评价体系、汉语教材评价体系、汉语课件评价体系等）。我们在中观评价体系层面，以"汉语学习者评价体系"为例，用条纹状箭头来示意对其结构可作进一步分解（见图 3-1）。详细分解情况请看"面向学习者的汉语教学评价体系模型图"（见图 3-2）。

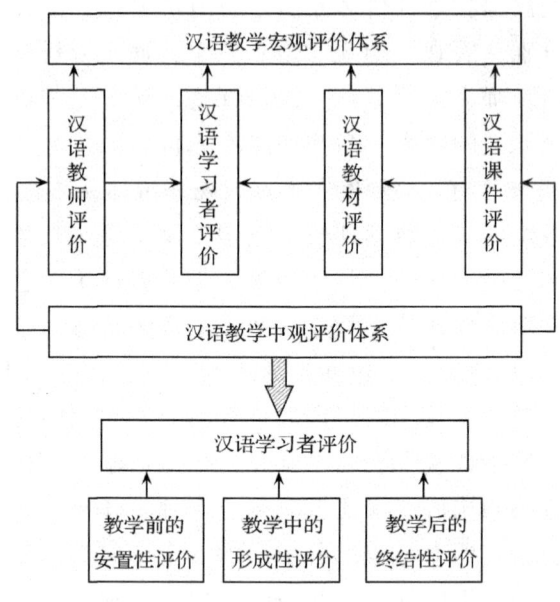

图 3-1　汉语教学评价宏观体系结构图

从中观上分解（图 3-1），面向汉语学习者的教学评价体系由三大部分组成：第一部分是教学前的安置性评价，它包括汉语学能测试和汉语分班测试等。第二部分是教学中的形成性评价，它包括观察法评价、调查法评价、测试法评价等。第三部分是教学后的终结性评价，它包括汉语期末成绩测试分数总评、汉语课堂表现总评、汉语作业观察总评等。

从微观上分解（图 3-2），汉语学习者的测试法评价包括单元测试、诊断性测试、期中测试等。

面向汉语学习者的教学"评价"实际上比单纯"汉语测试"的含义更加广泛。发生在汉语教师和汉语学习者日常教学互动中的评价，汉语教学过程的特定阶段所进行的评价,汉语教学结束以后所进行的评价,都在不同时期具有不同性质的重要意义。如果把这些不同时期、不同作用、不同意义的评价整合为一体,让它们协同运作,就可以达到多重目的:帮助学生学习汉语、反映学生的汉语学习成就、为汉语教学提供信息、调控汉语教学计划等。事实上,没有任何一种单一的评价能够兼顾上述所有的目标。因此,我们需要整合各种零散的评价形式,从总体上构拟一个在不同时期、不同阶段能协同运作的面向汉语学习者的汉语教学评价体系框架。下面的图 3-2 就是我们初步构拟的一个面向学习者的汉语教学评价体系框架。

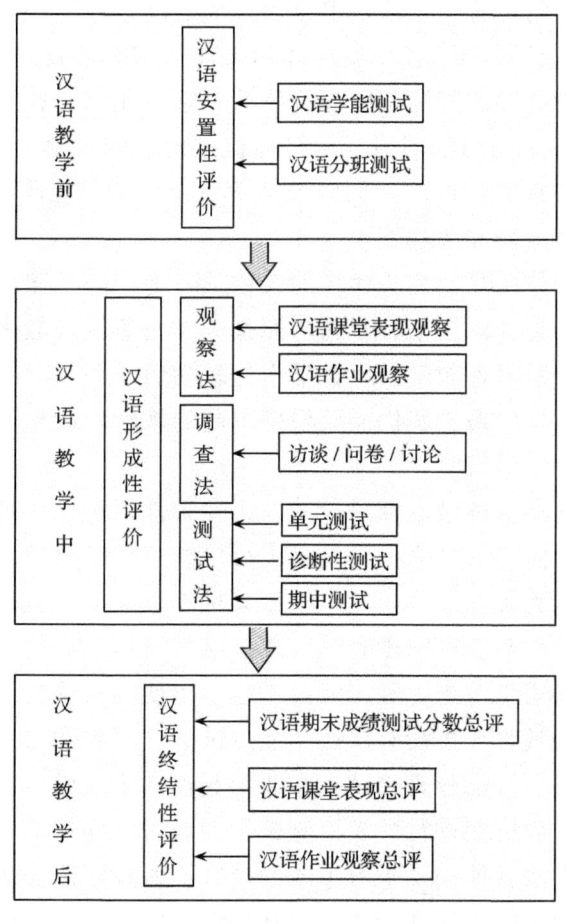

图 3-2 面向学习者的汉语教学评价体系模型图

二、汉语教学评价体系的框架描述

汉语教学的宏观评价体系由四大部分组成（见图3-1）：汉语教师评价、汉语学习者评价、汉语教材评价、汉语课件评价等。在它们各自的内部又形成了各种中观评价体系（如，汉语教师评价体系、汉语学习者评价体系、汉语教材评价体系、汉语课件评价体系等）。中观评价体系内部还可分解为若干微观的评价体系。以前各种零散的评价形式，都可以在这个总体系中的不同层次、不同阶段找到它们的位置。上述被整合后形成的汉语教学评价体系框架，是一个可以基本覆盖汉语教学的各个层面和相关环节（包括教材、课件等），在不同时期、不同阶段能够协同运作的评价体系。它关注汉语教学的终极目标，力图最大限度地服务于汉语学习者，尽可能促进他们的"学"，从而有利于汉语教学目标的顺利实现。下面，我们以汉语学习者评价（见图3-2）为例，从微观层面作进一步的分析和描述。

汉语教学评价体系是以促进学生的汉语学习为中心，服务于汉语教学的根本目标的，因此，它要以汉语教学为参照基础和对象。一般来说，我们可以把汉语教学分成三个阶段：教学前、教学中、教学后。图3-2用三个虚线模块来表示不同的汉语教学阶段。我们需要根据不同的教学阶段来使用面向汉语学习者的不同性质的评价形式。

第一个模块是在汉语教学前进行的汉语安置性评价。这种评价包括两种形式，一种是汉语学能测试，另一种是汉语分班测试。汉语学能测试是用来预示学生学习汉语的潜力和天赋的。它不基于某种汉语大纲，也不关心学生目前学会了多少汉语，学生甚至可能没有学过或接触过汉语。利用汉语学能测试可以发现和鉴别具有汉语学习潜力和天赋的学生，以便因材施教，发挥他们的特长和优势。目前汉语教学界还没有汉语学能测试的试卷和题目研究成果，这项科研空白还有待填补。汉语分班测试是在非零起点新生入学后，为了根据他们的不同汉语水平进行分班而进行的汉语测试。因为对不同汉语水平的学生要分别采取不同的教学方法，他们要学习不同的内容，所以汉语分班测试关心的是学生目前的汉语知识技能水平和能力，尤其是学生的整体汉语能力。这种测试注意把学生分成几个大的汉语等级，不必区分过细。目前在汉语教学界更常用的汉语安置性评价是汉语分班测试。

　　第二个模块是在汉语教学中进行的汉语形成性评价。这种评价一般可以使用三种方法：一是观察法；二是调查法；三是测试法。这些方法可以视具体情况灵活使用，本身没有先后顺序的限制。观察法的观察对象有两个，一是观察学生在汉语课堂上的汉语行为表现；二是观察学生完成汉语作业的情况。观察者可以是汉语教师，也可以是学习者同伴之间的互相观察。调查法的形式有三种：教师通过与学生访谈收集信息、教师通过对学生问卷调查收集信息、教师通过组织学生讨论收集信息。测试法主要使用三种测试形式：单元测试、诊断性测试、期中测试。无论是观察法、调查法，还是测试法，它们都主要担任收集汉语教、学信息的任务，以便随时发现教、学中出现的问题或不足，及时采取补救措施。目前汉语教学界虽然事实上存在着观察法，但人们大多是在无意识的使用，还没有把它纳入有意识的学生评价体系之中。调查法虽然有人用了，但更多地是用于科研，也还没有把它纳入有意识的学生评价体系之中。测试法中用得较普遍的是期中测试，单元测试和诊断性测试还很少有人使用。

　　第三个模块是在汉语教学后进行的汉语终结性评价。这种评价以分数（带评语）的形式出现，它的依据有三个来源：汉语期末成绩测试分数总评、汉语课堂表现总评、汉语作业观察总评。其中汉语期末成绩测试分数总评由占不同权重比例的单元测试分数、期中测试分数和期末成绩测试分数综合后构成。

　　上述面向学习者的汉语教学评价体系，在不同的教学阶段，把不同性质、不同作用、不同意义的各种评价形式整合为了一体，使它们能协同运作，发挥综合效应，以实现评价的一系列目的：帮助学生学习汉语、反映学生的汉语学习成就、为汉语教学提供信息、调控汉语教学计划等。

三、构拟汉语教学评价体系的依据

　　汉语教学评价体系的产生是以第二语言教学理论、学习理论、教育评价理论等研究成果为依据的，尤其是当今国际教育评价领域和第二语言测试评价领域出现的一些新的评价理念，为我们构拟汉语教学评价体系提供了参考和借鉴。

　　国外第二语言教学界主张在考虑语言学习和语言习得特点的前提下，把使用语言的原则作为第二语言教学设计的基础，同时把语言交际能力的构成和发展看成是多种成分互动发展的过程，并且把这种思想贯彻在教学设计模式中，以便为语言能力的多个成分的发展提供机会。按照这种观点，在汉语教学评价设计中要完成两个相关的任务：（1）强调现在的汉语学习与将来的汉语使用之间的联系。（2）课堂教学中要更充分地考虑汉语的交际性，因为所有的学习者都具有与目的语使用者一样的交际能力，课堂活动应设法使学习者能练习这种自然能力，激发汉语交际。在解决汉语教学的主要难点方面，把使用语言的原则作为汉语教学评价设计的基础是有用的。国外第二语言教学界出现过多种教学设计模式和课堂教学评价模式，它们都是在不同的情况下，针对不同类型的学习者提出来的。

美国国家研究理事会行为、社会科学及教育中心（2006）编制的《课堂评价与国家科学教育标准》（Classroom assessment and the national science education standards）主张把日常的形成性教学评价与包含考试的终结性评价整合成一个系统来协同运作，甚至可以把来自外部的标准化考试也整合进来，形成一个综合体系，以改善学生的学习质量，并对学生成绩作出更可靠的判断。汉语教学评价特别适合借鉴这种理念，因为它有利于保证汉语课程的日常形成性评价与终结性评价之间的协调与平衡，同时也能更好地促进学生的汉语学习以及对汉语学习者的学习成绩作出更准确地判断。

教学设计是连接认知心理学、学习理论、教学理论与教学实践的桥梁。它的基本原理有：目标控制原理、要素分析原理、优选决策原理、反馈评价原理。（巴巴拉，1999）教学设计包括三个主要内容：（1）分析教学需求，确定教学目标。（2）设计教学策略。（3）进行学习评价。学习评价是依据教学目标，采用科学方法，收集学习过程中的学生反应资料，通过量化分析，以获取反馈信息，检查是否达到预期目标，以便及时调整教学目标或修正教学策略。这些以系统方法论为指导所进行的计划过程与操作程序能较好地整合教学与评价，优化教学过程，提高课堂教学效果，因而受到第二语言教学界的广泛关注。

布鲁纳的发现学习理论对教学评价的启示是：在发现探究中评价，在问题情境中评价。评价不仅要关注学习的结果，同时也要重视学习的过程。布卢姆的掌握学习理论强调形成性评价的重要作用，主张评价应该更多地关注学习过程。皮亚杰的智力操作图式理论认为，教学过程往往包含着评价，尤其是形成性评价。以活动操作为主要形式的教学，其评价的实施应该在活动中进行。

近年来，教学技术领域力图建立一套以"学"为中心的、能与建构主义学习环境相适应的新的教学设计理论模型。它强调以学习者为中心，"情景"对意义有重要的建构作用，"协作学习"对意义建构有关键作用，强调对学习环境的设计，主张利用各种信息资源来支持"学"。建构主义注重学生在知识获取过程中的主动性、独特性、社会性，所以它认为，教学评价应该在活动中进行，在任务中进行，在表现中进行，在协商中进行，在合作中进行。

建立科学的评价体系是体现多元智力理论价值的重要途径。加得纳认为，评价的目的主要是帮助学生，为他们提供智能的强项和弱项信息，提出继续学习方向的建议。真正有效的评价，应该在更接近他们"实际工作情况"的条件下进行。不能仅通过传统的考试和测试手段来评价教学，应使用"智能公正"的评价手段，即不通过间接的方式，而是直接观察运作中的智能。他将评价看做是个体获得关于自身技能和潜能等信息的过程，并认为评价应该针对被评者解决问题和动手操作的能力作出判断。标准化考试只能测出智能的一小部分，过分注重考试和成绩，不利于学生多元智能的发展，尤其不利于学生创造性思维的开发。坎贝尔主张评价应该是多维度的，评价应该关注学生的成长过程，应该反映教学信息，非正式评价（如观察、小组讨论）与正式评价（如期末考试）同样重要，学生应该成为自觉的评价者。阿姆斯特朗强调观察法和档案袋评价法的重要性。

这些多种研究视角产生的殊途同归现象，为汉语教学评价体系的构拟提供了宝贵的启示。

四、汉语教学评价体系应具备的特点

（一）有效地发挥评价的改进调控功能

回顾过去所开展的汉语教学评价，教学评价主要发挥着鉴定功能，我们研究的对象往往停留在汉语测试层面，主要关注评价的鉴定功能及其准确度，表现为按考试结果给学生排名次、分档次。随着汉语教学事业的发展和壮大，越来越需要汉语教学评价发挥改进、调控功能。我们把传统的零散小测验和考试整合后形成的不同层次的汉语教学评价体系，则能更好地满足这种需要，充分发挥汉语教学评价的改进、调控功能，使它更好地为汉语学习者和汉语教学者服务。比如，在教学活动开始之前，为使教学活动计划更加稳妥，可以进行教学评价。在教学活动过程中，为了修正教学活动的轨道，使汉语教学取得更佳效果，有必要进行教学评价。在教学告一段落时，为把握教学活动效果，有必要进行教学评价。因此，发挥汉语教学评价体系的改进调控功能将是我们今后面临的一项重要任务。

（二）有利于激发学生的汉语学习兴趣

传统的汉语作为第二语言的评价，片面追求学业成绩的精确化和客观性，忽视不同国家学生的文化差异和学生个体发展的需要。而该评价体系通过观察、访谈、问卷、讨论、测试等多角度收集学习者的汉语学习信息，提倡发展性学生评价，强调发挥学生在评价中的主人翁作用，通过学生对评价过程的全面参与，使评价过程成为促进学生汉语学习的自我反思、自我认识、自我激励、自我调整的过程。该评价体系主张发挥学生的主观能动性，尊重其个性化的价值取向，依据学生的不同文化背景和特点，采用适当的评价方法，正确判断学生汉语技能的不同发展潜能，为不同学生制定个性化的汉语发展目标，提出适合其发展的具体建议，使每个学生都有机会成为某一方面比较优秀的汉语人才。

五、运作该评价体系要注意的问题

我们前面所介绍的中外教育评价模式都有各自的优势和局限，也有各自不同的适用范围。充分了解和认识这些问题，有助于我们建立最适合汉语教学特点的不同层次的评价体系。从汉语教学的特点来看，教师面对的是来自世界各地的留学生，教师与学生之间进行的交际活动是一种跨文化交际。由于留学生的文化背景不同，学习动机和目的不同，对汉语教材、课堂教学方法、课程设置及教师的要求都可能不同，但却有可能分在同一个教学班级里学习。因此，受某些民族文化心理因素和价值观的影响，不同的学生会对同一本教材、同一个教师或相同的课堂教学方法或课件作出很不一致的反应和判断，有时候，他们的评价结果甚至与事实有一定程度的偏差。由此可见，开展跨文化的汉语教学评价活动的思路应该不同于我国普教系统和一般高等教育系统的教学评价，应该针对汉语教学的特点来建立汉语教学评价体系和设计评价策略。评价策略会影响到评价活动的成败,因此,我们要努力探索并逐步完善适合汉语教学特点的评价体系和评价策略。

思考题

1. 汉语教学评价的源流是什么?
2. 在汉语教学评价的起源阶段,主要有哪些类型的研究探索?
3. 在汉语教学评价萌芽时期,主要有哪些方面的探索?
4. 汉语教学评价的起步在什么时候?主要有哪些代表性研究?
5. 汉语教学评价有待进一步研究的问题有哪些?
6. 你觉得是否需要建立汉语教学评价体系?为什么?
7. 你认为目前的汉语教学评价是否完善?还存在什么问题?为什么?
8. 你觉得应该如何发挥汉语教学评价的改进调控功能?
9. 你觉得汉语教学评价的服务对象应该有哪些?为什么?
10. 怎样才能使汉语教学评价更好地为汉语学习者和汉语教学者服务?

第四章
汉语教学评价的一般过程

汉语教学评价既是一个系统的价值判断活动过程，也是一项实践性很强的工作，毫无疑问，全面了解汉语教学评价的一般过程，对我们制定周密的汉语教学评价计划，对汉语教学行为和汉语教学主、客体[1]进行有效可靠的价值判断，都具有十分重要的意义。汉语教学评价的一般过程可分为准备评价、收集信息、解释信息、作出决策四个阶段，其中每一阶段又有若干项工作。

我们在本章将围绕评价过程中所经历的四个阶段来展开以下讨论：汉语教学评价有哪些准备工作？如何准备？汉语教学评价如何收集信息？如何解释信息？如何作出决策？ 如何反馈信息？

第一节 准备汉语教学评价[2]

为了使汉语教学评价既有用又有效，我们需要在评价前作精心周密的计划。准备评价应该是完整的汉语教学总体计划的一个部分，每学期汉语课程一开始，教学和评价就应该同时考虑，并把它们都列入汉语教学计划，以保证既能及时评价汉语教、学自身，又能充分地利用评价结果。反之，如果评价没有与汉语教学同时进行计划，那么评价活动需要的时间将会没有保障，评价信息也就无法及时收集，评价结果也无法充分利用。在准备汉语教学评价时，我们应该考虑这样几个问题：评价什么？什么时候评价？谁使用评价结果？为了什

---

[1] 汉语教学的"主体"指实践者、认识者或者实践—认识活动的行为者。"客体"指实践对象、认识对象或者主体行为的对象。

[2] 本节主要参考了 Genesee & Upshur（1996）的研究成果。

么目的会使用这些评价结果？在什么样的情况下进行评价？如何进行评价？如何记录评价结果？对这些问题的回答涉及评价对象、评价时机、评价目的、评价的使用者、评价背景这些基本问题。

一、评价的对象

学习者的汉语学习成就是汉语教学传统的评价对象和重点，因为汉语教学评价的一个重要中心就是促进学生的汉语学习，帮助他们获得预期的汉语学习成就。汉语教师需要知道学生学到了什么？学到了多少？以便监控他们的汉语学习效果，同时更好地计划和修订我们正在进行的汉语教学。然而，我们还不能仅仅满足于这些，我们还需要超越一般意义上的单纯的学生汉语成就评价，这就是要通过评价来了解影响学生汉语行为表现的因素有哪些。因为要更好地制定适合群体学生的汉语教学计划以及提供个性化的汉语学习方案和建议，借助评价来了解有关影响因素是很好的途径。

我们设想一个汉语教师，他观察到一个现象：本班学生的汉语写作技能并没像他教学计划中所预期的那样发展，因此，他决定要改变自己的汉语写作教学。然而，这种特定的汉语写作教学的改变必须建立在对原因解释的基础上：即为什么学生的汉语写作表现会低于自己预期的结果呢？原因可能来自多方面，比如，学生发现课堂上的汉语写作活动或汉语写作材料没有趣味；课堂汉语写作活动与他们的实际需要没有关系；课堂上没有给予学生充足的时间来掌握汉语写作技能；学生自己使用了不合适的或无效的汉语写作学习策略；学生缺乏有关汉语写作的文化背景知识，等等。这时，教师会根据自己的判断进行决策。比如，如果认为是发展汉语写作技能所花的时间不充足，他可能会决定延长时间来发展这个汉语技能。这就意味着，汉语教师在课堂教学中作出的决策，不只是关于学生汉语学习成就的，还有关于学生汉语学习过程的以及影响学生汉语学习成就的原因方面的因素。比如，学生的汉语学习策略，他们对汉语学习的态度，在具体汉语教学活动中的兴趣，学习习惯等。因此，汉语教学评价的对象除了学生的汉语学习成就以外，还有关于学生汉语学习过程的以及影响学生汉语学习的多种因素。

二、评价的时机

当我们明确了评价对象以后,就需要进一步确定:什么时候评价?这就是评价的时机问题。大多数汉语教师在日常教学中,实际上常常基于潜意识中的某个标准,在无意识地、连续地、非正式地评价自己的汉语教学效果,当他们对汉语学习者进行汉语教学时,也在不断地评价学生的汉语行为表现。这种连续地、非正式地评价实质上属于形成性评价。事实上,无论是否处于教学期间,汉语教师一旦跟汉语学习者接触,这种潜意识的评价就在进行,无论在什么时候、什么地点、什么情况下。比如,这种评价可能发生在课间休息时、教室走廊上、教学楼的电梯里。需要指出的是,作为一个汉语教师,随时随地进行这样的形成性评价是有必要的。

系统化的评价是我们制定汉语教学计划时就已经规划过的评价活动,我们对此要保证提供必需的时间,并给予特别的关注。

汉语课程的某个单元结束时进行的评价,对按照单元来组织教学的汉语教师将是很有意义的。因为在单元结束时考察学生的汉语进步,有助于判断学生是否有足够的准备来进入下一个新单元,也有助于汉语教师计划下一个单元的教学活动内容。同时,单元结束时进行的评价还可以为该单元的汉语教学是否有效提供十分有用的信息。比如,学生认为该单元难否?教师分配的教学时间够不够?单元的汉语材料是否适当、有趣?学生是否拥有必要的汉语文化背景知识?等等。

在数月的汉语教学后,也可以用一种谨慎客观的态度来评价学生的汉语学习情况。这时的评价是为了确定:在较长时间的汉语教学后,学生们是否具备了比较牢固、全面的汉语技能和汉语知识(而不是零碎的某课、某单元的汉语技能和知识)?因为一门合理的汉语课程是由内部有逻辑联系的多个部分组成的,汉语课程总目标是由分解后的螺旋式上升的多个汉语小目标构成的,为达到这些螺旋式上升的汉语小目标而持续学习的汉语学习者,才最有可能在最后达到汉语课程的总目标。

在学年或学期末,通常是由学校教务部门或学院教务办公室组织进行的终结性评价。这种评价是为了确认学生的汉语水平等级,为他们升入更高一级的汉语班级作准备。这时不管使用什么程序来收集信息，我们所得到的定性、定量信息都是很重要的。平时的形成性评价和教学单元结束时的评价都可以用来作为明确判断学生最终汉语水平等级的参考信息，只不过各自所占比例不同罢了。

总的来看，评价的时机和顺序的安排在某种程度上依赖于我们如何使用评价结果，谁使用评价结果。教学单元末的评价对汉语教师组织教学，对学生计划自己的汉语学习，都是有用的。每课后的评价对教和学的双方最有用，尤其是对汉语教师计划、组织日常教学，对学生计划、安排他们的汉语学习活动，都是非常有益的，因为这种评价为我们提供了大量的汉语教、学的细节信息。在年末或课程结束时进行的终结性评价，对教师不是特别有用，因为这种评价不能及时地捕获学生在进行汉语学习时出现的重要变化，也不能促进或影响学生当前的汉语学习。然而，这种评价却是学校教务部门所需要的。当然，在为非零起点的新生计划即将开始的汉语教学时，这种终结性评价也可能对教师有一些用处。

三、评价的目的

汉语教学评价是一种有目的的活动。评价者在开展评价活动之前，会预期所要达到的结果，这就是教学评价活动的目的。我们制定的评价方案必须明确体现评价目的，并从各个方面去努力确保实现我们的评价目的，这就是评价方案的目的性。事实上，没有评价目的的汉语教学评价活动，实际上就失去了它存在的意义。

评价目的不同，选择的评价方法就不同，相应的收集信息的方式也不同。目的特征决定了所需要的信息类型以及收集信息的方法。如果是用测试法收集信息，由于评价目的不同，那么编制测试时的取材范围以及试题难度也不会相同。比如，对于选拔性评价，测试目的重在区分被试的汉语能力和汉语知识水平，因此，试题难度相对大一些。对于学生的汉语学业成就评价，测试目的重在了解学生对所学汉语知识和汉语技能的掌握程度，而不必考虑如何区分优劣。只要被试真正掌握了所要求的汉语知识和技能，都可以通过测试，即达到了标准。如果也像选拔性评价那样编制试题，就可能出现及格人数很少的局面。为了向上级管理部门报告留学生汉语学习情况而进行的学生评价，则要求对所有学生的评价结果是系统的和可理解的。这意味着此类评价结果要能清楚地说明学生的汉语进步情况，而且这种评价是定期地、连续地、按计划进行的。在这种情况下，汉语教师很好地理解评价目的，井井有条地保管好清楚、简明的汉语教学记录十分必要，因为那些信息对上级或公众也是可利用的。然而，日常的教学评价大多由汉语教师自己内省完成，仿佛是在大脑中秘密进行的，所以这样的评价相对来说更不正式，所得到的信息（包括学生背景信息、学习适应过程信息、学习成就信息）可能更琐碎，所保存的记录可能更生动有趣，但这些结果却不一定要展示给别人。一般来说，这种评价会更频繁地出现，目的是监控正在进行的汉语教学效果以及已完成的单元或某节课的汉语教学效果。

汉语教学评价会涉及多种不同的目的。比如，有时是为了对个别学生作出安置决定；有时是为了计划新的教学单元，或修订过去用过的单元教材和其他材料，或修订教学目标和计划；有时是为了针对某个学生当前的汉语水平来计划如何进行个别化教学，等等。对汉语教学来说，很多评价目的都远远超过了对学生汉语水平的分级以及决定他们是否及格这种层面。虽然这两种评价目的也很重要，但与汉语教师在课堂上每天都要作出的大量评价相比，这样的评价目的在数量上却并不算多。事实上，汉语教学评价的大量案例都涉及对教学或教学计划作出决定，即使是针对学生的决定也通常会影响教学。

前面我们说过，评价目的不同，选择的评价方法就不同，相应的收集信息的方式也不同。更为重要的是不同的评价目的会影响到评价的过程。因此，确定评价目的与收集、解释信息以及作出决策等一起，共同构成了汉语教学评价的全部过程。

四、评价的使用者

评价结果可以由不同的人出于不同的目的来使用。当然，汉语教师肯定是评价结果的主要使用者，他们要使用这些信息来帮助自己在很多问题上作出决策。比如，正在进行的汉语教学活动是否适当？如何满足汉语学习者当前的学习需求？进入下一个汉语教学单元的最好时间是什么时候？是否为某个汉语学习者采取补救措施？下一单元的汉语教学是否增加课时？等等。

虽然大量的评价结果通常由汉语教师来使用，但学生对评价结果的使用及其对汉语学习的自我评价，也可以扮演一个重要的角色。因为学生的自我评价有许多综合效益，它可以超出教师的评价范围，增强学生的学习责任，把教学效果的成因从教师自身扩展到包括学习者在内的范围。这在以学习者为中心的课堂教学中特别重要，因为这种教学是高度个性化的，学生将选择自己的学习活动。自我评价有助于把这些学习活动进行得更好，还可以增强学生的参与意识和自我学习的责任，从而最终促进他们的汉语学习成就。积极参与的学生在评价自己的汉语进步时，能对汉语教学目标变得更加敏感，有助于为自己设置真实的汉语学习目标。这一点对成人学习者来说尤其重要，因为他们有学习汉语的实际需求动机（比如，希望得到或保持某个工作），因此，他们喜欢积极参与评价并愿意用评价结果来引导自己的汉语学习。总之，自我评价能帮助学生和教师监控学习者的汉语进步，它能引出汉语教师不容易得到的信息，而这些信息对教师作出安置或筛选汉语学习者的决定来说，可能是非常有用的。此外，自我评价储存的信息还能够与用其他评价方法得到的数据互相参照，联合使用。

评价结果的使用者除了教师和学生以外，还可以是课堂教学之外的人，比如，教学管理人员、雇佣汉语学习者的公司老板等。教学管理人员要使用评价结果来给学校上级写总结报告，有时要为学生的老板提供其雇员汉语学习情况的反馈。这时，他们常常被要求说明：开设了哪些汉语课程？进行了什么样的汉语教学？学生的汉语技能在如何进步？等等。

五、评价背景分析

背景分析是汉语教学评价的一项重要的准备工作。因为汉语教学评价不是一种孤立的行为，而是在一定的背景条件下进行的。它要根据一定的汉语教学目标来制定自己的评价标准，根据一定的汉语教学计划来确定评价时机，根据一定的汉语教学实践来选择评价方式，根据一定的汉语学习成就来分析影响学习成果的因素。因此，在进行汉语教学评价前，首先需要明确与汉语教学评价密切相关的重要的背景要素有哪些，它们的内涵是什么。

汉语教学评价可能与很多因素有关，但我们最感兴趣的是与之密切相关的重要背景要素，这就是汉语教学目标、汉语教学计划、汉语教学实践、汉语教学的外部影响。

（一）汉语教学目标

汉语教学目标可以细分为不同的种类：汉语言目标、汉语策略目标、社会情感目标等。汉语言目标指的是汉语学习者期望在课堂教学中获得的汉语技能和汉语交际技能，它是汉语教学的核心，也是我们汉语教学评价最为关注的目标。汉语策略目标是有关汉语交际、学习等方面的策略。社会情感目标指汉语学习者因汉语课堂教学而引起的态度或社会行为的变化，比如，他们对汉语和汉语母语者群体的态度逐渐发生改变，由排斥或不理解变化为能广泛地欣赏和理解中国文化，能较多地参与课外使用汉语交际的活动。

我们之所以区分上述这些不同的目标，是因为这些目标在汉语教学评价中的作用是不一样的。对汉语教学评价来说，汉语言目标是最重要的，它是汉语教学评价关注的焦点。汉语言目标常常与一门完整的汉语课程有关（如汉语综合课），也与该课程的单元和某一课有关。因此，可以根据汉语言目标与课程的关系进一步分类：与某门完整的汉语课程有关的目标称为汉语课程目标（如汉语综合课的课程目标）；与该课程的单元或某一课有关的目标称为汉语单元目标或某一课的目标[1]。汉语课程目标、汉语单元目标和汉语某一课的目标相互间最大的区别就在于特征和范围不同。在特征方面，单元目标和某一课的目标比课程目标更具体更详细。在范围方面，单元目标和某一课的目标覆盖了要教的具体汉语言技能和分技能，包括特定的汉语词汇、汉语语法、汉语交际功能等。汉语课程目标是我们进行汉语教学评价时的一个观察基准。比如，评价学生的汉语学习成就时，可以把学生的汉语成就与其汉语课程目标相比较。

（二）汉语教学计划

汉语教学计划规定了汉语教师应教给学生什么，什么时候教，如何教，达到什么样的目标，就好像盖高楼大厦之前需要施工图纸一样，我们也可以把汉

---

[1] 此处分类，参考了崔永华（1992）对汉语课堂教学结构的分类方法。

语教学计划看成是实现汉语课程目标的设计蓝图。有效的汉语教学要求对整个汉语课程有详细的计划，包括组成这个课程的单元计划以及每节课的计划。汉语教学计划在评价中能发挥重要作用。在汉语课程进行期间，它可以为评价学生在过渡期的汉语学习进步提供标准。比如，评价某单元或某一课的学生汉语成就，就可以用汉语教学计划中的汉语言目标作为评价标准。

汉语教学计划中所包含的一些因素（如：汉语言目标和内容、汉语课程的组织结构、汉语教学材料和设备、汉语教学活动和师生角色等）对评价也特别有用。

汉语言目标不但可以作为评价学生的汉语学习进步的标准，还可以作为评价教师的汉语教学方法和效果的标准。汉语内容指汉语教学的内容，它规定了评价的内容范围。汉语课程的组织结构是由一系列用某种方式组织起来的汉语教学单元构成的，一个汉语教学单元又是由一系列用某种方式组织起来的数节汉语课构成的。汉语课程的组织结构对评价项目权重的大小、代表性样本的选择、评价顺序和评价结果的解释等都有一定的决定性作用。汉语教学实际上是否能按汉语教学计划规定的那样施行，在一定程度上取决于教学基本设备和材料的获得情况。汉语教师如果把汉语教学计划中所要求的设备和材料与实际上可获得的东西相比较，就能够评价某门汉语课程的可行性，并由此决定汉语教学计划的什么地方应该修改。

"汉语教学活动"指汉语材料和教学设备的使用方式以及汉语教学的内容和方式。"师生角色"指的是汉语教师与学生个体之间以及二者与汉语教学内容、汉语教学材料和汉语教学活动之间的彼此依赖关系。评价重点关注的是："汉语教学活动"与"师生角色"是否能够完美地结合？如果不能，哪些因素应该调整或改变？

（三）汉语教学实践

汉语教学实践是相对于汉语教学计划来说的，它包括汉语教师在课堂上实际施行的汉语教学行为[1]和学生在课堂上实际施行的汉语学习行为。汉语教学实践就是由一连串已实际发生的教、学行为构成的。比如，练习生词这一教学步骤由领读、单读、就生词进行问答、用生词组句等教学行为构成（崔永华、杨寄洲，1997）。

---

1 参见崔永华、杨寄洲（1997）。一个教学步骤是由一个或数个教学行为构成的。教学行为是课堂教学过程中最基本的单位。课堂教学归根到底是由一连串的教学行为构成的。

区分汉语教学实践与汉语教学计划是必要的，因为被计划的内容和行为并不一定会在课堂上实际出现。汉语教师可能因多种原因不施行预定的汉语教学计划，比如，有时学生在课堂上不能出现计划中所期待的那种反应。因此，我们在进行汉语教学评价时，要关注课堂上实际上发生了什么，而不能只简单地设想按计划会发生什么。把汉语教学实践与汉语教学计划进行比较是必要的，这便于判断实际的课堂教学是否像教学计划的那样在进行。如果学生对汉语教学活动或汉语教学材料没有发生计划中预期的反应，他们也没有学到预期的东西，这时还需要进一步判断：汉语教学计划是否有缺陷？

（四）汉语教学的主客体及其外部影响

汉语教学的"主体"指汉语教学的实践者或行为者（如：汉语教师）。汉语教师的专业素养、教学技能、教学态度等对汉语教学的影响属于主体方面的影响。汉语教学的"客体"指汉语教学实践的对象或者主体行为的对象（如：汉语学习者）。学生的需求、当前的汉语水平级别、学生以前的受教育经历、学生的文化背景、学生的身体健康状况等对汉语教学的影响属于客体方面的影响。汉语教学不仅会受到来自课堂主客体双方的影响，还会受到来自课堂以外多种因素的影响，我们把它们称为外部影响。哪些属于外部影响呢？比如，国内外的政治、经济、文化和科学的发展为汉语教学提出的重大要求；学校的技术资源、学校的专业资源、当前的语言教学和学习理论、班级的规模和构成、教学时间等。

对汉语教学主客体及其外部影响的认识来源于宏观与微观两个方面的分析。宏观分析在于确定：处于某个特定的社会发展阶段，国内外的政治、经济、文化和科学的发展为汉语教学提出了哪些重大的要求。汉语教学在历史上的几次重大发展，总是在国际国内社会发生重要变革的时候产生的。这说明，如果汉语教学评价不能适应社会的需要，尤其是国际社会的需要，那么这种评价活动就会被社会淘汰。微观分析在于确定：汉语学习者的基本需求。即了解学生的学习目的、学习兴趣、今后的就业趋势等。

汉语教学目标、汉语教学计划、汉语教学实践应该与客体及其外部条件协调一致。汉语教学评价需要考虑这些影响。具体地说，汉语教师在某个特定的学校中，教特定的汉语学习者时，需要评价这些影响在与汉语教学目标、计划、实践的匹配上是否一致。因为大部分客体和外部影响汉语教师是无力改变的，所以一旦匹配上有冲突，肯定是汉语教学的某个方面（如目标、计划、实践）必须改变，以取得匹配兼容性。

第二节 收集与解释教学评价信息

如果缺乏有关评价的信息，汉语教师的判断和决策都将失去客观依据，而成为主观意志的产物，因此，收集与解释评价信息是汉语教学评价的基础工作之一。要使收集到的评价信息既可靠又有效，作为评价者的汉语教师必须清楚地了解评价信息的种类，熟练掌握常用的收集评价信息的方法。常用的收集评价信息的方法可以分为两大类：测试法和非测试法。用"非测试法"（包括观察法、调查法等）收集的信息本来就是明白易懂的定性语言描述，所以不需要进行特别的解释。用"测试法"收集的信息一般是定量分析的结果，表现为大量的数据或趋势图，所以需要进行特别的解释。由于本书对如何收集评价信息已列有专章（第六章）加以阐释，因此本节只简要介绍评价信息的分类、收集评价信息的方法及其特点，重点讨论评价信息的解释。

一、评价信息的分类

在汉语教学评价中，我们常常会使用如下两类信息：

（一）定性信息

定性信息主要是用词语描述的形式来提供信息，而不用数字。（桂诗春、宁春岩，1997）这些词语一般能够直接、具体、生动地说明现象。比如，"山本在讲汉语时有日本口音"，这就是一种定性的信息描述。这种定性的信息有助于我们计划对山本的个别教学，以帮助他改善目前的汉语口语状况。由于定性信息的收集方法和信息来源多种多样，因此它能比单一的定量信息给人更多的启发，在信息数量上也更具优势。

（二）定量信息

定量信息主要是用数字的形式来提供信息。这些数字一般能够简单清晰地说明现象（桂诗春、宁春岩，1997）。比如，"汉语本科四年级留学生的平均阅读速度是每分钟180~240个汉字"，这就是一种定量的信息描述。对汉语本科四年级的汉语学习者来说，这种定量的信息有助于我们准确具体地了解其阅读速度。

在实际工作中，我们所遇到的大量汉语教学评价信息既可能是定性或定量两者分明的，也可能是介于定性和定量之间没有明显区别的。比如，说"阿里的汉语词汇量跟中国人一样"，这无疑是一种定性的描述。说"克里斯的中级汉语综合课期末考试分数83"很明显是一种定量的说法。但是，如果这样说："班里四分之一的留学生汉语说得跟中国人一样好"，或者"我们班三分之二的留学生能看懂中国武侠小说"，显然，这样的说法就包括定性和定量两个方面的信息。汉语教学评价会涉及上述两种信息的收集，因为对于汉语教学评价来说，来源于多种类型的信息可以加强评价的信度和效度。

二、收集评价信息

汉语教学评价要尽可能收集多种类型的信息。我们常用的收集评价信息的方法可以分为两大类：测试法和非测试法（包括观察法、调查法等）。收集信息时不必每次都使用我们提到的全部方法，但需要考虑：在特定的阶段，对作出某个具体的汉语教和学的决策来说，使用哪一种方法或哪几种方法是最合适的？从评价目的来看，自己到底需要哪些信息？来源于不同收集方法的评价信息各自具有什么特点？

（一）观察法[1]

观察是收集人类技能活动事实的基本途径，也是评价人类技能和行为的基础。观察法是在汉语教学中，通过对汉语教学事件、教学活动、汉语课堂互动等方面的观察，收集有关汉语教学评价信息的方法。

1. 观察的形式

汉语课堂观察是汉语教学评价的基础之一，也是汉语教师日常教学的常规工作部分。观察可以采取一个相对来说不受限制的宽泛形式，也可以采取预先

---

[1] 参见 Ellen Weber（2003），Linn & Gronlund（2003），金娣、王刚（2002），吴刚（2004）。

确定了观察对象和种类的聚焦形式，还可以采取集合了宽泛形式与聚焦形式优点的混合观察形式。一般来说，当实质性的观察种类还未被我们认识时，最适合采用不受限制的宽泛观察形式，因为它允许汉语教师作为观察者探究某个非预期的、有趣的问题。这种汉语课堂观察有可能使观察者灵活捕捉重要、意外的汉语课堂教学的偶发事件，从而能全面地、打破定势地考察汉语教学。当然，在所有的或大部分重要的观察种类已经被我们认识时，就适合采用聚焦形式的观察。一般而言，聚焦形式的汉语课堂观察有一组特定的观察类别，在收集信息、作出推论、解释汉语的教和学时，这些类别的划分对汉语教师具有引导作用。

2. 观察的内容与目的

在汉语教学中，汉语教师观察的对象可以是学生，也可以是学生学习后的汉语行为表现产品，比如汉语作文、汉语口头报告等。主要观察内容包括：学生如何对汉语教材作出反应；如何对汉语教师的指令作出反应；在汉语课堂活动以及分组活动中，学生在汉语学习上是如何相互影响的；对某一节汉语课、某一段教学内容、某一个汉语交际情景来说，学生是如何被汉语教师有效地导入练习的等。汉语教师观察的目的也会多种多样：评价学生通过汉语课堂教学学到了什么，没学到什么；推断学生使用的汉语学习策略是促进了汉语学习还是阻碍了汉语学习；评价教师自己的某个汉语教学策略是否有效，效力如何；确定学生喜欢或不喜欢哪些汉语教学活动；确认学生喜欢或不喜欢哪些汉语教学材料等。

汉语教师既可以通过观察来推断自己的教学过程和教学策略是否适当，也可以通过观察来推断学生的学习过程和学习策略是否适当。通过观察得到的信息是调整教师日常汉语课堂教学策略和学生汉语学习策略的基础。比如，学生可能在汉语表达中不适当地使用了来自他母语的语篇模式，他使用的策略虽然在其母语中有效，而在进行汉语表达时却会导致偏误。

汉语教师作出的涉及学习过程和教学过程的推断比作出涉及教学结果或学习结果的推断更难。因为教师对学生汉语学习结果的推论是基于对学生实际使用汉语的实例的具体观察。例如，学生在讲话或写作时，是否正确恰当地使用了补语？而教师对过程的推论是基于对更广泛的汉语教或学行为和事件及其联系的观察。例如，在汉语写作时，教师发现了学生的汉语偏误，这时还需要通过观察来进一步回答下面的问题：学生出现了哪种偏误？他们的偏误能够追溯到一个特定的来源吗？比如，是否来源于他们的第一语言？他们能否自己确定偏误？他们会完全避免使用某些特定的汉语结构或交际功能吗？显然，这不是一个孤立的汉语使用个案观察就能回答的，它需要提供一系列的学习过程证据。更确切地说它是对事件种类的观察（如偏误）以及对事件之间（如汉语结构与交际环境，某种交际环境下汉语偏误更频繁地出现等）的综合影响的观察，以此作为对汉语学习或教学过程推断的基础。

通过观察得到的信息属于定性信息，它们一般采用文字语言描述，清楚易懂，详细而又生动。

3. 观察法的特点

用观察法收集信息的优点是：第一，可以获得学生不愿意或者没有报告的汉语行为表现信息，并且可以在行为发生的当时给予即时记录。因此，观察信息比较直接、生动、全面和准确。第二，观察是在学生汉语行为表现和汉语活动过程中进行的，具有一定的语境信息，可以获得学生进行汉语活动全过程的信息。第三，观察一般在自然条件下进行，不妨碍学生正常的汉语学习或教师的教学，不会对学生产生不良影响，能避免观察到的信息失真。第四，简便易行，不需要特别的条件限制。

用观察法收集信息的缺点是：第一，信息质量在很大程度上依赖于观察者的能力和其他特征（注意力、疲劳等）。第二，被观察的人数不能太多，只能取小样本，若被观察的人数过多而且分散，那么观察将遇到很大困难。

（二）调查法[1]

调查法是在自然条件下，运用问卷、访谈、讨论会、互联网等方式收集汉语教学评价信息的方法。调查法的种类繁多，在汉语教学评价过程中，我们常用的是问卷法、访谈法、网络法、档案法等。

1. 问卷法

问卷法是通过书面汉语（或学生母语）提出问题，要求被调查者（如汉语学习者）在同一时限内阅读并书面回答，从而收集有关汉语教学评价信息的方法。如果问卷调查不使用学生的母语，那么对汉语学习者的问卷调查一般只能

---

[1] 参见金娣、王刚（2002：122~153），Linn & Gronlund（2003），吴刚（2004：172~175），王孝玲（1999：49）。

用于有一定汉语阅读和汉语写作能力的回答者。它对中高级汉语学习者最有用，因为他们已经掌握了一些汉语，可以用汉语进行口头和书面表达，初级汉语学习者则不适合这种调查方式。

用问卷调查收集信息的优点是：第一，能同时让多个被调查者回答，而只需要很少的人参与管理，节省了大量的人力和时间。第二，因为问卷不署名，可以消除被调查者的顾虑，能收集到客观、永久、准确的信息。第三，能收集到大样本信息，如果使用多项选择的回答形式，那么就增加了容易量化的优势，同时这样的调查结果也易于整理和统计分析。

用问卷调查收集信息的缺点是：第一，因为问题是固定的，获得的信息比较单一。只能获得书面信息，不能获得多维度的综合信息。第二，不适用于复杂问题的深入调查。尤其是在大样本调查时，为了适应不同层次的汉语学习者，问卷设计的问题要力求简单。

在汉语教学的不同阶段，使用问卷调查可以收集到不同的信息，服务于不同的评价目的。新学期开课前，汉语教师可以使用问卷调查向新生收集与汉语教学有关的信息，包括：新生的社会、文化背景；先前的受教育经历；语言学习经历（如第一语言、第二语言）；他们的汉语需求和学习目标；当前的汉语技能状况等。这些信息对于汉语教师制定本学期的教学计划、设计教学策略会有很大的帮助和影响。汉语教师可能以前已经预备了相关的教学计划、设计好了教学策略，但是，当把收集到的新信息与原有的教学计划和教学策略进行比较时，就能很好地判断已有的计划和教学策略对新生的适合程度。在汉语教学结束后，汉语教师可以使用问卷调查向学生收集一门课的教学或学习效果信息，收集学生对某门课程是否感兴趣以及感兴趣的程度等信息。在一门课程结束后收集的信息主要用于对下一届新生教学计划和教学策略的修订。当需要收集定期的、系统的、统一的信息时，最适合使用问卷调查。

2. 访谈法

访谈法是通过对被调查者（如汉语学习者）的口头询问以及直接交谈来收集有关汉语教学评价信息的方法。访谈法可分为个别访谈和集体访谈两种情况，前者还称为面谈，后者又称为讨论会、座谈会。如果汉语教师是调查者，访谈可以是教师与一个或几个学生之间的交谈，也可以是汉语教师和全班学生共同参与的交谈。教师通过向学生提出一些特别设计的问题，来收集所关心的信息。比如：学生对所学的汉语知识和汉语技能的运用情况如何？做汉语作业时学生遇到了什么特定困难？他们是如何解决那些困难的？他们基于某种汉语任务有什么样的行为表现？使用什么策略？他们对汉语技能的理解是什么样的？在汉语学习方面有什么样的信念？他们对汉语的兴趣和目标是什么？他们对汉语教学活动的理解或反应是什么样的？等等。

　　用访谈法收集信息的优点是：第一，通过被调查者回答问题时的表情、神态等非言语行为，可以判断被调查者回答问题的真实、可靠、有效程度。第二，面向汉语学习者的集体访谈能使学生相互启发，补充完善对问题的回答，促进对问题认识的深化。访谈法在了解学生的汉语进步、学习策略、学习困难、汉语在实际生活中的用途、如何用汉语来完成相关任务等方面很有优势。第三，关注学生的汉语学习过程，由此收集到的信息对汉语教师计划教学特别有用。因为它可以帮助教师：了解学生的汉语学习动机和兴趣，确定学生的学习策略和风格哪些是成功的，哪些是有问题的；确定学生在汉语教学的哪些方面已经成功掌握了，哪些方面还没有成功掌握；确定个别学生在哪些汉语行为表现方面是有问题的。因为日常汉语课堂活动一般关注学习结果，留下了大量的涉及汉语学习过程的问题需要澄清和考察。第四，灵活性强，可根据具体情况询问汉语教师感兴趣的问题。第五，可以完成复杂的问题调查。比如，来自不同文化和母语背景的汉语学习者，把各自独特的行为表现风格带到了教室，而教学阅历短的新教师可能不熟悉学生的多样性汉语学习策略和多样化行为风格，访谈法对他们尤其有帮助。第六，访谈法给予了学生与汉语教师一起使用汉语的机会，这种方式很少出现在常规汉语课堂教学里。在互动使用汉语时，讨论会性质的访谈给予学生一种参与感、支配感和汉语学习热情，这些参与提升了学生作为一个评价对象的热情。

　　用访谈法收集信息的缺点是：第一，访谈主要依赖师生之间的口头汉语沟通，比较适合具有一定汉语表达能力的中高级汉语学习者，而初级汉语水平的学生要充分地有目的地参加访谈则很困难，这时我们需要选择其他收集信息的形式。第二，应用范围仅限于小样本。第三，容易产生偏差。一是作为被访谈者的学生可能受访谈者的性别、年龄、外貌、服装等的影响使回答出现偏差，二是作为被访谈者的学生自己的心理状态、汉语水平的局限使回答出现偏差，三是作为访谈者的教师自己精力分配不过来或注意力不集中，漏问、漏记、误解了被访谈者即学生的意思，这些都会导致偏差的出现。

3. 网络法

网络法是通过互联网收集有关汉语教学评价信息的方法。在汉语教学过程中，汉语教师可以鼓励学生建立个人的汉语博客或写汉语周记式的电子邮件。教师可以要求学生定期把汉语周记式的电子邮件发给自己，还可以主动进入学生的汉语博客收集信息。在这样的汉语博客和周记里，学生可以评论所用的汉语教材，自由表达对汉语教学方法的好恶，公开谈论对汉语课堂活动的感受。有些外国学生可能因为文化背景原因，不习惯在班级活动中面对众人发言，要公开表达自己的感受会很勉强。这时学生给汉语教师发送周记式的电子邮件，既有利于学生练习真实地使用汉语，又有利于学生与教师交流意见，共同处理汉语教学中遇到的综合问题。

对汉语教师来说，网络法如同是汉语学习者与教师之间的书面对话，它为教师的汉语教学提供了反馈机会，教师还可以由此收集到学生的背景信息、汉语学习过程信息等。比如，学生的汉语学习目标，他们对汉语教师的期待，他们对自身、课堂、其他教学事件的感觉或态度，他们的汉语学习习惯、兴趣、爱好等。由于电脑的普及，互联网的方便快捷，教师在汉语教学过程中希望及时了解的信息，比如，学生学懂了这课的汉语语法吗？他们能自我享受汉语学习吗？这课所学的汉语知识和技能有用吗？等等，都可以即时获悉，从而帮助教师更好地了解学生，及时调整汉语教学计划和汉语教学策略。当然，网络法要求教师对来自学生的公正、自发的反馈，要能反思性地接受和恰当地解释。

网络法还可以用于了解学生的汉语写作技能和他们写作时使用的策略。如果学生的汉语博客和汉语电子邮件写作是自发的、流畅的，应该允许其中包含错误甚至被改正过的汉语表达。不应该要求学生的汉语表达必须全部是正确的、完美的，应该让他们知道汉语表达出现一些错误是正常的，尤其是对一个正在学习汉语的非母语者来说，这样有利于树立学生的汉语学习信心。如果教师觉得学生缺乏某种汉语写作表达的方法，应该鼓励他们寻求教师或同学的帮助。在学生汉语博客和汉语电子邮件中经常出现的典型汉语偏误以及某些特定的写作困难，可以为我们计划新的汉语写作活动或设计相关的汉语教学策略提供重要的参考信息。如果学生在较长时间里（如半年、一年、两年等）养成了定期写汉语博客和电子邮件的习惯，那么就可以为我们提供一个连续的学生汉语写作技能发展的记录。

汉语博客和电子邮件是学生个体的汉语书面表达，这使它带有以学生为中心的性质，从而增加了网络法的独特优势。它给予每个学生直接用汉语表达自己的兴趣、目标的机会，能反映每个学生对使用汉语所抱有的个人期望。学生的汉语博客和电子邮件为汉语教师提供了方便快捷地评价学生汉语书面表达能力的机会，却不会使学生感到有压力，而在班级活动中，学生通常会感到有压力，因此，网络法给学生创造了一个轻松、愉快、流畅地用汉语表达自我的机会。

4. 档案法[1]

档案法是利用现存的相关文献资料收集有关汉语教学评价信息的方法。现存的相关文献资料可以装在一个纸质文件夹里或盒子里，作为纸质档案袋来使用；或者把现存的相关文献资料都储存在电脑文件夹里，作为电子档案袋来使用。如果以汉语班级为单位，为每个学生都建立同样形式的文件夹，并清楚地标上每个学生的名字，储存和使用起来就更方便。档案袋里可以存放学生的汉语成绩单、汉语写作样本、汉语阅读文章清单、汉语读书报告、汉语口语样本录音。档案袋里的材料可以在学期末或学年末，为教师评价学生的终结性汉语学习成就提供参考，还可以用于学生监控自己的汉语学习进步以及建立汉语学习目标。

档案法是一种有目的地收集学生汉语学习信息的方法，它能证明汉语学习者的努力、进步和汉语学业成就。档案袋里的文献资料可以有一个非常明确的中心，如汉语写作。也可以有一个比较广泛的中心，它包括学生全面的汉语知识和技能发展的样本。档案袋应该保存在一个方便存取的地方，以便随时查阅、增添、展示。

档案法的主要价值是评价学生的汉语成就。因为它提供了一个连续的学生汉语发展的记录，别人能随时共享。教师和学生如果重温档案袋中的资料，就会发现这些资料中蕴涵着大量的宝贵信息，比如，学生的汉语学习轨迹，学生在汉语阅读和汉语写作中所使用过的学习策略。这不但会增强学生的汉语自我学习意识，还很不同于课堂上常用的汉语测试法评价形式，因为相对于测试法来说，档案法更注重以学生为中心，更全面地展示了学生的汉语学习成就。档

---

[1] 参见龚亚夫、罗少茜（2002：41~56）

案法为学生提供了积极地参与汉语学习和评价的机会，如果仅仅由学生本人来保存他们的汉语学习档案袋，是不会自动产生这种积极效果的，只有汉语教师作为评价过程中的一个合作者，尽责地使用学生的汉语学习档案袋，才会促成这种积极的效果。因此，档案袋尤其应该被教师和学生经常地互动地使用，使之成为汉语教学和汉语教学计划的一个部分。

（三）测试法[1]

测试法是指用各种测量工具测定评价对象（如汉语学习者）的某些重要特性，从而收集汉语教学评价信息的方法。测试法常用来收集汉语学习者的汉语认知发展、汉语学业成就、汉语技能水平等方面的信息。由于汉语教学的效果最终要在学生的汉语技能行为上表现出来，因此，测试法在汉语教学评价中得到了广泛的运用。

1. 测试内容

汉语测试的内容是汉语知识和技能的跨文化使用。一个汉语测试的实际内容通常比我们想评价的汉语主题或汉语技能知识要狭窄。例如，一个汉语测试内容并不能囊括全部汉语主题或汉语技能知识的每个方面，它的测试内容实质上只是要评价的汉语主题或汉语技能知识的一个代表性样本。因此，汉语测试的质量像所有的测试一样，要依赖于汉语测试内容是否是一个好的有关汉语主题或技能知识的代表性样本。如果一个汉语测试内容很差地反映了所教或所学的东西，那么，学生在该测试中的表现将不能很好地提供关于那个汉语主题或汉语技能知识范围的汉语成就信息。如果一个测试内容多于一个主题或一类技能知识，那么，学生在该测试中的表现将提供多于一个主题或技能知识范围的成就信息。例如，一个汉语听力理解测试同时带有书面汉语的多项选择，这时它实际上既要使用汉语听力技能又要使用汉语阅读理解技能，学生在该汉语测试中的表现将不会只是提供了汉语听力理解技能方面的成就信息。汉语测试内容的重要性在于：个体学生在一个汉语测试上的表现反映了他在那个汉语主题或汉语技能知识范围方面的成就，因为汉语测试内容正是那个汉语主题或汉语技能知识范围的代表性样本。同时，一个汉语测试内容又是引起一种或一组汉语技能表现的代表性样本，因此，我们可以按照这些表现出来的汉语技能来解

---

[1] 参见李筱菊（1997），高兰生（2002），范晓玲、杨志明（1999），Linn & Gronlund（2003）。

释测试分数,从而产生一种推论,这就是我们对被试(学生)的一般汉语熟练程度的推断。因此,学生的汉语测试表现是以样本为基础的。

汉语测试通常都有一定的主题内容,它由一项任务(如写作文)或者一组系列任务(如题型多、篇幅长的多项选择题)所组成,能引起看得见的被试汉语行为表现。汉语测试试卷里的每个问题都可以被看成一个分离的任务,不同的测试任务代表不同的引起被试汉语行为表现的方法。测试会产生代表学生个体汉语表现属性或特征的分数,为了使分数有意义,测试分数必须有一个参照系,测试分数连同参照系用来解释它们所测量的东西指的是什么。这样说来,使用测试需要理解一般性的测量概念,尤其是参照的概念。测试分数可以参照其他人的表现来解释意义(常模参照),也可以参照一个已定义的技能或知识范围来解释意义(范围参照),还可以参照教学目标来解释意义(目标参照)。作为汉语教学来说,目标参照测试非常有用,因为该测试使用的内容和方法是基于汉语教学目标的,并且与明确的汉语课堂教学实践紧密联系在一起。本书要重点讨论的是目标参照测试,它将在第六章(汉语教学评价信息的收集)第三节(测试法)中得到进一步详细论述,因为它与汉语教学评价联系特别紧密。

2. 测试方法

测试方法为测试内容赋予了形式。测试方法是几种要求被试执行的任务。比如,要求被试阅读带有问题的汉语原文,然后在多项选择中挑选答案。在汉语口语测试中,要求被试恰当地用汉语模拟生活或工作面谈,教师根据被试的汉语行为表现评分。

测试方法可以对被试的分数产生影响,因为测试方法要求被试具有与测试内容无关的应试技能或知识。例如,汉语多项选择测试任务要求被试具有不同于其他汉语测试种类(如完成句子)的反应和应试技能。在别的因素保持不变的情况下,在某种汉语测试方法上富有经验、具有应试技能的被试,比那些缺乏经验、没有应试技能的被试,趋向于表现得更好。因此,使用同一种方法的两个测试,不管它们的内容会如何不同,在一定程度上却能测到更多的同样的汉语技能,因为它们要求的任务是相同的。相反,使用不同方法的同一个汉语测试,不管它们的内容会如何相似,在一定程度上却能测到一些不同的汉语技能。汉语测试方法的重要性在于:一个汉语测试测到的东西不仅是其汉语主题内容的反映,也是其汉语使用方法的反映。因此,汉语教学测试挑选测试方法

（或任务）是很重要的，它要求一种或多种与汉语教学目标和汉语课堂教学实践一致的汉语技能。同时，我们还要尽可能地降低汉语测试中与汉语教学要求的汉语技能无关的影响。也就是说，你有兴趣评价的应该是汉语教学要求的某些汉语技能，而不是相反。

应该用什么测试方法来评价学生的汉语熟练程度或汉语某个特定方面的熟练程度，目前并没有一个通用的标准方案。以汉语词汇测试为例，既可以要求汉语学习者用同义的汉语目的语来解释，也可以让他们直接列出汉语目的语的同义词，还可以采用补足句中删除的汉语词来完成汉语语段的方法来测量。不存在唯一的能直接测试汉语词汇量的测试方法，理想的做法是使用多种测试方法来共同评价汉语学习者的汉语词汇使用技能。这个道理同样适用于评价其他方面的汉语技能。

3. 测试种类

汉语测试可以从不同的角度分类。按测量的属性，可分为智力测试、能力倾向测试、成绩测试（成就测试）。按测量的功能，可分为形成性测试、终结性测试、诊断性测试等。按分数解释衡量标准，可分为常模参照测试、目标参照测试等。对前两种分类，我们并不陌生。对最后一种分类，作为汉语教学来说，我们最感兴趣的是目标参照测试，因为它的内容和方法是基于汉语教学目标的，并且与明确的汉语课堂教学实践紧密联系在一起。

汉语目标参照测试在提供分数解释方面主要依赖对汉语知识技能的描述，这些描述构成了某一课、某个单元或某门汉语课程的汉语教学目标。在汉语目标参照测试里，汉语教学目标在定义汉语知识技能范围上扮演了一个重要角色。对汉语目标参照来说，汉语测试内容来源于对一门具体的汉语课程、某个单元、某一节课的汉语教学目标的理解。因为汉语教学目标和汉语教学活动定义了如何展示测试中的汉语技能形式。这意味着，应该以类似于教的方式来测试学生。当然，前提条件是汉语教学方法与汉语教学目标是适应的、一致的，只有这样，汉语目标参照测试才有意义。汉语目标参照测试的分数解释会涉及汉语教学目标"达到了多少？""达到了多好？"等核心问题。汉语目标参照测试的分数解释要靠那些熟悉汉语教学的教师或管理人员来形成。尤其是熟悉汉语教学的教师，他们才能够很好地编制和发展汉语目标参照测试。因为汉语目标参照测试很好地匹配了汉语课堂教学，所以它在汉语教学测试法评价中得到了最广泛的运用。

4. 学业成就（成绩）测试

测量学生的汉语学习成就是一项难度很大的工作，因为它要求在同一个汉语内部的测试上，要有不同程度的灵敏性（比如，题目的难度）。这就意味着不是简单地要求测试学生是否拥有某个特定的汉语能力或属性，而是要求测试学生拥有多少特定的汉语能力或属性，而且，还要求构成一个汉语测试的所有题目只能测量一种属性或能力（如语言能力），否则，那种测试就是不纯的。而不纯的测试和分数测到的却是多种不同属性或能力。因此，选择汉语测试方法（任务）是重要的，一方面，要准确地反映你想测试的汉语技能或汉语知识类型，另一方面，不要用不相关的技能或知识来污染学生的汉语测试表现。（参见李筱菊，1997）

三、解释评价信息

收集到的评价信息尤其是用"测试法"收集的信息，需要我们作出恰当的解释，因为用数据或趋势图表示的评价信息本身用处很少，只有把它与一些想得到的事件状态、目标状态或其已有的与决策有关的信息状态相比较才有意义，因此把数据或趋势图表示的评价信息放入其本身存在的意义环境中去，这样，信息的解释才可能实现。

汉语成绩测试通常在学期中或学期末进行，成绩测试的结果总是以分数形式（如，百分制）向有关对象反馈。汉语成绩测试的分数报告与解释指的是：针对不同的对象（学习者和教学者）来报告汉语成绩测试的分数并解释分数蕴涵的信息。

语言测试的分数报告与解释在国际第二语言教学界一直受到广泛的关注，同时它也是国际知名的第二语言考试机构的研究领域[1]，比如：美国教育测验服务中心（Educational Testing Service，ETS）、欧洲语言测试委员会（Association of Language Testers in Europe，ALTE）等都把它列入了重点研究范围，并在其新开发的第二语言测试中推出了行为性或诊断性的分数解释和报告，以满

---

[1] 英语分数解释：www.toefl.org；Test report forms：www.ielts.org；Score Explained：www.ielts.org；Can-do guide：www.toeic.org；Can-do statement：www.toeic.org。

足用户的需要。由 ETS 开发的新托福网考[1]更是有力地回应了过去人们对老 TOEFL 分数报告与解释的质疑，提供了更为丰富的分数报告与解释信息。它开发的托业考试（Test of English for International Communication，TOEIC）既能报告某一考生在全体考生中的位置，也有一整套分数描述体系，可以把考生的测试成绩与一系列英语交际活动联系起来，并能解释不同分数段的考生用英语能进行哪些交际活动，不能进行哪些交际活动，进行哪些交际活动时会遇到困难。遗憾的是，在汉语教学界，汉语成绩测试的分数报告与解释没有得到足够的重视，有关的研究报告还很罕见。下面我们将分析汉语成绩测试分数报告与解释的作用，介绍语言测试分数报告与解释的类型，重点探讨如何针对不同的对象进行分数报告与解释，尤其是如何针对汉语学习者进行分数报告与诊断性解释，以便使汉语成绩测试的分数报告与解释更好地促进汉语教学。

（一）分数报告与解释的作用

国际第二语言教学界和语言测试界之所以如此关注测试分数的报告与解释，是因为测试是第二语言教学中的一个重要环节。尤其是成绩测试分数的报告与诊断性解释对学习者、教学者都会产生十分重要的作用。

1. 对学习者的作用

对学生来说，他们通过个体成绩单提供的分数报告与诊断性解释来鉴别自己的学习成果和水平，了解自己在学习群体中的位置，诊断自己的学习情况，发现自身的不足，寻找努力的方向。因此，设计合理、信息充足、描述清晰的分数报告与解释有利于激励学习者积极向上的学习动机，既使他们能够清楚地了解自己的学习缺陷，又能明确进一步努力的方向，从而会在今后的学习中注意弥补这些缺陷。

2. 对教学者的作用

对教师来说，他们通过班级成绩单提供的分数报告与诊断性解释来了解班级学生群体对教学内容的掌握情况、教学目标的实现情况，在汉语要素的各个层面（如：词汇、语法、篇章等）学生的能力发展是否平衡（哪些方面弱，哪些方面强）。教师需要利用测试所得到的评价信息，来反思教材处理、教学方

---

[1] 新托福网考是由美国教育测验服务中心（Educational Testing Service，ETS）在老托福基础上，为适应计算机网络化考试而开发的一种英语考试。

法、学生心理状态、学生接受水平等多方面的情况，以便总结经验，发现问题，因材施教，从而取得更好的教学效果。

3. 分数解释的角色

从上述分析，我们可以看出，设计合理、信息充足、描述清晰的成绩测试分数报告与解释有利于促进汉语学习者的学和教学者的教，反之，则不利于汉语学习者的学和教学者的教。因为汉语成绩测试是为了某种特定的评价目的而施行的，测试后获得的分数表面上只是一堆原始数据，只有对这些原始数据进行整理、统计、分析后，才能从中提取到有用的信息。然而，数据里究竟蕴涵着哪些有用信息，用户自己不一定全都清楚，况且不同的用户对分数蕴涵的信息又有不同的需求。因此，报告分数只是向用户呈现了数据，理解分数蕴涵的有用信息却需要成绩单上的分数解释来实现。所以分数解释在成绩测试结果中担当了一个非常重要的中介角色，如果不对分数进行解释，或不分对象地进行解释，或解释的信息含量不充足，就有可能使用户按照各自的理解任意猜想，或使用户得到并不需要的冗余信息，或使用户得到非常有限的贫乏信息。从这种意义上来说，只有在为用户提供了分数报告并合理清晰地解释了分数含义的情况下，汉语成绩测试才有意义。

（二）分数报告与解释的类型

在第二语言测试的分数报告与解释方面，一般存在着三种性质的分数报告与解释类型：（1）判断性描述；（2）行为性描述；（3）诊断性描述。不同性质的分数报告与解释类型是服务于不同的测试目的和不同对象的。它们是分别根据教学单位、用人单位、考生个人需求等来进行的分数报告与解释描述。

1. 判断性描述

判断性描述是对考生是否达到了某一标准所进行的判断，多用于大型标准化考试。这种描述又可分成量表描述和分数等级定性描述两种情况。

（1）量表描述

量表描述反映的是考生的分数在标准样组（常模）中的相对位置。它的优点是能清楚直观地了解考生分数在团体中所处的位置。例如，HSK 的量表分数报告与解释（北京语言大学汉语水平考试中心，2003）：

HSK 单项分是一个以 50 为平均数，15 为标准差的量表分。这些分数反映出考生在 HSK 标准样组中的相对位置。对照量表可以知道考生在全体中的相对位置。右列是低于相对应分数的考生在 HSK 标准参照样组[1]中所占的百分比。

(2) 分数等级定性描述

分数等级定性描述反映的是考生是否达到了某种标准。例如，HSK 的分数报告与解释（北京语言大学，2003）：

中国汉语水平考试（HSK）的分数等级共分 11 级，3~5 级为初等水平；6~8 级为中等水平；9~11 级为高等水平。……10 级具有高等（中）汉语能力，这是中国高等院校研究生入系学习的汉语能力合格（中）标准，也是从事以汉语为主要工作用语的合格（中）标准，同时又是获取高等《汉语水平证书》B 级的标准。这样的分数报告和解释是为了简单明确地回答能不能入系学习或可不可以以汉语为主要工作用语的问题。

2. 行为性描述

行为性描述是把考生的测试成绩与一系列语言交际活动联系起来的描述，多用于大型社会化、标准化考试。它能解释不同分数段的考生用语言能进行哪些交际活动，不能进行哪些交际活动，进行哪些交际活动时会遇到困难。例如，由美国 ETS 开发的托业考试（Test of English for International Communication, TOEIC）就采用这种描述方法。因为托业考试是为了测量母语非英语国家的高级职业人士的英语交流能力，以便国际上的跨国公司和跨国组织能根据托业成绩来判断雇员在实际工作中是否具备在海外使用英语工作的能力，所以这样的分数报告和解释为跨国公司和跨国组织的人事决策提供了很大的便利。

3. 诊断性描述

诊断性描述是考生在获取分数的同时所获得的分析性反馈，多用于第二语言学业成绩测试的分数解释。这种反馈用语言描述来说明考生在目的语各要素部分或各技能方面的情况。比如，考生答题的类型？答题正确与否？语法怎么样？程度如何？口语有什么薄弱环节？强项在哪方面？等等。这种反馈可以帮助考生和教师了解在进一步的目的语学习中，尤其需要加强哪些方面的教或学，以明确努力的方向。美国 ETS 近年改进研发的新托福就带有这种诊断性描述。考生考试后，会收到一份分数报告，报告既标明其整体英语水平和各单项

---

[1] HSK 标准参照样组（即常模）由北京语言大学接受本科学历教学的留学生组成。

语言技能的成绩，同时，还会提供一个诊断报告，说明考生哪些技能已达到标准，哪些还需提高，从而使考生本人和教师了解到对该考生进一步的英语学习要求。另外，TOEIC、IELTS、GRE 都有类似的诊断报告。

（三）分数报告与解释的对象

汉语教学成绩测试的分数报告与解释涉及的两个重要对象是学生和教师。分数报告与解释的对象不同，发挥的作用不同，分数报告与解释的形式和内容也就不同。

1. 对学生

对于参加成绩测试的学生来说，他们通常希望借助成绩单提供的分数报告与解释来鉴别自己的学习成果和水平，了解自己在学习群体中的位置，诊断自己的学习情况，发现自身的不足，寻找努力的方向。因此，分数报告与解释的设计必须有利于达到这一目的。从设计的内容上来说，分数报告与解释的信息要充足，学习者既能够了解自己的优势，又能够发现自己的缺陷，同时还能明确进一步努力的方向。从设计的形式上来说，视觉印象要深刻，描述要清晰，才能有利于激励学习者积极向上的学习动机。面向学生的分数报告与解释要发挥这样的激励作用，须要包含下列基本内容：

（1）每一级别的能力细化分析（语法、词汇、语篇等或听、说、读、写）。（2）学生个体成绩报告及项目差异比较（听力成绩、阅读成绩、口头和书面表达、语法、词汇、总成绩、最高分、最低分、平均分等）。（3）该生的缺陷及其建议学习的方案。（4）根据其汉语水平现状所设立的目标分数标准等。

2. 对教师

对于编制成绩测试的教师来说，他们通常希望借助成绩单提供的分数报告与解释来了解班级学生群体对教学内容的掌握情况、教学目标的实现情况、在汉语要素的各个层面（如：词汇、语法、篇章等）学生的能力发展是否平衡（哪些方面弱，哪些方面强）。因为教师需要利用测试所得到的评价信息来反思教材处理、教学方法是否得当，学生心理状态、学生接受水平等是否适应自己的教学法，以便总结经验、发现问题、因材施教，从而取得更好的教学效果。为了达到这一目的，针对教师的分数报告与解释，在设计的内容上应该充分满足教师想获取的信息。在设计的形式上，要突出班级的群体趋势，简明扼要地表述群体优势和不足，以便教师总结经验、发现问题、调整自己的教学方案。

因此，面向教师的分数报告与解释应该包含下列基本内容：（1）考试的情况总结。（日期、地点、人数等）（2）全班总体趋势、最高分、最低分、平均分、标准差、全距、相关等。（3）题目分析结果。（每题的难易度、区分度；全卷的难易度、区分度等）上述内容可以通过计算机软件程序自动统计，教师可以快速获得结果。

（四）分数报告与解释的设计

从汉语教学成绩测试的目的和性质来看，最适合它的分数报告与解释类型是诊断性描述。这种描述虽然优点突出、意义重大，但是要实现诊断性描述则需要首先解决下列两个基本问题：（1）框架构拟；（2）工具选择。因此，我们将从框架、工具这两个方面来进一步阐述我们的设想。

1. 建立分类系统

汉语成绩测试分数报告与诊断性解释是基于某个评价分类系统提出来的。从不同的角度出发，可以有多种分类。基于分数报告与诊断性解释的需要，我们可以尝试选择下列几种不同的分类系统（见表4-1、表4-2、表4-3）来构拟分数报告与解释的形式、内容框架：（1）从语言技能角度分类，可以分成听、说、读、写四种单项技能。（2）从语言要素角度分类，可以分成词汇、语法、语音三种成分。（3）从语言交际能力结构角度分类（李筱菊，1997），可以分成语言能力（语言知识和语言技能）、语篇能力和语用能力。不同的分类系统可以服务于不同性质的课程成绩测试分数报告与解释。

表4–1 从汉语技能角度分类的分数报告与解释

汉语技能	等 级	描述
听	A (? 分—? 分) B (? 分—? 分) C (? 分—? 分) D (? 分—? 分)	
说	A (? 分—? 分) B (? 分—? 分) C (? 分—? 分) D (? 分—? 分)	
读	A (? 分—? 分) B (? 分—? 分) C (? 分—? 分) D (? 分—? 分)	
写	A (? 分—? 分) B (? 分—? 分) C (? 分—? 分) D (? 分—? 分)	

表 4–2　从语言要素角度分类的分数报告与解释

汉语要素	等　　级	描述
语法	A（? 分—? 分）　B（? 分—? 分）　C（? 分—? 分）　D（? 分—? 分）	
词汇	A（? 分—? 分）　B（? 分—? 分）　C（? 分—? 分）　D（? 分—? 分）	
语音	A（? 分—? 分）　B（? 分—? 分）　C（? 分—? 分）　D（? 分—? 分）	

表 4–3　从语言交际能力结构角度分类的分数报告与解释

汉语交际能力结构	等　　级	描述
汉语能力（知识和技能）	A（? 分—? 分）　B（? 分—? 分）　C（? 分—? 分）　D（? 分—? 分）	
语篇能力	A（? 分—? 分）　B（? 分—? 分）　C（? 分—? 分）　D（? 分—? 分）	
语用能力	A（? 分—? 分）　B（? 分—? 分）　C（? 分—? 分）　D（? 分—? 分）	

上述几种分类系统在进行分数报告和解释时，虽然都采用诊断性描述，但不同的分类系统其描述的立足点是不一样的。在实际运用中，还可以根据具体课程的教学目标、测试目的、所测题项、预期的分数解释项目来综合进行分数报告与解释，这就是综合式分类系统（见表 4–4）。

2. 构拟解释框架

解释框架是针对不同的对象，为解释分数所设计的报告形式和解释内容。它既包括分数报告与解释的范围，又包括分数报告与解释的精细程度。

面向学习者的诊断性解释框架的目标是要能解释不同分数段的汉语学习者在汉语交际能力方面的差异：具备哪些汉语交际能力？不具备哪些汉语交际能力？在哪些汉语交际能力方面较弱？在哪些汉语交际能力方面较强？强弱程度如何？其努力方向是什么？另外，考虑到第二语言的教学效果，常常与学习者的学习态度、学习方法有很高的相关，因此，在针对学习者设计分数的报告形式和解释内容时，还可以把这两个因素列入其中，以激发学习者的学习热情，优化他们的学习策略。例如：

表 4-4　面向学生的分数报告与解释

课程名称	总分等级	分项分数等级		等级描述	建议		
					学习方法	学习态度	努力方向
中级汉语	？分？级	听写	？分？级				
		阅读	？分？级				
		表达	？分？级				
		词汇	？分？级				
		语法	？分？级				
		综合	？分？级				

以上表格的"总分等级"给出了某门课程的成绩测试总分及其等级，它类似于我们以往的分数报告方式。"分项分数等级"则是对总分等级的细化，它是我们进行诊断性解释的基础，其好处是可以进一步回答学习者尤为关心的一系列问题：具备哪些汉语交际能力？不具备哪些汉语交际能力？在哪些汉语交际能力方面较弱？在哪些汉语交际能力方面较强？强弱程度如何？对这些问题的回答是通过诊断性"等级描述"来实现的。对于"其努力方向是什么"的回答，将通过针对其弱项提出建议来实现。

在构拟诊断性解释框架时，还需要确定等级分数的范围。例如：

表 4-5　等级分数范围及其描述

课程名称	总分等级	等级分数范围						等级描述
		听写	阅读	表达	词汇	语法	综合	
中级汉语	A　100～90							
	B　89～80							
	C　79～70							
	D　69～60							
	E　60 以下							

面向教师的解释框架目标是要能回答：班级学生群体对教学内容的掌握情况如何？教学目标的实现情况如何？在汉语要素的各个层面（如，词汇、语法、篇章等）学生的能力发展是否平衡？（哪些方面弱，哪些方面强）以便帮助教师总结经验，发现问题，调整自己的教学方案。因此，我们可以采用群体趋势曲线图或直方图来直观反映全班总体趋势、最高分、最低分、平均分、标准差、全距、相关等。同时，需要采用篇幅较长的报告书形式，向教师详细报告考试所用测试试卷的题目分析结果：每题的难易度、区分度；全卷的难易度、区分度等。这两方面的信息可以为回答上述问题提供十分重要的线索。

上面提到的解释框架包含的内容比较多，即使我们认识到了分数报告与解释的重要性，但在教学工作繁重的情况下，怎样才能把分数报告与诊断性解释的设计变成现实呢？这就要考虑工具问题。

3. 工具选择

在使用什么工具来完成分数报告与诊断性解释的问题上，我们可以有三种选择：(1) 计算器辅助人工完成。 (2) 人工输入答案，计算机软件自动完成数据分析并打印报告。 (3) 光电扫描仪扫描答案，计算机软件自动完成数据分析并打印报告。目前，我们用的是第 (1) 种方法，因为我们只需按百分制统计每个学生的课程成绩测试总分，不用提供更多的分数解释信息。如果用第 (1) 种方法来完成分数报告与诊断性解释，投入的人力成本将很大。第 (2) 种方法需要人工输入答案，也比较费时费力，而且容易出错。第 (3) 种方法虽然需要耗资购置光电扫描设备，但随着电子科技的发展，这种设备的售价已大大降低，且一旦购置，将可以长时间使用，从此客观题都可以由机器阅卷，教师的人工阅卷工作量将大大减轻，数据的收集也将变得更为便捷。在完成数据收集后，计算机软件程序可以自动完成数据分析并打印出含诊断性解释的分数报告。这种特定的计算机软件程序可以通过对已有的数据统计软件加以改造来获得。因此，从国际汉语推广发展的长远利益来看，第 (3) 种方法——光电扫描仪扫描答案，计算机软件自动完成数据分析并打印含诊断性解释的分数报告，是较为明智的工具选择，也是今后国内外汉语成绩测试的分数报告与解释发展的方向。

（五）面临的问题和不足

成绩测试是汉语教学的全过程和全部教学活动中的重要环节之一，测试的最终结果要通过分数报告与解释来体现，并与学习者和教学者见面。因此，成绩测试的分数报告与解释是国内外汉语教学界普遍面临的问题，也是促进汉语教学的重要途径之一。但是，目前有关成绩测试分数报告与解释的研究报告还很罕见，有许多问题还需要进一步探讨。希望本书提出的问题能引发更多的同行进行这方面的探讨，以使汉语成绩测试的分数报告与解释更好地促进汉语教学。

第三节 作出决策及反馈评价信息

除了判断汉语学习者的学业成就以外，汉语教学评价的另一个主要目的是作出合理决策，改善汉语教学，促进学生的汉语学习，但这些决策是在周密可靠地收集信息，准确清楚地解释信息的基础上作出的。因此，我们说汉语教学评价过程中的三个非常重要的阶段是：收集信息、解释信息和作出决策。因为孤立地来看，汉语教学和学习评价本身提供的信息意义很小，但当它们被还原于一定的环境之中并被准确清楚地解释以后，这些信息蕴涵的意义就很大，在掌握了丰富可靠的信息的基础之上，我们就可以决策在汉语教师的教或汉语学习者的学上应该作出什么样的变化。从这种意义上来说，我们把"决策"定义为在教或学上应该采取的调整性行动。

一、根据评价信息作出决策

虽然掌握丰富可靠的信息是作出合理决策的基础，但是这并不等于必然会产生合理的"决策"。因为在"决策"与信息之间其实还有一段加工的距离，需要靠进一步的工作来完成。下面介绍常用的两种决策思路：一是横向匹配对比，二是纵向追踪分析。

（一）横向匹配对比

横向匹配对比指的是汉语教师依靠已有信息进行逻辑性内省，在多种汉语教学成分之间或多种教学成分与较大的汉语教学背景之间进行匹配对比分析，看它们是否互相协调一致，然后决定是维持还是改变汉语教学现状的一种思考过程。

通过横向匹配对比来作出汉语教学决策时，通常要在多个成分之间进行一系列的两两对比。这种对比既可以在多种汉语教学成分（如，教学目标与教学实践）之间进行，也可以在多种教学成分与较大的汉语教学背景（如，教学计划与学生的需求）中进行。根据前面"背景分析"一节的描述，我们知道，汉语教学是在特定的背景下进行的，这个背景包含着多种因素，比如，影响汉语教学的主客体因素（教师的专业素养、教学技能、教师的教学态度、学生的需求、学生当前的汉语水平、学生以前的受教育经历、学生的文化背景、学生的第一语言、学生的身体健康状况等）和外部因素（国内外的政治、经济、文化和科学的发展为汉语教学提出的重大要求，学校的技术资源、学校的专业资源、当前的语言教学和学习理论、班级的规模和构成、教学时间等）、汉语教学目标、汉语教学计划、汉语教学实践以及教学成果等。如果比较发现，在这些汉语教学成分之间或汉语教学成分与汉语教学背景之间出现了互不协调的情况，那么我们就要决定，应该采取什么样的行动来减少这种不匹配的情况，以便获得我们预期的汉语教学效果。当然，如果比较发现，这些汉语教学成分之间或汉语教学成分与汉语教学背景之间是互相协调一致的，那么我们就会决定，维持原有的汉语教学状况，而无须作出调整。因为成分之间或教学成分与教学背景之间不协调或不一致就意味着有潜在的问题，我们要决策的就是如何采取行动来消除这些隐患。相对来说，横向匹配对比分析的对象（如，某两个成分或某个成分与教学背景之间）是比较清楚确定的，我们需要做的只是进行逻辑性内省，发现问题也比较容易，作出决策的过程也比较简单、直接。我们借鉴 Genesee & Upshur（1996:43）的图示方法，把这种逻辑性内省过程用图 4-1 示意如下，来说明汉语教学方面的决策是如何作出的。

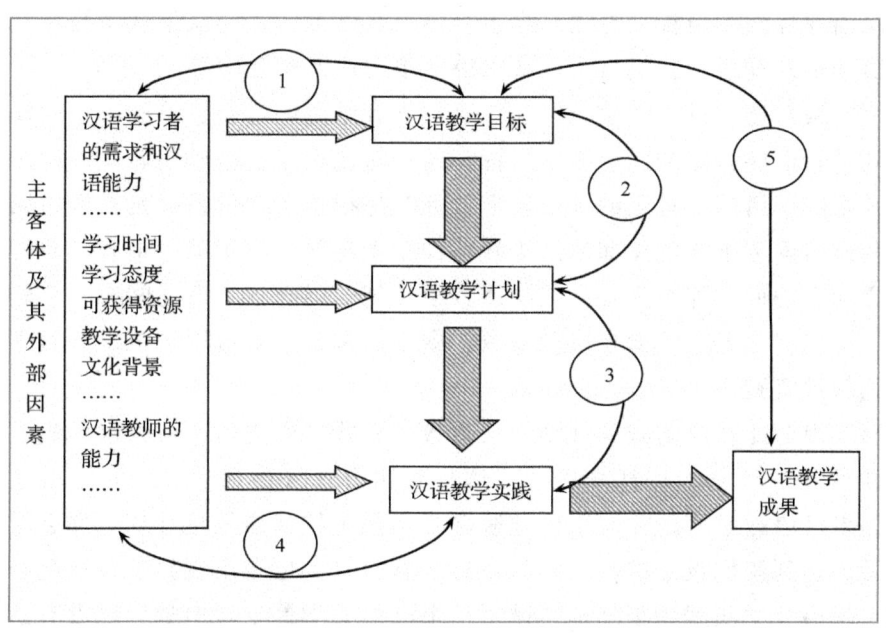

图 4-1　根据横向匹配对比作出汉语教学决策的示意图

上图中，这些双箭头所在的①、②、③、④、⑤，表示横向成分进行逻辑匹配对比时，可以形成5组对比（Genesee & Upshur，1996）。

第①组对比在主客体及其外部因素与汉语教学目标之间进行，考察学生在一定的主客体及其外部因素条件下，能否达到特定的汉语教学目标。一旦教师收集到了新生的有关背景信息，就可以开始这种评价，且最好在汉语课程的教学正式开始之前进行。因为如果在汉语教学结束后才进行，则会减少评价对汉语教师教学和学生汉语学习的获益效果。具体来说，第一组对比要把预定的汉语教学目标与汉语学习者的需求、汉语能力、文化背景等多种外部因素进行对比，以确定汉语教学目标在开始学习的起始阶段，是否适合新生的需求和汉语技能水平。当然比较的前提是，学生有先前的汉语学习经历，比如由初级汉语班升入中级汉语班。此时的评价允许教师尽早地调整汉语教学目标。比如，如果对比后发现新生的特点（汉语需求、汉语能力、文化背景等）与预定的汉语教学目标和汉语教学计划不一致，那么就应该调整预定的汉语教学目标和汉语教学计划。有时候，也可以选择另一种调整方案，即选择特定的学生来匹配已有的汉语课程教学目标。总之，当主客体及其外部因素与汉语教学目标二者能相互协调地匹配后，我们就可以转入第②组对比考察之中了。

第②组对比在汉语教学目标和汉语教学计划之间进行，考察一定的汉语教学计划是否适应特定的汉语教学目标，这种对比也是在教师给新生开课之前就已经开始的。所谓"特定的汉语教学目标"是指这个教学目标是在经过第①组对比调整后确定下来的。如果汉语教学计划不能匹配特定的汉语教学目标，则二者之间不协调，那么就要调整汉语教学计划，以保证二者之间有一个较好地匹配。反之，二者之间如果协调一致，则不需调整，就可以把该汉语教学计划投入到教学实践中去。

第③组对比在汉语教学计划与汉语教学实践之间进行，考察汉语教学实践是否能像我们计划的那样来进行，这种对比要在汉语教学实践开始后才能进行。如果汉语教学实践没有很好地遵循我们预定的汉语教学计划，那么学生就可能无法达到我们设定的汉语教学目标。有时候，也会出现另一种情况：即使我们在汉语教学实践中很好地遵循了某个汉语教学计划，但学生也没有达到我们预期的汉语教学目标。这种情况提示我们，该汉语教学计划是不适当的，需要进一步修订。因此，第③组对比最好不要等到课程结束时才进行，应该在课程的教学期间，始终伴随着教学同时、定期地进行。

第④组对比在汉语教学实践与外部因素之间进行，考察一种汉语教学实践是否能得到主客体及其外部因素的支持。有时，由于外部因素（比如，教学时间、教学材料、教学设备等）的影响，使我们要像预计的那样去施行某个汉语教学计划时，会出现很大的困难，这时，汉语教学实践很可能与汉语教学计划不一致。如果遇到这种情况，我们先要考虑外部因素能否改变，以减少它们的不利影响，从而增强汉语教学计划与汉语教学实践之间的匹配度。当然，假如改变不了外部因素，也就是说，外部因素的影响不可避免地存在，这时我们就要考虑设计一个新的汉语教学计划。这个新计划要尽可能排除外部因素的影响，从而在汉语教学实践中能顺利地施行。

第⑤组对比在汉语教学目标与汉语教学成果之间进行，考察学生是否已经达到了预期的汉语教学目标。如果大多数学生已经成功地达到了预期的汉语教学目标，那么教学计划和教学实践就可以继续进行下去，而无须作出改变。相反，如果多数学生都没有达到预期的汉语教学目标，就必须在教学计划、教学实践方面作出适当的调整。当第⑤组对比发生在课程教学进行期间时，汉语教学计划和教学实践就能够及时地得到调整，从而改善当前学生的汉语学习成就。如果第⑤组对比发生在课程教学结束之时，虽然我们也可以作出某种调整，但只能使将来的新生获益，当前正在该班学习汉语的学生却不能从这种调整中得到什么好处。

总之，汉语教学评价应该在正式开始进行汉语教学之前就开始，并且要在教学期间系统地、定期地评价汉语教学实践和学生的汉语学习成就，以改善教师的日常教学和学生的日常学习。具体地说，可以使用上述汉语教学评价原理来经常性地监控汉语教学实践，以便及时调整汉语教学计划，从而增强学生的汉语学习成功机会。另外，对学生是否达到了每一课和每个单元的汉语教学目标的评价，实际上伴随着对汉语教学计划的微调。

当然，对繁忙的汉语教师来说，从汉语课程开始到结束都要进行评价，这是一个巨大的挑战。但是，对成功的汉语教学和有效的汉语学习来说，评价又是非常重要的。要确保有益的评价就需要事先把评价纳入汉语教学计划。

（二）纵向问题追踪

纵向问题追踪指的是在汉语教学中，汉语教师发现了某个问题，然后依靠评价信息来寻找根源，确认成因，利用逻辑推理锁定主要因素，最后决定如何改变教或学的现状的一种推理行为和逻辑思考过程。

通过纵向问题追踪作出汉语教学决策时，通常是汉语教师发现了某个问题，而这个问题是自己没有遇到过的或没有想到会出现的，所以对问题的形成原因及其引起问题的主要因素都认识不清，以至于无法采取合理的补救措施。因此，纵向问题追踪的第一步是用多种方式收集评价信息，然后利用评价信息寻找根源，确认成因；第二步是通过内省的逻辑推理来锁定主要因素（比如，学生或汉语教材等）；第三步是对主要因素的各个方面进行进一步的深入分析，追踪到具体的关键点；第四步是针对该关键点采取应对措施。由于问题的复杂性和不可知性，使用纵向问题追踪作出决策的思路相对于横向匹配对比思路来说，显得更为曲折和复杂，它具有层层推进、由面聚焦到点的搜索行为和逻辑推理思维特点，有时候在某个环节上还需要往返多次，反复进行。比如，当我们从第一步进入到第二步时，已经锁定了主要因素（比如，学生），有时根据问题的复杂程度，还会再次进行观察或调查等，以便验证这种锁定。我们把这种作出决策的搜索行为和思考过程用图4-2示意如下，以便能直观地看出汉语教学决策是如何作出的。

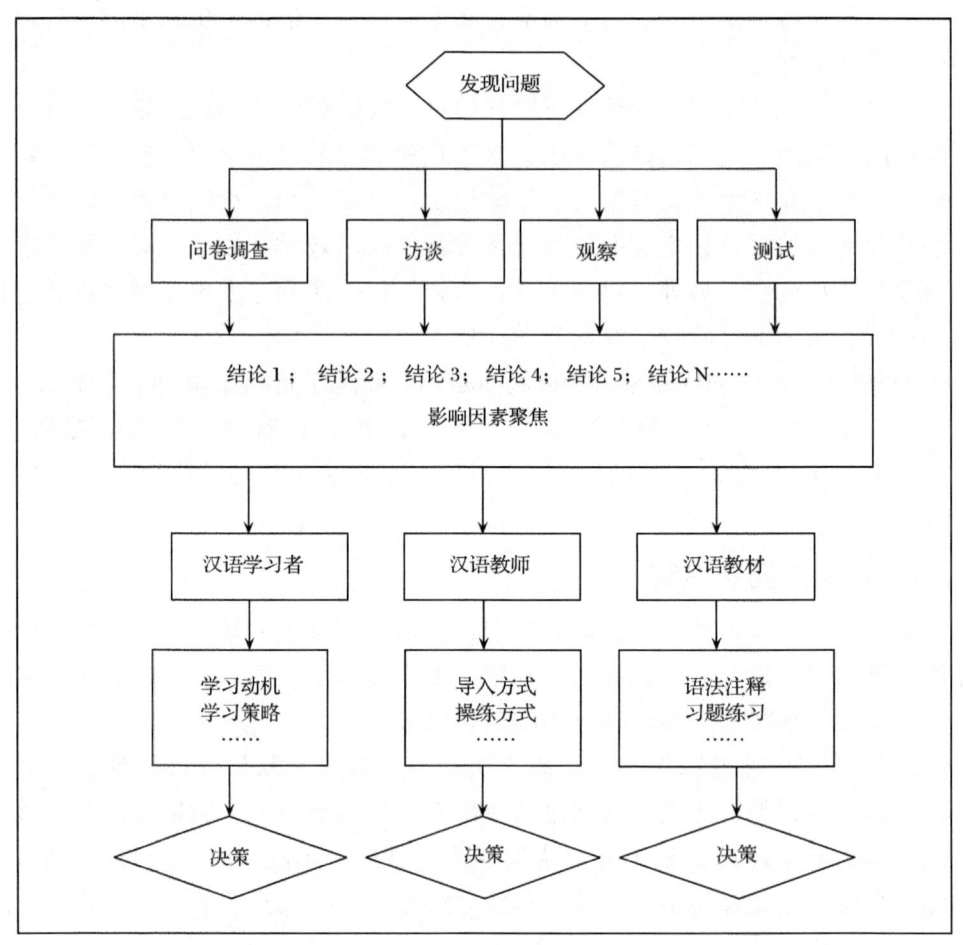

图4-2 根据纵向问题追踪作出汉语教学决策的示意图

上图中的第一层模块表示：汉语教师发现了某个问题。第二层模块表示：然后他利用多种方式（比如，问卷调查、访谈、观察、测试等）来收集评价信息，目的是寻找问题的根源，确认成因。这里的"观察"可分为观察汉语教学过程、汉语教学活动、汉语教学对象、汉语教学材料、汉语学习产品（书面作文、口语表达）等。在收集评价信息的过程中，汉语教师会根据具体问题的大小或复杂程度来使用合适的收集评价信息的方法，并不是每次都要使用全部的收集信息的方法。一般来说，问题小或简单，使用的方法就相对少一些、简单一些；反之，使用的方法就相对多一些、复杂一些。

第三层模块表示：教师通过对收集到的评价信息进行分析得到一系列结论。这些结论提供了对问题根源和成因的解释。这使得汉语教师有可能在此基础上，对影响因素进行大致的方向性聚焦，由此进入到一个相对以前来说更狭小的对象范围（第四层模块）：汉语学习者、汉语教师、汉语教材等。实际上，在这样一个缩小的范围里，也还无法作出针对性很强的补救措施，因此，需要进一步在确认的对象内部进行深入分析。

第五层模块表示：如果方向性聚焦的结果指向汉语学习者，那么要进一步考察分析他们的学习动机、学习策略、学习态度、学习兴趣等。如果方向性聚焦的结果指向汉语教师，那么要进一步考察分析他的教学导入方式、教学操练方式、新语法点的演示、例句的典型性等。如果方向性聚焦的结果指向汉语教材，那么要进一步考察分析教材的语法注释、习题练习、生词处理、课文编排等。这样做的目的都是为了追踪到引起问题的具体关键点。

第六层模块表示：汉语教师针对引起问题的具体关键点决定采取什么样的应对措施。

（三）案例分析[1]

横向匹配对比主要靠汉语教师利用已有信息进行逻辑性内省，思路相对简单一些，不需要举例说明就很容易掌握，而纵向问题追踪的思路则显得比较曲折和复杂，因此，我们在这里专门进行一个观察法的案例分析，以帮助大家更好地利用汉语教学评价形成合理的决策。

1. 发现问题

我国四年制对外汉语专业本科毕业生以及在我国高校读研究生的部分外国人已经获得了HSK（高等）B级证书[2]，由此说明这一考生群体已经具备了比较高的汉语水平，他们的作文是一种典型的比较趋近于目的语的汉语中介语。

---

[1] 参见杨翼（1998a）。
[2] B级为HSK（高等）合格（中）标准。B级证书获得者被视为具有高等（中）汉语能力，并达到了以汉语为交际工具的一般性工作的合格（中）标准。

但是，他们的作文中普遍存在着杂糅现象，这引起了我们的极大关注，因为目前有关外国汉语学习者作文中杂糅表现的研究报告还很少见。那么，B级证书获得者是否普遍存在这种现象？所占的比例有多大？主要有哪些类型？分布情况如何？应该采取什么样的教学对策？

2. 取样观察

上述问题是我们汉语教学工作者想知道的问题。于是，我们随机抽取了47份B级证书获得者的汉语作文作为评价的观察样本，发现其中的31份有杂糅现象，约占总人数的68.1%，这说明杂糅现象是值得关注的问题。这时需要我们对B级证书获得者作文中普遍存在的杂糅表现进一步给予描写和分类，并应用认知心理学和中介语的研究成果对这种现象的成因进行分析和解释，进而作出汉语教学中的针对性决策。

3. 杂糅分类

首先，我们找出这些作文试卷中的杂糅偏误句，然后根据偏误句离析出分解句，以便观察杂糅偏误到底跟哪些句子有纠缠。再根据偏误句所在的上下文推出考生的目的句。最后将偏误句（以下简写为"偏"）、分解句（以下简写为"分"）、目的句（以下简写为"目"）结合起来考察，看它们在形式上有什么特征，再根据其形式特征来确定杂糅偏误类型。考虑到需要兼顾"成分"与"层次"两方面的因素，描写和分析采用了黄伯荣主编《现代汉语教程》的语法体系。八种句法成分都是逐层出现的直接组成成分。主语与谓语相对，定语、状语、补语与中心语相对，动语[1]与宾语相对。这些句法成分既是成对存在的，又是有层次的。

在有杂糅现象的31份作文试卷中，我们共发现杂糅偏误68例，可分为六种类型。这六类偏误在全部误例中所占比例为：

叠加	6例	8.82%
拼接	31例	45.59%
替换	7例	10.29%
缩减	10例	14.7%
移位	5例	7.35%
嵌入	9例	13.24%

---

[1] 动语是支配、关涉后头的宾语的动词性成分，动语包括其补语。

我们把杂糅偏误的类型及其内部分支概括如下：

杂糅类型
- 1. 叠加
  - 1.1 分解句谓语中心相同，附加成分叠加
    - 1.1.1 状语叠加
    - 1.1.2 补语叠加
  - 1.2 分解句附加成分相同，动语叠加
- 2. 拼接
  - 2.1 分解句主语中心相同，附加成分拼接
    - 2.1.1 定语拼接
    - 2.1.2 状语拼接
  - 2.2 分解句附加成分相同，动语、宾语拼接
  - 2.3 分解句附加成分相同，谓语拼接
  - 2.4 分解句主语相同，谓语拼接
- 3. 替换
  - 3.1 分解句宾语相同，谓语替换
  - 3.2 分解句谓语中心相同，附加成分替换
- 4. 缩减
  - 4.1 分解句谓语中心相同，助词缩减
  - 4.2 分解句附加成分的介词宾语相同，谓语中心缩减
- 5. 移位
  - 5.1 分解句谓语中心相同，固定结构移位
  - 5.2 分解句主语中心相同，附加成分移位
- 6. 嵌入
  - 6.1 分解句主语相同，谓语嵌入
  - 6.2 分解句谓语中心相同，附加成分嵌入

4. 类型分析

4.1 叠加

4.1.1 分解句谓语中心相同，附加成分叠加

4.1.1.1 状语叠加

[偏] 我心里总不平衡，认为山地除了高高的山，无尽之树以外，还有什么可好玩儿的？

[分] ① 还有什么可玩儿的
② 还有什么好玩儿的
③ （　　）可好玩了

|目| 还有什么好玩儿的→没有什么好玩儿的

①②③中谓语中心语相同，偏误句只是在中心语前面将各分解句中的状语部分叠加起来。这是因为③的出现虽然有特定的语气和上下文，但由于①②③的局部特征"可玩儿""好玩儿""可好玩儿"有共同之处，在学习者的记忆储存中，分解句的三种形式相互纠缠，很难划清它们之间的界线。这样，学习者就倾向于一概使用熟悉度最高的表达方式，从而形成③的泛化。

4.1.1.2 补语叠加

|偏| 那里人少，因为没有开发，自然风景保存得非常良好，也可以洗温泉，也可以做各种运动……

|分| ①自然风景保存得非常好
②自然风景保存良好

|目| 自然风景保存得非常好

①②中谓语中心语相同，偏误句只是在中心语后面把各分解句中的补语部分叠加起来了。这是因为学习者对句式的识别是一个典型的知觉过程，有时他们的知觉并不精确。比如，因常见"非常优秀""非常严重"之类的双音节组合，就类推出"非常良好"的双音节组合。这时，他们并没有注意到语义对组合的限制。这种丢失了语义特征的知觉信息在记忆中储存下来，当提取有关信息时，就会产生本例这样的偏误。

4.1.2 分解句附加成分相同，动语叠加

|偏| 刚刚开始上大学时，我感觉好像在来到异国似的，周围一下子变成灰色了……

|分| ①我感觉好像在异国似的
②我感觉好像来到异国似的

|目| 我感觉好像来到异国似的

①②中的宾语附加成分相同，偏误句将①中宾语中心语的动词"在"与②中宾语中心语的动语"来到"叠加起来了。产生这种情况的原因可能与已有的目的语知识有关。已获得的有限的汉语经验对汉语的范畴性知觉[1]要产生一定影响。初级汉语课文里常出现"在到达机场时……""在回到宿舍时……"这

---

[1] 范畴性知觉只有"质"的变化，而无"量"的变化。它可以将语音刺激识别为相对小量的范畴，在这个范畴内难以作出更精细的识别。

类成分，而"时"与"似的"部分发音特征相似，"的"又是轻尾音，很难察觉。这种与已有的汉语经验相互纠缠的语音知觉，在混淆、错误的状态下进入学习者的记忆储存。当提取信息时，就会造成叠加，使"在"由动词异化为状语。

4.2 拼接

4.2.1 分解句主语中心相同，附加成分拼接

4.2.1.1 定语拼接

偏 我爸爸很喜欢钓鱼。有意思的是我爸爸名字是姜泰坤，由于与中国以正直的气质和钓鱼的故事有名的姜太公的名字很相近，所以我爸爸钓起鱼来的时候，我爸爸的朋友夸他："果然是姜泰坤！"

分 ①与中国以正直的气质和钓鱼的故事而闻名的姜太公的名字很相近
②与中国因正直的气质和钓鱼的故事而有名的姜太公的名字很相近

目 与中国的以钓鱼的故事而闻名的正直的姜太公的名字很相近

①②中的主语中心语相同，但其附加成分中的固定结构"以……而闻名""因……而有名"不相同。偏误句取①的"以"，取②的"有名"进行拼接，从而组成了一个偏误结构"以……有名"。产生这种情况的原因可能与学习者缺乏集中性注意[1]有关。由于该结构中常有间隔词语干扰视线，结构的整体特征未能在学习者的记忆储存中"黏合在一起"，因而提取记忆信息时，出现了交叉结合，即一个结构的特征与另一个结构的特征错误地结合在一起。

4.2.1.2 状语拼接

偏 我从小孩子到为止，我一直喜欢跟他在一起，钓鱼也不是例外。

分 ①我从小孩子起就一直喜欢跟他在一起。
②我从小到大，一直喜欢跟他在一起。
③我从生下来到现在为止，一直喜欢跟他在一起。

目 我从小到大，一直喜欢跟他在一起。

①②③的谓语中心语相同，但它们的附加成分不同。偏误句取①中的"从小孩子"，②中的"到"，③中的"为止"进行拼接，组成了偏误状语。产生这种情况的原因也跟学习者缺乏集中性注意有关。虽然本例的结构"从……到……"的间隔词语较短，整体黏合难度较小，但因为①②③互相纠缠，即

---

[1] 集中性注意的作用类似"沾胶"，使一些特征得以结合为一个单一的客体。

①②③的部分特征重合，在结构特征的整体把握上易产生混淆，也会出现错觉性结合。

4.2.2 分解句附加成分相同，动语、宾语拼接

偏 生活是方便的，可我觉得生活在城市，又难免感觉到空虚感。

分 ①又难免感觉到空虚
　　②又难免有空虚感

目 又难免感觉到空虚

①②的谓语附加成分相同，但谓语中心语和宾语中心语不同。偏误句却把①的谓语"感觉到"与②的宾语"空虚感"拼接起来了。造成这种情况的原因可能与教学有关。在具体的词汇教学操作中，可以出现不同范围的搭配。比如，既可以在"空虚感""孤独感"范围内搭配，也可以在"有空虚感""有孤独感"范围内搭配。不同范围的词语搭配教学，对学习者产生的视野效果是不一样的。本例中的偏误，可能是搭配的视野范围太小所致。

4.2.3 分解句附加成分相同，谓语拼接

偏 我生在乡下，长在乡下，上大学时才到东京大城市来了。从此时起，我的生活完全变了样子。城市生活确实与我想象的那样，东西应有尽有，交通发达形成网络，娱乐设施五花八门……

分 ①城市生活确实像我想象的那样
　　②城市生活确实与我想象的一样

目 城市生活确实像我想象的那样

①②中的谓语附加成分相同，但作谓语中心语的固定结构却不一样。偏误句却将②中的"与"和①中的"那样"拼接起来了。产生这种情况的原因可能跟学习者缺乏集中性注意有关。学习者在接触到"像……那样""与……一样"这类结构时，结构的某些特征得到了加工[1]，但加工的深浅程度不一样。信息在进入学生的长时记忆时，"像……那样"的特征可能和"与……一样"的特征出现交叉结合，形成"与……那样"的偏误。

4.2.4 分解句主语相同，谓语拼接

偏 那些人为了解脱城市生活的劳累，有时间就到郊区的乡村野炊，然后回来时又满脸带着一层灰云到城市又开始令他讨厌的一切生活。这不是悲剧还算

---

[1] 指信息加工，包括依据符号结构作出反应，以及储存符号结构，进行辨别、比较等。

什么!

分　①这不是悲剧又是什么？
　　②这不算悲剧还算什么？

目　这不是悲剧又是什么？

　　①②的主语相同，谓语所含的固定格式不同。偏误句将①的固定格式前半部"不是……"与②的固定格式后半部"还算……"拼接起来了。产生这种情况的原因可能与学习者缺乏集中性注意有关。从分解句我们可以看出，①的整体特征是"这不是……又是什么？"②的整体特征是"这不算……又算什么？"，可学习者却很难划清二者的界限。这种相互纠缠的结构信息难免在记忆储存中发生交叉结合，形成"这不是……还算什么？"的偏误。

　　4.3 替换
　　4.3.1 分解句宾语相同，谓语替换

偏　我的故乡是日本国静冈县滨松市，一座不太大的城市。因为我的家位置于北郊农业地区，所以可说我在乡村长大了。

分　①我家的位置在北郊农业地区
　　②我的家位于北郊农业地区

目　我的家位于北郊农业地区

　　①②中的宾语相同，但谓语中心语不同。偏误句把②中的"位"替换成了"位置"。产生这种情况的原因可能与教学有关。从教学的先后顺序来看，"位置"先于"位于"。当"位于"出现时，教师常用"位置"来解释"位于"的"位"。当学习者提取记忆信息时，这种语义解释常常伴随它的结构形式一起被激活，形成"位置于"的偏误。

　　4.3.2 分解句谓语中心相同，附加成分替换

偏　其实城市生活比乡村生活多先进多方便！但我们不能忽视它也牺牲了不少东西。例如人际关系、道德观念、传统艺术等。

分　①其实城市生活比乡村生活更先进、更方便
　　②其实城市生活比乡村生活先进得多、方便得多

目　其实城市生活比乡村生活先进得多、方便得多

　　①②中谓语中心语相同，偏误句只是将它们的附加成分进行了替换，即用②的"多"去替换①的"更"。这是因为在学习者已有的目的语知识中，表示比较的方式较多，如："比……更先进"、"比……先进得多""比……先进

等。这些表达式在局部特征上有重合之处，再加上结构跨度大，其中的间隔词又有蔽掩作用，使学习者建立的心理表征[1]很不精确。在提取记忆信息时，就会发生相互替换。

4.4 缩减

4.4.1 分解句谓语中心相同，助词缩减

偏 我很喜欢、很满意城市里的生活。原因有以下几种：第一，生活起来很方便。比如交通方便，居住买东西，任何方面都比乡村方便多。

分 ①任何方面都比乡村方便
②任何方面都比乡村方便得多

目 任何方面都比乡村方便得多

①②的谓语中心语相同，偏误句是在对②的谓语助词"得"缩减的情况下形成的。助词"得"是虚词，没有实际语义，只起语法作用。学习者在选择纳入注意范畴的对象时，更注意实词。因此，"得"是只受到浅表分析的信息，只能产生较弱的记忆痕迹，在提取信息时最容易丢失。

4.4.2 分解句附加成分的介词宾语相同，谓语中心缩减

偏 我从小一直在大城市里生活，无法把城市生活和乡村生活比较而评论，但用一句话来说，我可能更喜欢城市生活。

分 ①无法把城市生活和乡村生活加以比较
②无法对城市生活和乡村生活进行评论

目 无法把城市生活和乡村生活加以比较

①②的介词宾语相同，但都有不同的谓语中心语和宾语中心语。偏误句是在对①和②的谓语中心语进行缩减的基础上形成的。在学习者已有的目的语系统中，动词作谓语给他们的印象很深，因为这种情况很常见。而"比较"和"评论"在不同的场合，既可作动词谓语，又可作名词宾语。如果这一复杂情况在教学中缺乏对比，就会使学习者产生"比较"和"评论"的动词泛化现象，即在任何情况下，都把它们作为谓语动词使用。本例就属于这种情况。

4.5 移位

4.5.1 分解句谓语中心相同，固定结构移位

偏 日本的乡村跟中国的不一样。虽然说是乡村，可因为交通发达，也可以说是

---

[1] 指信息在人脑中存在的方式或形态。

"小城市"。我的乡村是教育文化的方面比不上东京等的大城市。

分 ①我的乡村在教育文化方面比不上东京等大城市
②我的乡村教育文化方面是比不上东京等大城市的

目 我的乡村在教育文化方面是比不上东京等大城市的

①②的谓语中心语相同，偏误句将②中表示强调的固定结构"是……的"从谓语部分移到了状语部分。出现这种情况跟教师讲解不充分有关。学习者在句中使用了"是……的"格式来表示强调，说明他们已经理解了这种格式的作用。如果教师的讲解到此为止，不作进一步演示来说明如何设置强调焦点，就会使学习者使用时把这一格式随意置入句中，从而出现强调"不到位"的现象。

4.5.2 分解句主语中心相同，附加成分移位

偏 虽然我没住过乡村，但因为我父亲原来是个乡下人，所以我曾听说过在农村封建时代的观念还比城市存在得多。

分 ①在农村封建时代的观念还比城市多
②在农村存在的封建时代的观念还比城市多得多

目 在农村存在的封建时代的观念还比城市多得多

①②的主语中心语相同，谓语中心语也相同。偏误句把②中的附加成分"存在"移到了谓语中心语位置。这是因为在词语搭配教学中，教师常把双音节动词"存在"跟"观念"搭配。这种搭配重现数次以后，会进入学习者的长时记忆之中。当学习者提取记忆中的"观念"时，就自然激活相应的搭配动词"存在"，而忽略其词性方面的限制。

4.6 嵌入

4.6.1 分解句主语相同，谓语嵌入

偏 一天到晚我为了我的事业忙，这是一种责任感和成就感。我是一个比较喜欢有成就感的生活。我的事业可以给我一些成就感。

分 ①我是一个有成就感的人
②我比较喜欢有成就的生活

目 我是一个有成就感的人，比较喜欢有成就的生活

①②的主语相同，但谓语不同。偏误句把②谓语的附加成分和宾语中心语嵌入到了①之中。这是因为构思结果保存在短时记忆之中，学习者要依赖于已有的汉语知识来组织、输出较长的目的句。由于学习者已有的汉语知识有限，

组块[1]能力比本族语者弱，输出的汉语单位较短。这样短时记忆中较长的构思结果很容易局部丧失，再次构思的表达方式不一定与当初完全重合，因此就会出现本例中的嵌入现象。

4.6.2 分解句谓语中心相同，附加成分嵌入

偏 我从两点上分析了城市生活与乡村生活的利弊，但是随着经济发展，这些城乡之间的差异将会没有。

分 ①我上面两点分析了城市生活与乡村生活的利弊
②我从以上两个方面分析了城市生活与乡村生活的利弊

目 我从以上两个方面分析了城市生活与乡村生活的利弊

①②的谓语中心语相同，偏误句将①中的附加成分"两点"嵌入到②的附加成分之中，并将这个嵌入后的附加成分作为谓语的附加成分。这是因为学习者在初中级阶段就已多次接触"从……上"的结构（如："从桌子上……""从方法上……"），它与"从以上……"的结构特征又局部相似，在感知过程中容易混淆。因此，熟悉度更高的"从……上"结构更易从记忆储存中激活，并得到提取。而"从两点上"正是"从桌子上"这种形式的类推和泛化。

5. 解释成因

根据上述分析，杂糅的产生既有学习者内部的因素，也有学习环境等外部因素。学习者自身的汉语知识和经验的局限性导致其组块能力较弱，常以词为感知和输出的单位，致使其对整体句法语义结构顾及不暇。随着课程的推进，学习者积累的汉语表达方式不断增多。对各种句式结构的整体特征缺乏集中性注意，又使学习者在信息储存时常常丢失部分特征，造成整体特征不同、局部特征相似的句式结构相互发生纠缠，从而出现拼接、叠加、嵌入现象。学习环境不良，包括教师讲解不充分、教学设计不周密等，都会诱发学习者的移位、替换、缩减现象。可以说杂糅表现是汉语中介语的特征之一，但我们还不能说它具有汉语中介语的分阶段特征，因为目前我们还没有对不同等级证书获得者（包括非证书获得者）的作文进行过全面考察，虽然这种考察无论对教学还是对学生的成绩评价都有重要意义。

从辩证的角度来看，学习者的杂糅表现既有消极的一面，又有积极的一

---

[1] 组块实际上是一种信息的组织或再编码。人们利用储存于长时记忆的知识对进入短时记忆的信息加以组织，使之构成较大的单位。

面。一方面杂糅会导致表达混乱,语义不清。另一方面,杂糅表现又反映了学习者拥有的汉语表达式由贫乏向丰富、由简单向复杂转化的过程。随着汉语学习的深入,纷繁的表达式开始通过各种途径进入学习者的长时记忆。尽管储存在长时记忆中的某些表达式还不规范,甚至有的是偏误表达式,但跟当初长时记忆中母语独霸的局面相比,已经进了一大步。

6. 作出决策

在描写和分析杂糅表现的基础上,我们建议教师在汉语教学中采取下列对策:

第一,教师要引导学习者加强集中性注意。汉语的不少表达式,尤其是固定格式,常由间隔的两部分组成(如,"以……而闻名")。其间的词语,尤其是长词语,容易干扰视觉对整体结构特征的识别,而导致记忆储存发生错乱。教师可通过给结构整体标上醒目的标志等辅助手段,来帮助学习者整体识记。

第二,教师要注意产生杂糅的综合因素。由于中介语具有反复性、可渗透性,使得杂糅的来源很复杂。再加上学习者常常对新输入的知识作出偏向性理解,并在表达时过度注意使用这方面的知识,而对其他知识有所忽视,因此,教学中要及时分析产生杂糅的综合因素,使学习者的输出更接近目的语。

第三,教材可以编排一些识别性习题。这些被识别项目最好是局部特征相似,而整体特征不同,其间又有间隔词,以加深并检验整体识记效果。

第四,汉语表达式的教学可区分为形式、意义、语用三个维度。带间隔词的固定格式在形式教学方面,适合这样的推进路线:①标志引导→②项目识别→③练习输出。在以前的教学设计中,教师和教材对前两项工作注意不够,而对最后一项却急于求成。

第五,教师可以利用偏误分析的成果为汉语学习者成绩测试的命题提供科学依据。比如,在考试的综合题挑错部分,我们可以根据典型的杂糅表现类型来设计一些挑错题。由于这种设计原型来源于学习者群体,所以其错误形式对考生极具迷惑性,对考生的实际汉语能力尤具鉴别力。

二、向各方反馈评价信息

汉语教学评价结束后,要通过反馈评价结果发挥汉语教学评价的调节功能。因此,需要向汉语教师、汉语学习者、汉语教学管理者等反馈评价结果。

(一) 向汉语教师反馈

向汉语教师反馈的评价信息包括两个方面：有关汉语教学的评价信息和有关汉语学习者学习状况的评价信息。前者的反馈要有利于促进教师的汉语教学，后者要有利于帮助教师更好地了解汉语教学对象，以便于有针对性地设计或调整汉语教学方案。

(二) 向汉语学习者反馈

向汉语学习者反馈的信息，要指出其汉语学习方面的优势和不足或强项与弱项，以利于激发其汉语学习热情和兴趣，并有利于调整他们自己的汉语学习策略，增强汉语学习信心，而不能只满足于报告汉语成绩的分数等级。

(三) 向汉语教学管理者反馈

向汉语教学管理者反馈的信息要实事求是，使他们能真实地了解各个汉语班级的教师汉语教学状况和学生汉语学习状况，为其进行汉语教学的宏观决策和管理提供可靠依据。

思考题

1. 汉语教学评价要经历哪些阶段？
2. 汉语教学评价有哪些准备工作？如何准备？
3. 汉语教学评价信息有几类？不同种类的评价信息有什么作用？
4. 汉语教学目标是如何分类的？它对于评价有什么意义？
5. 请用横向匹配对比法来分析一个汉语教学中遇到的问题。
6. 请用纵向问题追踪法来分析一个汉语教学中遇到的问题。
7. 汉语教学评价有哪些解释信息的方法？如何解释信息？
8. 你认为课外的什么因素会影响到班里对留学生的汉语教学？你是如何发现这些影响来源的？你在汉语教学中如何使用这些信息？
9. 你使用过哪些收集汉语教学评价信息的方法？它们的优缺点是什么？

第五章
汉语教学评价的形式与标准

汉语教学评价作为一个系统的活动过程,不但要经历几个阶段,而且还可以概括为不同的两种主要形式。除此之外,汉语教学的具体目标实现程度怎么样?效用如何?还需要一套相应的汉语教学评价标准来衡量。

本章我们将讨论汉语教学评价的形式和标准。我们需要了解:什么是汉语教学评价的指标体系?如何设计汉语教学评价的指标体系?什么是汉语教学评价的概括性问题?如何制定汉语教学评价标准?

第一节 汉语教学评价的指标体系[1]

汉语教学评价的形式主要有两种:一是指标体系;二是概括性问题(见第二节)。在制定汉语教学评价方案时,评价者需要确定主要采用指标体系的形式,还是概括性问题的形式来进行评价。

一、汉语教学评价的指标体系概念

汉语教学评价的指标体系是汉语教学活动数量和质量要求的具体评价内容的集合。评价者一旦确定主要采用指标体系的形式来进行汉语教学评价,那么建立汉语教学评价的指标体系就是整个评价工作的基础,是对评价目标的具体化、行

---

[1] 参见王孝玲(1999),黄光扬(2002),陈玉琨(1999),金娣、王刚(2002),吴刚(2004)。

为化和可操作化。已经确立的汉语教学评价指标体系是我们进行汉语教学评价工作的基本依据，是评价方案的核心内容，它的科学性直接影响着评价结果的信度和效度。

二、汉语教学评价的指标体系与评价目标

既然建立汉语教学评价的指标体系是对评价目标的具体化、行为化和可操作化，那么确定评价目标就是建立汉语教学评价指标体系的前提。由此可见，汉语教学评价指标体系与评价目标既有联系，又有区别。同时，我们还需要弄清下面的一系列相关概念，以便更好地把握汉语教学评价指标体系和汉语教学评价目标的内涵。

（一）汉语教学评价目标

要理解汉语教学的评价目标，首先要明确汉语教学评价"目的"与汉语教学评价"目标"的关系。

"目的"与"目标"在汉语词义上并无明显区别，所以在日常使用中，人们会交叉使用，但在汉语教学评价工作中却应该予以区别。汉语教学评价"目的"一般是评价者在汉语教学评价活动之前，预存于意识中的评价活动终结时高度概括的结果。其特点是：方向性强，具有高度概括性。汉语教学评价"目标"一般是评价者在活动之前，预先确定的评价对象（如汉语学习者或某事物）在评价终结时结果的具体表述。其特点是：它是汉语教学评价"目的"的具体化，既可操作又可检测。从这种意义上来说，汉语教学评价的"目的"可称为方向性目标，汉语教学评价的"目标"可称为到达性目标。（范晓玲、杨志明，1999）。

（二）汉语教学评价指标与目标

汉语教学评价指标属于到达性目标，它是评价目标在某一方面的规定。汉语教学评价指标具有三个特性：（1）它在某一方面反映汉语教学评价目标的本质属性。（2）它是行为化了的汉语教学评价目标，拥有具体性和可操作性。（3）它通过对汉语教或学的实际状况的观察和测定，可以得到明确结论。

汉语教学评价指标与目标既有密切的联系，又有一定的区别。

离开汉语教学评价目标的指标是毫无意义的指标，没有汉语教学评价指标的

目标是无法认识的、难以达到的目标。汉语教学评价指标必须根据汉语教学评价目标来确定，并是目标的具体化；汉语教学评价指标对目标的反映不是消极的、被动的，而是通过达到指标去积极促使汉语教学评价目标的实现。但二者的内涵却不一样，汉语教学评价目标总是带有一定程度的抽象性，它比较笼统，很难直接作为评价依据。相对而言，汉语教学评价指标更灵活、具体、实在，具有很强的直观导向作用。目标反映事物的全貌，指标只反映目标的一个局部。所以汉语教学评价目标的内涵总是比汉语教学评价指标更宽、更广。二者的稳定性也不一样，相对而言，汉语教学评价目标总是比较稳定的，汉语教学评价指标则可以根据不同时期、不同对象的评价工作重点和需要进行适当变动。

（三）汉语教学评价指标体系

汉语教学评价的一个指标只能反映汉语教学评价目标的一个局部、一个侧面，不能反映目标的整体。只有把汉语教学评价目标转化为以目标本质属性为核心、相互联系紧密、权重分配合理、系统化的指标群，才能比较全面地反映汉语教学评价目标的整体。这样的指标群就是汉语教学评价指标体系。

汉语教学评价指标体系有广义与狭义之分。狭义的汉语教学评价指标体系是指一群系统化的、具有紧密联系的汉语教学评价指标，即一些综合反映汉语教学评价对象主要特征的因素集合或整体。它反映的是全部的汉语教学评价目标。广义的汉语教学评价指标体系不仅包括指标或因素的集合体，还包括相应的汉语教学评价权重系数集合和有关的量化方法。

将汉语教学评价目标分解到末级指标的过程，就是建立汉语教学评价指标体系的过程。这既是对评价对象深入分析的过程，也是统一人们价值认识的过程。建立汉语教学评价指标体系是采用指标体系形式开展汉语教学评价工作的基础。

三、汉语教学评价的指标体系结构

汉语教学评价的指标体系结构是指各类指标的构成方式。汉语教学评价的指标体系结构可以分成形式结构和内容结构两种类型。

（一）形式结构

由于对评价对象数量和质量要求的复杂程度不同，相应的汉语教学评价的指

标体系结构一般可分为直线式和树状式两种结构。(参见吴刚，2004；王孝玲，1999)

1. 直线式

汉语教学评价的指标体系直线式结构可直接根据对评价对象数量和质量的要求得到。它一般用于较为简单的微观汉语教学评价（如汉语综合课教学评价等）或汉语教学的单项评价（如汉语综合课的语法教学评价等）。指标由0级到末级在形式上构成一个直线结构（如图5-1所示）：

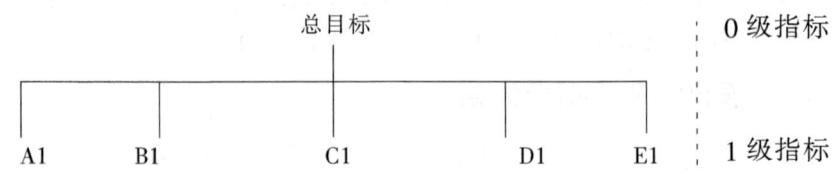

图 5-1 直线式指标体系结构

资料来源：吴刚（2004：128）。

2. 树状式

汉语教学评价指标体系的树状式结构首先根据对评价对象数量和质量的要求得到若干一级指标，然后在一级指标的基础上，把某些一级指标进一步分解为若干二级指标，甚至再细化为三级指标。它一般用于中观（如由北京语言大学召集有关专家进行的汉语教学的教师队伍、教学工作、办学条件、办学水平、办学效益等的评价）或宏观（如由国家汉办召集海内外学者进行的汉语教学总体目标、教学结构、教学内容、教学方法、教学大纲、教材编写等的评价）的汉语教学评价以及综合评价等。指标由0级到末级在形式上构成一个树状结构（如图5-2所示）：

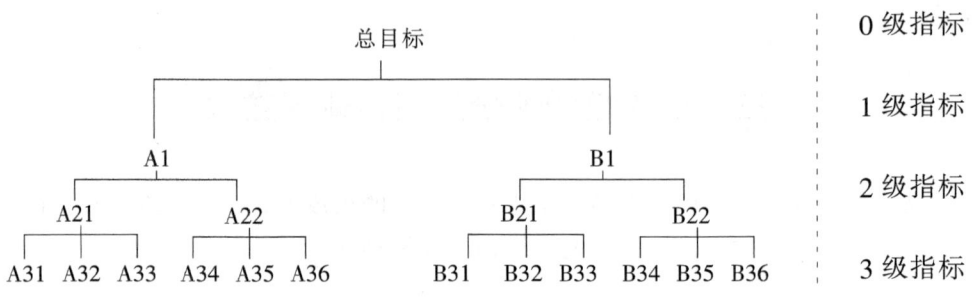

图 5-2 树状式指标体系结构

资料来源：许建钺（1992：37）。

（二）内容结构

一个汉语教学评价指标体系应该由哪些方面的指标构成，是由评价对象本身的特性以及人们对它的认识所决定的。从系统论的角度来看，具有一定目的、有输入和输出、有反馈功能、有秩序的整体结构称为系统。（王孝玲，1999）汉语教学活动就是这样的系统。因此，用来评价汉语教学活动的指标体系也必须反映这个系统的特性。例如，汉语教学这一系统，输入的是以汉语为目的语的语言材料，输入使用的工具有人力资源（汉语教师）和技术设备资源（录音机、录像机、DVD、多媒体计算机等）；输出的是汉语教学所培养的人才——他们拥有进行跨文化交际的汉语知识和技能，即汉语教学的成果，也就是它的教学目的。有秩序的整体结构就是利用输入条件来获得输出并反馈信息的教学循环过程。由此可见，构成汉语教学这个体系的基本方面是成果、过程和条件。那么，评价汉语教学的指标体系也应由这三类指标构成。因此，我们可以说，以汉语教学活动为评价对象的指标体系，一般由成果、过程和条件三类指标（参见王孝玲，1999：61~62）构成。

1. 成果性指标

汉语教学活动的成果性指标反映评价对象的水平和质量，与评价对象所要达到的目标密切相关。它一般指成绩、效果等。例如，汉语学习者的汉语能力以及他们就业后对与使用汉语有关的工作的适应性等。成果性指标是汉语教学评价指标体系中的核心部分，是评价对象本质特性的反映。

2. 过程性指标

汉语教学活动的过程性指标反映评价对象的汉语教、学状态及进程，与评价对象达到目标的过程密切相关。例如，汉语教师教学方法的运用，汉语学习者的学习方法、学习态度等就属于这类指标。过程性指标是汉语教学评价指标体系中的重要部分。它的可操作性比较好，容易获得可靠、有效的信息资料。更为重要的是，汉语学习活动成果或汉语教学活动成果很大程度上是由汉语教或学的活动过程决定的，人们可由此预测、推论汉语教和学的成果或汉语教和学的活动过程的优劣情况。

3. 条件性指标

汉语教学活动的条件性指标反映评价对象实现目标的条件，即实现汉语教学目标的人力、物力和财力。例如，汉语教师队伍，汉语视听音像设备，汉语教材图书资料等就属于这类指标。条件性指标是实现汉语教学目标的基础，因为实现汉语教学目标需要一定的条件加以保证。但它在汉语教学评价指标体系中属于一般性指标。因为汉语教学的条件虽然好，但活动过程或状态不一定就好，汉语教学的成果收效也不一定就大。

四、汉语教学评价指标体系的设计原则

汉语教学评价的指标体系设计原则是根据汉语教学评价的目的、汉语教学的客观规律、汉语教学的实践经验提出来的，在汉语教学评价指标体系的设计过程中，我们要遵循下列几项主要原则[1]：

（一）一致性

汉语教学评价指标体系中的各类、各层指标及其权重必须能全面、完整、充分、贴切地体现汉语教师或汉语学习者所要达到的汉语教学目标，不能与汉语教学目标相矛盾。所设计的指标要有利于提高汉语教学质量，有利于培养跨文化的汉语交际人才。因为指标由目标分解而来，如果二者不一致，汉语教学评价指标体系的功能就会发生转移，汉语教学评价也就失去了意义和有效性。

（二）导向性

汉语教学评价指标体系对评价对象必须起引导方向的作用。因为汉语教学评价的指标是具体化和行为化的汉语教学目标，汉语教学评价指标体系中有哪个指标，它的权重有多大，会引导评价对象的努力方向和努力程度。因此，用汉语教学评价指标体系对评价对象进行评价，本身就实现了对评价对象（如，汉语学习者或汉语教师）的引导和管理作用。

（三）可操作性

汉语教学评价指标体系的可操作性原则有两层含义：

1. 从实际出发

设计汉语教学评价指标体系必须从汉语教学实际出发，不能臆测。它必须符合评价对象的实际水平，不能过高或过低。每项汉语教学评价指标都必须具有实施的可行性，否则它就不会被汉语教师和汉语学习者接受，汉语教学评价也就无法进行。

---

[1] 参见金娣、王刚（2002），吴刚（2004），王孝玲（1999），范晓玲、杨志明（1999），陈玉琨（1999）。

2. 可观察、测试

汉语教学评价指标体系中的各项指标必须是可操作的。也就是可以进行实际观察和测试的，而不是抽象、模糊的。根据评价对象的达标情况，我们可以得出明确的价值判断结论。

（四）公平性

汉语教学评价指标体系中的每一条指标对于汉语教学评价对象集合中的每一个体都应该是公平的，换句话说，汉语教学评价对象集合中的每一个体达成指标要求的概率是相同的。这就要求我们增加指标体系设计过程的透明度，重视收集参与汉语教学评价活动的有关人员的愿望、需要和意图，特别是要重视反对意见。

（五）本质性

汉语教学评价指标体系要简便易行，切忌复杂、繁琐。汉语教学评价指标的层次和各层指标的数量都不宜太多，汉语教学评价指标的结构要简单明了，量化的方法要尽可能简便。因为汉语教学评价的指标数量过多，权重就会分散，末级指标就有脱离目标本质属性的危险，汉语教学评价的工作量也会很大，使有关人员难以承受。因此，汉语教学评价指标体系的设计要抓住主要因素，舍去次要因素，突出汉语教学目标的本质属性。

（六）独立性

汉语教学评价的指标独立性是指同一层次的各条指标之间不能相互重叠。因为同层次的指标如果重叠，不仅会使汉语教学评价指标体系整体上庞杂，实际上还增大了该部分指标的权重。在这种情况下，合并重叠的汉语教学评价指标，有利于提高汉语教学评价指标体系的科学性，也增强了汉语教学评价的可行性。

（七）可比性

汉语教学评价指标的可比性是指汉语教学评价结果必须具有可比较的性质。这一方面要求汉语教学评价的指标必须反映评价对象的共同属性，因为只有在质的一致的前提下，才能实际地比较两个评价对象在这一指标量上的差异。另一方面需要解决"量化"问题，即每提出一条汉语教学评价指标就必须同时规定一个相应的量化尺度。

五、汉语教学评价指标体系的设计方法

设计汉语教学评价指标体系是一项艰巨、复杂的工作。设计者不仅要非常熟悉评价对象（如汉语教师、留学生、汉语教学过程等），深刻理解汉语教学的性质、特点和目标，具有较为深厚的第二语言教学理论、第二语言习得理论修养，还要了解并掌握指标体系的设计方法。从过程上来说，首先要初拟指标体系的框架，然后再对初拟指标进行筛选，最后调整各项指标形成汉语教学评价指标体系。

（一）初拟框架

汉语教学评价指标体系的内容结构就是指标的层次体系。初拟汉语教学评价指标体系时，要遵循指标体系的设计原则，首先对汉语教学评价的总目标层层分解，直至分解成可测、可操作的指标为止。例如，评价综合课汉语学习者的口头成段表达，先找出反映总目标本质属性的各个因素，这些因素就是次级指标，然后再找出反映各次级指标的因素，这些因素就是再次级指标（如图5-3）。如此层层分解，就可形成综合课汉语学习者口头成段表达评价的指标层次体系。

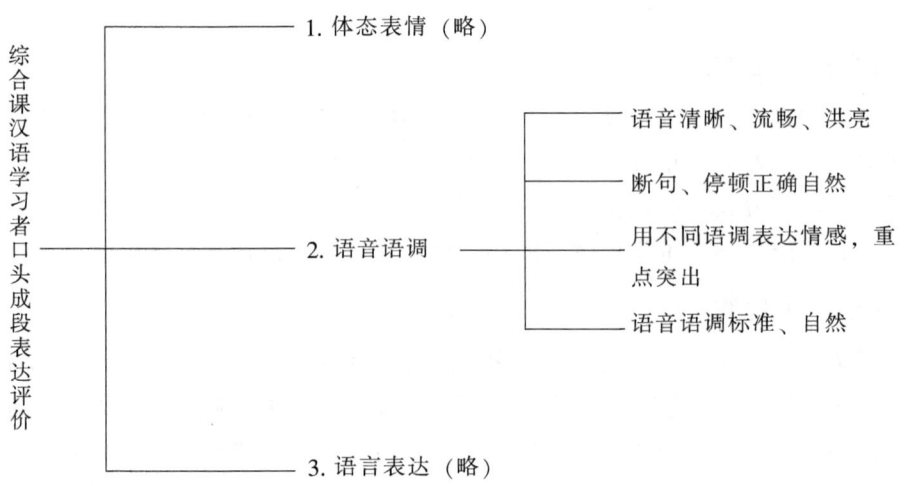

图5-3　综合课汉语学习者口头成段表达评价

由于我们在初拟指标体系时通常会担心遗漏，比较注意全面性，因此，往往导致拟就的评价指标过于庞杂、粗疏，所以需要进一步筛选指标。

（二）筛选指标[1]

初次建立的指标层次体系可能出现各指标之间的重叠、交叉、主次不分的现象。为了使大型、正式的汉语教学评价指标体系精确、完善地反映汉语教学评价的总目标，我们要深入分析各指标的内涵以及它们之间的关系，深入分析各指标反映总目标本质属性的程度，对初拟的各指标进行认真严格的筛选。

筛选指标的任务是将内涵相同的指标加以合并，对互相矛盾的指标要去伪存真，有因果关系的指标要正本清源。总之，去掉多余指标，找回遗漏的重要指标。

"筛选指标的方法可以分为数学方法和经验方法两大类。数学方法有主成分分析法、因子分析法、聚类分析法等"（程书肖，2004），因为有大量专门的著作（有兴趣的读者请参阅《多元统计分析》等著作）详细介绍了有关数学方法，所以我们主要对经验法作一概括的介绍。

经验法是利用多位汉语教学专家的集体智慧和经验进行指标筛选的方法，统称为专家判定法。它主要包括特尔斐法、头脑风暴法、反头脑风暴法、对演法等。（以下四种方法引自程书肖，2004：57~60）

1. 特尔斐法

20世纪50年代美国著名咨询机构兰德公司发明了此法。因为特尔斐是古希腊的历史遗址阿波罗神殿的所在地，传说该神的预言特别灵验，故以此命名该种方法。

（1）特尔斐法的实施过程

使用特尔斐法来筛选汉语教学评价指标，首先要把征求意见的指标写成若干条意思十分明确的问话，或设计成表格的形式，然后发给向其征求意见的有关汉语教学专家。请他们以书面的形式回答这些问题，并要求他们本人独立完成，不要请人代劳。第一轮调查问卷收回后，要对这些汉语教学专家的意见、看法加以统计整理，简要写出反映调查结果实际情况的小结，再对参与第一轮调查的汉语

---

[1] 参见程书肖（2004），黄光扬（2002），金娣、王刚（2002），吴刚（2004），王孝玲（1999），陈玉琨（1999）。

教学专家进行第二轮调查。调查时将汉语教学专家第一轮调查表的意见、看法与第一轮的总体调查小结一起寄回去，请他们参考总体调查小结对自己原来的意见、看法进行修改后再寄回来。对第二轮的汉语教学专家们的意见、看法要进行归类整理、分析综合，作出第二次小结。如果汉语教学评价指标体系的设计者认为差距还较大，可以再次设计调查问卷进行第三轮调查，一直到取得比较满意的结果为止。

（2）特尔斐法的优点

特尔斐法采用的是反复向汉语教学专家进行问卷调查的方法，但各个专家之间并不见面，这就给汉语教学专家们提供了独立发表见解的平等机会，他们可以畅所欲言，不受上下级、职位高低、年龄大小、资历深浅等因素的干扰。这样可以最大限度地集中汉语教学专家们的经验和智慧，以达到最佳效果。

（3）采用特尔斐法需注意的问题

从汉语教学评价的角度来说，被调查的专家，一定要是对汉语教学有深入了解和研究的人，或是与被调查的问题关系密切，并有丰富的汉语教学实际工作经验的人。

被调查的汉语教学专家人数不可太少，也不可太多。因为人数太少没有代表性，人数太多会增加统计分析的难度。为大型、正式的汉语教学评价所进行的指标筛选活动，一般调查二十多人就可以了。

在调查问卷的实施过程中，每一轮的总体调查小结起着调节、指挥和定向作用。因此，小结必须全面、可靠，不能使用难以理解和模糊不清的语言来描述（比如，60%的人认为A指标和B指标有包含与被包含的关系，不能描述为：多数人认为A指标和B指标有包含与被包含的关系）。因为"多数"带有一定的模糊性（程书肖，2004）。

2. 头脑风暴法

"头脑风暴"本来是形容精神病人的胡言乱语，以此命名是为了说明这种方法的民主性。这是一种召开座谈会，请汉语教学专家们一起讨论，充分发表意见，集思广益完成筛选指标任务的方法。座谈会上，大家畅所欲言，没有干涉和阻拦，充分利用众多汉语教学专家的经验和智慧来圆满完成筛选指标的任务。

（1）头脑风暴法的实施过程

首先由汉语教学评价指标体系的设计者主持会议，向汉语教学专家们说明本次座谈会的目的、意义和任务以及初拟指标的来历和初步筛选情况。然后请汉语教学专家们对初拟指标如何筛选自由发言。为了创造无拘无束发表意见的会议氛围，可以规定一条纪律：任何人不许对别人的意见进行反驳。会议主持者只提出筛选汉语教学评价指标的任务，动员各位汉语教学专家自己毫无保留地说出筛选指标的看法，但不发表如何筛选的意见，也不对别的汉语教学专家发表的意见作倾向性表态。座谈会结束后，汉语教学评价指标体系设计者再对会议情况进行总结，对汉语教学专家的众多意见进行分析综合。由此完成初拟汉语教学评价指标的筛选。

(2) 实施头脑风暴法需注意的问题

对参加会议的汉语教学专家人数要进行限制。人数不可太少，也不可太多。因为人数太少没有代表性，人数太多不便于充分发言。如果人多，发言的时间持续得就长，大家会产生疲倦厌烦感，影响会议效果。一般 10～15 人就可以了。

一般应提前半个月时间告诉与会的汉语教学专家讨论什么问题。比如，完成什么样的筛选指标任务，初拟的汉语教学评价指标是什么等。汉语教学评价指标的设计者应提前发出通知并寄去材料，以便与会的汉语教学专家作好发言准备。

3. 反头脑风暴法

顾名思义，反头脑风暴法是与"头脑风暴法"相对的，它也是一种召开汉语教学专家座谈会对初拟指标进行筛选的方法，但实施过程中的有些要求与"头脑风暴法"正好相反。

(1) 反头脑风暴法的实施过程

首先由作为会议主持人的汉语教学评价指标体系设计者发言，详尽说明和解释自己对指标筛选的意见和想法。要求汉语教学评价指标体系设计者无拘无束地发表看法，把自己的想法毫无保留地全部说出来。包括自己看不清的问题、解决不了的问题、有疑问之处，等等，都要向与会的汉语教学专家倾诉。汉语教学评价指标体系的设计者要详细讲述掌握的情况以及对问题的看法，然后请汉语教学专家们发表意见。会议也规定一条纪律：对会议主持人的发言，汉语教学专家不许发表赞同的意见，更不允许说赞扬的话。汉语教学专家只能讲述自己与会议主持人不同的看法以及修改与补充的意见，或者对会议主持人的发言提出质疑，要求其给予解答。一旦汉语教学专家们再也无人发表意见即可散会。待散会后，汉语教学评价指标体系的设计者要再静下心来，认真、冷静地分析研究各种意见，判断有无道理，以便修改、充实、提高自己的方案，最后完成对初拟指标的筛选任务。

(2) 反头脑风暴法的特点

它与头脑风暴法的不同之处在于：首先发言的人是作为会议主持者的汉语教学评价指标体系设计者，他要毫无保留地详细说明和解释自己对指标筛选的意见和想法。汉语教学专家只能讲述自己与会议主持人不同的看法，不能发表赞同的意见。

(3) 实施反头脑风暴法需注意的问题

会议主持人应该实事求是地讲解自己的意见，不懂的可以说不懂，解决不了的可以提出让与会的汉语教学专家帮助解决或发表看法，但绝不能对汉语教学专家的意见进行反驳，不管汉语教学专家的意见对错都必须认真细致地倾听。即使汉语教学专家的言辞尖锐、刻薄，会议主持人也要洗耳恭听，以便给汉语教学专家提供一个毫无顾虑的发言氛围。

4. 对演法

通过由不同意见的甲、乙双方展开辩论而达到汉语教学评价指标筛选目的的方法叫做对演法。

(1) 对演法的实施过程

当通过一定途径了解到汉语教学专家对指标筛选的不同意见后，汉语教学评价指标体系的设计者面对不同意见，一时难以区分谁对谁错。这时，可以根据意见的异同把汉语教学专家分成两组，让其分别发言，详细论证自己看法的依据和思路，论证对方看法有什么错误以及错误的原因和根据。经过充分的酝酿之后，再把两组汉语教学专家召集到一起，分为甲乙两方展开辩论，互攻其短，以暴露问题，抓住关键，最后综合双方的意见对汉语教学评价指标进行筛选。

(2) 对演法的特点

使用对演法筛选汉语教学评价指标的前提条件是必须通过调查研究，事先对汉语教学专家们的各种意见有较为全面的了解，而且汉语教学专家们在重要指标或关键性问题上要有不同看法。

(3) 实施对演法需注意的问题

在实施过程中，要认真作好汉语教学专家们的思想工作，讲明展开辩论和研讨的目的是为了相互了解、共同探讨，形成更完善、更合理、更全面的共识。因此，辩论要做到对事不对人，要认真倾听对方的不同意见。在论证自己的见解时，要摆事实、讲道理，不能进行人身攻击。

会议主持者要随时调节辩论会的气氛，把握辩论的正确方向，引导汉语教学专家在重要的关键问题上发表不同看法，防止在小问题上争论不休。会议主持者自始至终不要发表带倾向性的意见，要客观、公正地给辩论双方提供平等的发言机会。

（三）调整指标[1]

为了使设计出来的汉语教学评价指标体系能够实施和操作，还必须从实际出发，考察每一条指标是否具备收集信息的资源，是否有可利用的人力、财力、时间，是否有符合评价对象（留学生、汉语教师、课堂活动等）实际的评价标准等。如果某个指标不具备实用性，就应考虑更换它，调整汉语教学评价指标体系。

调整指标时要注意以下几个问题：

（1）找出最能反映汉语教学评价目标本质属性及导向作用的较大指标，通过适当增加这类指标数目，加大指标权重，提高指标分值来突出这些主要指标。

（2）将不重要、权重很小、可以忽略不计的汉语教学评价指标删去。

（3）根据指标独立原则，通过合并或减小重叠指标的权重，调整相互交叉、重叠的汉语教学评价指标。

（四）确定权重

确定各项指标权重是设计汉语教学评价指标体系的一项重要工作，指标体系构成了汉语教学评价的因素集，权重集合则构成了汉语教学评价诸因素的关系集。所谓指标权重就是指反映一个指标在汉语教学评价指标体系中重要程度的数量。它既表示一个指标在汉语教学评价指标体系中的主次地位，又表示一个指标与其他指标的关系。

1. 指标权重的特点[2]

（1）各指标的权重不同

在汉语教学评价指标体系中，各指标的权重肯定是不相同的，即使是同一层次的指标其权重也不相同。在汉语教学评价实践中，我们发现汉语教学评价指标体系中的各指标的重要性是有差别的，因此要赋予各指标不同的权重。由此可见，汉语教学评价的内容虽然由指标来规定，但汉语教学评价内容的相对重要性

---

[1] 参见程书肖（2004：60~69）。
[2] 这里主要参考了程书肖（2004）的研究成果。

却要由权重来界定。

(2) 各指标的权重之和为1

汉语教学评价的指标权重一般用 α 表示，它是一个大于零，小于1的数，因此，权重的取值范围为0到1之间。并且要求汉语教学评价指标体系中的各指标权重之和为1，即应该满足条件：$0<\alpha<1$ 且 $\sum\alpha=1$。

(3) 指标的权重具有客观性

汉语教学评价指标体系的各指标权重应该客观地反映该指标的重要程度和作用大小，即重要指标的权重数值应该较大，不重要的指标的权重数值应该较小。如果把同一层次的指标同等看待，不区别其重要程度和作用大小，就会违背客观性，评价结果就会失真。比如，对汉语教师进行"汉语课堂教学"评价，如果从"汉语教学方法、教师教学态度、汉语技能培养、汉语知识传授、汉语教学目的、处理难点突出重点、创造课堂学习气氛、课堂提问的启发性"八个方面进行考察，这八个指标的重要程度是不一样的。作为一个汉语教师，"汉语教学方法"是非常重要的指标。"汉语教学方法"又要重点看"汉语技能培养"的效果，因为教学方法不是抽象的，应该通过"汉语技能培养"体现出来。因此，这八个指标的权重可以分别确定为0.27，0.10，0.30，0.13，0.04，0.06，0.02，0.08。

(4) 指标的权重具有导向性

因为指标权重的数值大小，代表着汉语教学评价指标体系中各指标的重要程度，重要的指标权重大，次要的指标权重小，所以，在实践中，人们更关注汉语教学评价指标体系中重要指标的要求和标准，容易忽视次要指标的要求和标准。因此，指标权重的大小对汉语教学评价对象起着导向的作用。如果指标权重分配不合适，就可能把汉语教师或学生引向错误的方向。

2. 分配权重的方法[1]

分配权重是设计汉语教学评价指标体系的一项重要工作，也是设计程序中关键的一步。权重的客观性和导向性要求我们：不仅要通过指标权重来真实地反映汉语教学的客观事实，而且要通过指标权重来很好地引导汉语教学评价对象的注意力。在汉语教学评价指标体系的权重分配中，常常采用下列方法：

(1) 调查统计法

调查统计法，又叫专家咨询法。这是一种经验与统计相结合、定性与定量相

---

[1] 参见程书肖（2004：61~69），王孝玲（1999），范晓玲、杨志明（1999），金娣、王刚（2002），吴刚（2004）。这里主要采用了程书肖先生的计算方法、数据和过程。

统一的方法,也是一种集中汉语教学专家集体智慧和实践经验,取其平均值来确定汉语教学评价指标权重的方法。它把拟定的汉语教学评价指标体系制成调查问卷发放给有关的汉语教学专家(10人以上),请他们就每项指标对评价对象的作用作出选择判断。经过汉语教学评价指标体系设计者的反复调整,在汉语教学专家们意见基本一致时,再确定各指标的权重。具体做法如下:

第一步是设计发放问卷。问卷形式如下:

表 5-1　面向汉语教学专家的指标权重调查问卷

指标	1	2	…	n
权重	α_1	α_2	…	α_n

首先把设计好的"面向汉语教学专家的指标权重调查问卷"(表5-1)发给汉语教学专家,要求他们填写意见,并写出各指标权重的具体数值,同时规定要满足的条件是:权重的取值范围为0到1之间;各指标权重之和为1。

第二步是问卷统计分析。把发放给汉语教学专家的问卷收回后,立即进行统计分析,将不合乎要求的问卷剔除,然后计算各指标权重的平均值。统计分析结束后,向各位汉语教学专家通报调查结果,公布各指标权重的平均值。

第三步是权重再咨询。向汉语教学专家通报调查结果和各指标权重的平均值后,要求各位汉语教学专家参考各指标权重的平均值,对自己原来的意见(第一次填表结果)作出修改,再写出各指标权重的具体数值。

第四步是再次统计分析。汉语教学指标权重的设计者完成第二轮调查任务后,再次统计分析,计算出各指标权重的平均值,这时他要观察各位汉语教学专家给出的各指标权重数值与平均值的差距大小。如果在第二轮,各位汉语教学专家的意见与各指标权重平均值的差距仍然较大,那么就要向汉语教学专家再次反馈调查结果,请他们对自己的意见再次进行调整,如此反复进行,直至汉语教学专家的意见与各指标权重平均值基本一致,这时所得的平均值就可以成为汉语教学评价指标体系中各指标的权重。

(2) 专家评定法

专家评定法是召集汉语教学专家会议,就已拟出的汉语教学评价指标体系征询汉语教学专家的意见,请他们给出相应的权重,最后根据统计后的平均值来确定各指标的权重。具体做法如下:

第一步是确定汉语教学评价指标的轻重次序。汉语教学专家会议的主持者首先公布所研究问题的全部指标，包括指标的数量、各指标的含义等。然后请参加会议的全体汉语教学专家对指标的重要程度发表意见，经过充分讨论，在指标的轻重次序上达成一致，即哪个指标第一重要，哪个指标第二重要……

第二步是讨论汉语教学评价指标的具体权重。在按指标的轻重次序讨论其权重时，汉语教学专家们可以公开表态，也可以通过各自写纸条表达，但都应该明确表达出自己的具体意见。会议主持者根据汉语教学专家们的意见，分别就第一重要、第二重要……的指标权重取其平均值，这样就分别得到了第一重要的指标权重、第二重要的指标权重……

第三步是对权重进行归一化处理。会议主持者根据汉语教学专家们的意见，取其平均值得到的这些指标权重虽然都是大于零而小于1的数，但还不是真正意义上的权重，因为它们的和不一定正好等于1。因此，还需要对其进行归一化处理。具体方法是：先求出它们的和是多少，然后用这个和去除每一个数，所得的结果就是每一个指标的权重（程书肖，2004）。下面我们举例说明：

问题：假如十个汉语教学专家开会讨论"汉语课堂教学"评价指标体系的四个指标"汉语教学方法、教师教学态度、汉语教学目的、课堂提问的启发性"的权重，按指标的重要次序得到的平均值分别是0.35，0.31，0.26，0.18。问：四个指标的权重应该是多少？

解：因为0.35+0.31+0.26+0.18=1.10，并不等于1，所以必须进行归一化处理，$\frac{0.35}{1.10}=0.32$，$\frac{0.31}{1.10}=0.28$，$\frac{0.26}{1.10}=0.24$，$\frac{0.18}{1.10}=0.16$。

故四个指标的权重分别是0.32，0.28，0.24，0.16。

进行归一化处理的目的是使各指标权重之和等于1，但除法运算不能保证每次都能除尽，这就难免进行四舍五入，这样就无法保证最终结果的指标之和等于1（比如，可能是0.99，或是1.01等）。为了避免这种情况，我们可采用下列技术处理方法：最后一个指标的权重不用除法得到，而是用1减去前面几个指标权重之和，剩下的数值就是最后一个指标权重的数值。这种处理技术即便有误差，误差也很小。比如，上述例子中，最后一个指标的权重可以不用除法来得到。而用1-（0.32+0.28+0.24）=1-0.84=0.16的方法来得到。

(3) 对偶比较法

对偶比较法是在汉语教学评价指标体系中，将同层次的各项指标两两比较，按两者之间的相对重要性给定比值,从而计算出各项指标的权重。比较结果只区分为"同等重要""略微重要"和"重要得多"三个等级。它的优点是:比较标准容易制定,被调查者也容易理解和区分。具体做法如下:

第一步是指标 A 与 B 进行比较。把指标 A 与 B 进行比较,记做 A/B:当 A 与 B 同等重要时,A 记为 2,B 也记为 2,比较结果记做 2/2。当 A 比 B 略微重要时,A 记为 3,B 记为 1,比较结果记做 3/1。当 A 比 B 重要得多时,A 记为 4,B 记为 0,比较结果记做 4/0。

第二步是指标 B 与 A 进行比较。把指标 B 与 A 进行比较,结果记做 B/A,只要把 A/B 的分子与分母对调就行了。

例如,我们要用"对偶比较法"计算五项指标 A、B、C、D、E 的权重,步骤如下:

表5-2 五项指标的对偶比较结果

	A	B	C	D	E	∑
A		3/1	4/0	4/0	4/0	15
B	1/3		4/0	4/0	4/0	13
C	0/4	0/4		2/2	3/1	5
D	0/4	0/4	2/2		3/1	5
E	0/4	0/4	1/3	1/3		2

表中记法的意义是:A/B 为 1/3,A/C 为 4/0,A/D 为 4/0,A/E 为 4/0;B/A 为 1/3,B/C 为 4/0,B/D 为 4/0,B/E 为 4/0;C/A 为 0/4,C/B 为 0/4,C/D 为 2/2,C/E 为 3/1……E/D 为 1/3。

求和号 ∑ 是指对每一行的分子求和。比如,对于 A,3+4+4+4=15;对于 B,1+4+4+4=13……

对于和数 15,13,5,5,2 进行归一化处理,即可得到 A、B、C、D、E 五项指标的权重。15+13+5+5+2=40;$\frac{15}{40}=0.375$,$\frac{13}{40}=0.325$,$\frac{5}{40}=0.125$,$\frac{5}{40}=0.125$,$\frac{2}{40}=0.050$。

故:A、B、C、D、E 的权重依次为 0.375,0.325,0.125,0.125,0.050。

(4) 层次分析法

层次分析法由美国学者萨蒂（T. L. Saaty）在20世纪70年代初首先引入教育评价领域，我们可以用它来解决汉语教学评价指标的权重确定问题。它以严格的数学理论和心理学理论作为依据，通过两两比较区分出各级指标反映评价对象数量要求的相对重要程度，给出用数值表示的判断，构成判断矩阵，然后经过运算确定同级指标相对重要程度的权重次序。具体做法如下：

第一步是对指标两两比较确定其等级。将选取的指标两两进行比较，以确定其等级1，3，5，7，9。比如，把A与B两个指标进行比较，如果同等重要则记为1，若A比B略微重要则记为3，若A比B基本重要则记为5，若A比B确实重要则记为7，若A比B绝对重要则记为9。B与A进行比较，则取其A与B进行比较所得结果的倒数。依照同样的方法，把A与C两个指标进行比较，B与C两个指标进行比较……直到所有的指标两两比较完毕后，把比较结果写成矩阵的形式，记为A。

第二步是对矩阵A作归一化处理。对矩阵A的每一列都进行归一化处理，所得矩阵记为B。

第三步是把矩阵B的每一行数字分别相加。把矩阵B的每一行数字分别相加得到一个列数为1的矩阵，记为C。

第四步是对矩阵C作归一化处理。对矩阵C的各数进行归一化处理，所得结果就是各指标的权重。

(5) 案例分析[1]

假如我们要评价汉语学习者的汉语学习成就。如果选取的指标是：A. 学习者的跨文化汉语交际技能；B. 学习者的汉语知识和中国文化背景知识；C. 学习者的学习策略；D. 学习者的学习态度。为了确定四个指标A、B、C、D的权重，将四个指标两两进行比较，结果如下表：

表5-3 层次分析法对指标的两两比较

	A	B	C	D
A	1	3	3	7
B	1/3	1	1	5
C	1/3	1	1	3
D	1/7	1/5	1/3	1

---

[1] 参程书肖（2004：65~67），这里采用了他的计算方法、数据和过程。

第一步把比较结果写成矩阵的形式 A：

$$A = \begin{pmatrix} 1 & 3 & 3 & 7 \\ \frac{1}{3} & 1 & 1 & 5 \\ \frac{1}{3} & 1 & 1 & 3 \\ \frac{1}{7} & \frac{1}{5} & \frac{1}{3} & 1 \end{pmatrix}$$

第二步是对矩阵 A 的每一列进行归一化处理。比如，对第一列进行归一化处理的结果为：$1 + \frac{1}{3} + \frac{1}{3} + \frac{1}{7} = \frac{38}{21}$，$1/\frac{38}{21} = 0.56$，$\frac{1}{3}/\frac{38}{21} = 0.18$，$\frac{1}{3}/\frac{38}{21} = 0.18$，$\frac{1}{7}/\frac{38}{21} = 0.08$。

用同样方法可以对第 2、3、4 列进行归一化处理。将归一化处理的结果写成矩阵的形式，记为 B，则有：

$$B = \begin{pmatrix} 0.56 & 0.58 & 0.56 & 0.44 \\ 0.18 & 0.19 & 0.19 & 0.31 \\ 0.18 & 0.19 & 0.19 & 0.19 \\ 0.08 & 0.04 & 0.06 & 0.06 \end{pmatrix}$$

第三步是把矩阵 B 每一行的数字相加，结果得到一个列数为 1 的矩阵 C：

$$C = \begin{pmatrix} 2.14 \\ 0.87 \\ 0.75 \\ 0.24 \end{pmatrix}$$

第四步是对矩阵 C 的各数进行归一化处理，就得到各指标的权重。$2.14+0.87+0.75+0.24=4$，$\frac{2.14}{4}=0.53$，$\frac{0.87}{4}=0.22$，$\frac{0.75}{4}=0.19$，$\frac{0.24}{4}=0.06$。

故：A（学习者的跨文化汉语交际技能）、B（学习者的汉语知识和中国文化背景知识）、C（学习者的学习策略）、D（学习者的学习态度）四个指标的权重依次为 0.53、0.22、0.19、0.06。

最后要注意的问题是，层次分析法确定权重是否合理、准确，关键一点是两两比较所得等级是否符合实际情况。前面提到的等级是1、3、5、7、9，实际上，还有2、4、6、8作为备选等级。汉语教学的专家们对于属于哪个等级看法未必完全一致，实际操作中取其平均值。这个平均值接近上述哪个等级，就把等级确定为哪个。两两比较结果属于哪个等级，不能少数人说了算，应该进行大量的问卷调查，根据最后的统计结果来确定等级。（程书肖，2004）

第二节　汉语教学评价的概括性问题[1]

汉语教学评价的形式除了指标体系之外，还有一种形式就是概括性问题。它是针对指标体系评价形式的不足而出现的一种评价形式。

一、概括性问题的概念

概括性问题指的是汉语教学中亟待解决的、非预期的、不易测量的评价问题。它是汉语教学评价的另一种形式。这种评价形式的评价内容不需要或无法转化成具体、可测的指标，而是根据汉语教学中非预期的、急需解决的问题直接提出来的。例如，在评价汉语学习者的学习效果时，可以提出这样一些概括性问题：学习者的学习态度如何？自身素质如何？出现过哪些汉语偏误？主要表现为几种类型？产生偏误的原因是什么？教学中应该采取什么样的应对措施？等等。这些问题是非预期的，但又亟待解决、不易测量。在评价过程中，需要根据所获得的有关信息对这些问题进行逻辑分析，然后作出价值判断。

二、概括性问题与指标体系

概括性问题和指标体系虽然是汉语教学评价的两种不同形式，但二者又有某种程度上的联系。因为从实质上看，指标系统就是对概括性问题的分解，概括性问题是对指标体系的概括，在一定的条件下，二者可以相互转换，即当一个概括

---

[1] 本节主要参考王孝玲（1999：66~69）的研究成果。

性问题的构成成分已被我们初步认识时，就有可能分解成聚焦形式的指标体系加以测量，以获得更高的信度；当一个指标体系在实施评价的过程中遇到困难时，又可以把它转化为一个重要的、非预期的概括性问题。因此，在汉语教学评价中，二者可以配合使用，相互补充，以取得更好的评价效果。

概括性问题和指标体系作为汉语教学评价的两种不同形式，各自都有优点和缺点。

概括性问题的优点是：针对性强，能反映评价对象的个性，能满足反映汉语教学多元价值的要求，对改进汉语教师的教或汉语学习者的学作用较大。不需要从汉语教学评价目标向指标转化，评价的效度较高，易于编制。缺点是：很少能反映评价对象的共性，评价结果的可比性较差。偶然误差较大，评价信度低。可测性差，不易定量处理，不易综合评判。

指标体系的优点是：能全面反映评价对象的共性，评价结果的可比性较好。可测性较好，测量误差较小，评价的信度较高。易于定量处理和综合评判。缺点是：难以反映评价对象的个性，针对性差。将汉语教学评价目标向指标转化时，末级指标可能偏离所要评价的本质属性，评价的效度较低。对改进汉语教师的教或汉语学习者的学作用较小，难以编制。

三、概括性问题的设计原则

（一）选择汉语教学中急需解决的问题

汉语教学评价采用概括性问题评价形式的优点就是可以直接反映汉语教学评价目标的本质属性，无须转化成具体、行为化的指标项目，可以避免多次转化而使某些末级指标反映汉语教学评价目标不直接、不贴切的现象，评价结论与建议可以用于及时改进汉语教学，因此，我们要选择汉语教学中急需解决的问题来评价，以便充分发挥汉语教学评价在改进教或学方面的作用。

（二）所提出的概括性问题必须中心突出

在汉语教学评价中选择概括性问题的形式，必须中心突出。应该把主要因素或整体性、全局性的问题作为汉语教学评价的概括性问题，而不能把庞杂无序的次要因素或枝节性、局部性的问题作为汉语教学评价的概括性问题，而且问题要有一定的抽象性、概括性。这样我们才能抓住汉语教学评价中的主要矛盾，通过汉语教学评价来有效地解决根本问题，促进汉语教学的发展。

（三）表述简明扼要，准确无误

汉语教学评价的概括性问题的表述一定要简明扼要，准确无误，不能含混不清、模棱两可。因为概括性问题具有一定的抽象性、概括性，与具体行为的联系不太密切，如果表述含混不清、模棱两可，会使评价者和被评价者产生不一致的理解，从而使汉语教学评价工作无法进行或偏离汉语教学评价设计者的初衷，最终可能干扰或削弱汉语教学评价的作用。

第三节 汉语教学评价标准的制定

如果说指标体系是汉语教学活动数量和质量要求的具体评价内容的集合，那么汉语教学评价标准则是针对相应的指标在所评价的属性方面，质的临界点在量上的规定。即评价对象在量上达到什么程度，才可获得相应的分数、等级或评语。

建立汉语教学评价的指标体系只是完成了汉语教学评价总目标的分解任务，这些经过分解、筛选后的具体目标实现程度怎么样，效用如何，还需要一套与之相应的汉语教学评价标准来衡量。因此，在设计汉语教学评价指标体系的同时，还要研制与其配套的评价标准体系。

一、汉语教学评价标准的含义

标准有两种含义：一是指测量的尺度，即标准物（如用来测量长度的尺子）；二是指事物质的临界点在量上的规定。（王孝玲，1999）

汉语教学评价标准指的是对所要评价的汉语教或学的属性或方面，质的临界点在量上的规定，也就是对所要评价的汉语教或学的属性或方面，在量上的具体要求。例如，用百分制表示的汉语课程成绩，在通过或不通过方面，质的临界点为60分。若以优、良、中、差、不及格五个等级来表示汉语课程成绩，那么90分以上为优，80~89分为良，70~79分为中，60~69分为差，60分以下为不及格，其中90、80、70、60分别为优、良、中、差、不及格五个等级质的临界点。

由此可见，汉语教学评价标准与汉语教学评价指标既有一定联系，又有一定区别。评价指标是评价标准的基础，没有汉语教学评价指标，汉语教学评价标准就失去了意义。汉语教学评价标准又是汉语教学评价指标实现程度的衡量尺度，没有汉语教学评价标准则无法对目标的实现进行价值判断。但二者的内涵是不同的，汉语教学评价指标是汉语教学评价目标的具体化，它是在总目标分解的基础上，经过筛选而获得的具体、可测的行为目标。汉语教学评价标准则像是一把量尺，去衡量某一目标达成程度的高低。汉语教学评价标准更侧重于数量上的规定，而汉语教学评价指标则着重性质上的规定。

二、汉语教学评价标准的要素[1]

（一）强度和频率

强度是指达到汉语教学评价指标体系中各指标要求的程度，又称定性标准。比如汉语学习者的等级评定，达到什么程度算优，什么程度算良好等。频率是指达到汉语教学评价指标体系中各指标要求的数量，又称定量标准。比如，留学生的汉语学业成绩多少分数才算达到及格标准。强度和频率是汉语教学评价标准的具体内容和主要组成部分。

（二）标号

标号是不同强度和频率的标记符号，它一般没有独立的意义，只表示一种分类。当赋予它意义时，则具有等级含义。通常用字母（如A、B、C等）、汉字（如甲、乙、丙等）或数字（如1、2、3等）来表示。标号是汉语教学评价标准的辅助部分。

（三）标度

标度即汉语教学评价的档次，它是汉语教学评价测定的单位标准。它可以是定性的（如优、良、中、差），也可以是定量的（用数字来表示各个档次）；它可以是连续的，也可以是不连续的。在定性时需要赋值，以使定性标度转化为定量标度，这样便于统计分析。标度是汉语教学评价标准的基础部分。

---

[1] 参见吴刚（2004：142~143）。

(四) 三要素的关系

汉语教学评价标准的三要素（强度和频率、标号、标度）之间相互依存、相互补充、相互制约，共同构成一个统一的整体，这就是汉语教学评价标准体系。在这一体系中，强度与频率是其具体内容和主要组成部分，标号是其辅助部分，标度是其基础部分。

汉语教学评价标准体系有三个特性：完整性、协调性和比例性。完整性是指汉语教学评价标准的内容（强度和频率）、标号、标度相互补充，共同组成一个有机的整体。协调性是说汉语教学评价标准的各种内容（强度和频率）和相关的标号、标度互相协调、互相衔接。比例性是说汉语教学评价的各种标准之间以及标准内容各档的标度之间存在着一定的质量或数量的比例关系。

三、汉语教学评价标准的种类[1]

汉语教学评价标准的分类方法很多，从评价手段角度可分为定量标准和定性标准，从标准属性角度可分为主观标准和客观标准，从标准参照系角度可分为绝对标准和相对标准。这里我们主要介绍按照评价手段和标准的形态特征所进行的分类，因为在制定汉语教学评价标准的实践中，这些分类方法使用得最普遍。

（一）按照评价的手段进行的分类

按照评价的手段，可以把汉语教学评价标准分为定量标准和定性标准。所谓定量标准就是指用数字或分数为标度的标准，这是汉语教学评价标准中最基本的标准，实用性很强。比如，评价汉语学习者的学业成绩，非常好为 90 分以上，比较好为 80~89 分，一般为 65~79 分，差为 65 分以下，即为定量标准。所谓定性标准是指用词语或字符为标度的标准。如评价汉语教师的教学目标，达到、基本达到、部分达到、没有达到等，即为定性标准。

（二）按照形态特征进行的分类

从汉语教学评价标准的形态特征角度，可以将汉语教学评价标准分为以下六类：

---

[1] 这里主要根据范晓玲、杨志明（1999：295~296）的研究成果分类。

1. 汉语教学评价的分段式标准

先将汉语教学评价指标体系的每项指标分为若干等级，然后以等距方式把指标权重系数分配至各个等级，最后标出每个等级分值的上下限。例如，某项汉语教学评价指标"汉语技能操练"的等级分为四类：优、良、中、差，"汉语技能操练"的权重为 6 分，则有：

表5-4　分段式标准示意

评价指标	等级			
	优	良	中	差
汉语技能操练	6	4.8	3.6	2.4
	6、5.6、5.2	4.8、4.4、4.0	3.6、3.2、2.8	2.4、2.0、1.6

这种汉语教学评价标准的优点是编制和使用较为方便，但是常有小数形式，统计处理比较麻烦。

表5-5　评分标准和评定等级标准的混合

评价指标	评价标准			
汉语教学目标	达到 A (85~100)	基本达到 B (70~84)	部分达到 C (55~69)	没有达到 D (54 以下)

2. 汉语教学评价的评语式标准

以文字叙述的方式来描述汉语教学评价指标体系的每项指标，类似评语。具体操作又可分为两种形式：

一是积分评语标准，即对指标及其权重同时进行分解，一直分解到具体施评的末级指标及权重。评价结束时，把指标分值直接相加就得到总分值。（见表5-6）

二是期望评语标准，即对每项指标的理想要求拟出相应的评语作为标准。其优点是标准蕴涵在末级指标中，便于把标准与工作规范结合起来，但它只有最理想的等级（如甲等或 A 等）才有标准，其他等级不定标准，操作时分寸难以把握。

表 5-6　汉语写作积分评语标准

内容

5 = 非常好	主要意思陈述得很清楚、准确；思路的变化很清楚
4 = 好	主要意思陈述得比较清楚、准确；思路的变化比较清楚
3 = 一般	主要意思有点不清楚或不准确；思路变化的陈述有些乏力
2 = 差	主要意思不清楚或不准确；思路变化的陈述乏力
1 = 很差	主要意思完全不清楚或不准确；思路变化的陈述很乏力

组织

5 = 非常好	组织得很好，很连贯
4 = 好	组织得比较好，连贯一般
3 = 一般	组织松散，但主要意思清楚，合乎逻辑，但先后顺序不完善
2 = 差	思想不连贯，缺乏逻辑顺序
1 = 很差	缺乏组织，不连贯

词汇

5 = 非常好	非常有效地选择词和使用习惯用语和词形
4 = 好	有效地选择词和使用习惯用语和词形
3 = 一般	适当地选择词，但有一些词、习惯用语和词形错用
2 = 差	在有限的范围混淆使用词、习惯用语和词形
1 = 很差	在很有限的范围，很差地使用词、习惯用语和词形知识

语法

5 = 非常好	没有错误，完全控制了复杂的结构
4 = 好	几乎没有错误，较好地控制了复杂的结构
3 = 一般	有一些错误，明显地控制了复杂的结构
2 = 差	较多错误，较差地控制了复杂的结构
1 = 很差	以错误为主，无法控制复杂的结构

结构

5 = 非常好	掌握了拼写和标点
4 = 好	在拼写和标点上错误很少
3 = 一般	有一定数量的拼写和标点错误
2 = 差	在拼写和标点上错误很多
1 = 很差	不能控制拼写和标点

根据 Fred Genesee & Johna A. Upshur（1996：89）修改而成。

3. 汉语教学评价的刻度式标准

这是以刻度形式直观地划分汉语教学评价等级的一种标准（见图 5-4）。特点是图文结合，直观形象。

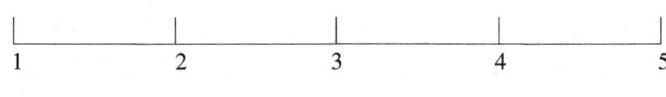

图 5-4　刻度式标准示意

4. 汉语教学评价的对比式标准

这是把汉语教学评价指标体系的每项指标的最好与最差一端作为两极，中间分为若干等级的一种标准。这是由刻度式标准派生出来的，不仅具有刻度式标准的特点，还便于比较。

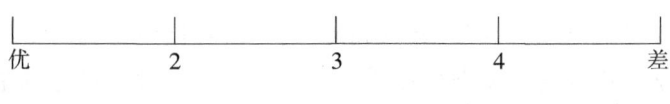

图 5-5　对比式标准示意

5. 汉语教学评价的隶属度标准

这是以模糊数学中的隶属度为标度的汉语教学评价标准。其特点是使难以精确定量的汉语教学评价指标得到较为客观、合理的评价。如：优为 0.8~1.0，良为 0.7~0.79，中为 0.6~0.69，差为 0.6 以下。

6. 汉语教学评价的期望行为标准

这是以最理想的期望要求和可比行为为上限，以最不理想的预期可能和可见行为为下限，将汉语教学评价指标体系的每项指标分为若干等级，为每个等级制定出相应的标准，在使用时很方便。见表 5-7。

表 5-7 对汉语学习者学习态度的期望行为标准

评价等级	很认真	认真	一般	不认真	很不认真
汉语学习者的学习态度	上课时注意力一直很集中，很主动地回答老师的问题，积极参加汉语交际性练习	上课时注意力集中，能主动回答老师的问题，能自觉参加汉语交际性练习	上课时注意力比较集中，基本能主动回答老师的问题，能参加汉语交际性练习	上课时注意力有时不集中，不主动回答老师的问题，在老师的督促下才参加汉语交际性练习	上课时注意力完全不集中，不回答老师的问题，不参加汉语交际性练习

四、制定汉语教学评价标准的依据

（一）汉语教学目标

汉语教学目标是汉语教学中教师和汉语学习者预期达到的结果和标准，这是制定汉语教学评价标准的主要依据之一。同时，汉语教学目标总是要体现国际国内的政治、经济、文化和科学的发展对汉语教学提出的要求，因此，汉语教学评价标准也必须体现国内外政治、经济、文化和科学技术发展对其提出的要求。

（二）汉语教学[1]理论

汉语教学理论以教学任务、内容、过程、原则、方法、形式、学习者等为研究对象，它是揭示汉语教学规律的理论。我们只有掌握汉语教学活动规律，才能知道汉语教学评价标准在特定的汉语教学活动中所包含的具体内容，才能找准评价对象属性的性质临界点并给予恰当的等级分界。因此，汉语教学理论是我们制定汉语教学评价标准的重要依据之一。

（三）汉语教学大纲

汉语教学大纲是根据汉语教学计划和目标，以纲要形式规定的各种汉语课程的教学目的、任务、要求和内容，它是实现汉语课程教学目标的重要保证。因此，汉语教学大纲也是我们制定汉语教学评价标准的重要依据之一。

---

[1] 这里的"教学"指汉语作为第二语言的教学理论和学习理论。

（四）汉语教和学的总体状况

制定汉语教学评价标准的目的在于促使汉语教学的双方（汉语教师和汉语学习者）改进教或学中的不足，因此只有将汉语教学评价标准制定得符合评价对象的实际才能起到这种作用。这就需要我们从总体上考虑评价对象的实际水平，如果汉语教学评价标准超越了评价对象的总体水平，就会使评价对象失去达到汉语教学目标的信心；如果汉语教学评价标准低于评价对象的总体水平，又不能很好地激发评价对象奋发向上的教汉语或学汉语的动机。所以汉语教学评价标准总体上要符合汉语教师和学生的实际，而且要尽量恰到好处，这一点是很重要的。

五、制定汉语教学评价标准的原则[1]

（一）先进合理

国内外的政治、经济、文化和科学技术的发展对汉语教学不断提出新的要求，同时汉语教学及其评价又处于不断发展与完善之中，因此，汉语教学评价标准应该及时吸收汉语教学理论的最新研究成果，并根据汉语教学的不断发展及时修订旧有的评价标准，适时编制新的评价标准，以保持汉语教学评价标准的先进性和合理性。

（二）客观严谨

汉语教学评价标准必须是客观、严谨的，无论是标准的内容还是措辞，无论是分等还是标度，都需要反复推敲，切忌随心所欲。比如，量化是把评价指标优劣的判断标准用一个数字指标表示出来。汉语学习者学业成绩的考试分数、达标率、及格率、优秀率等就是这样的一些量化数字指标。我们对这些指标进行量化处理时，就必须做到客观严谨、实事求是，不能片面追求量化。

（三）使用方便

我们所制定的汉语教学评价标准，在内容和形式上都应简明扼要，切忌片面追求形式，冗长繁琐。汉语教学评价标准的用词要简明易懂，避免晦涩抽象。汉

---

[1] 参见吴刚（2004），范晓玲、杨志明（1999）。

语教学评价标准的等级与量标[1]要繁简适宜，避免过于琐细。

（四）协调统一

协调统一有两层含义：一方面我们要求汉语教师个人或汉语教研室编制的各种汉语教学评价标准要与学校或国家汉办编制的相应的各类汉语教学评价标准保持一致；另一方面我们要求同一个汉语教学评价指标体系中的各指标的标准要格调一致、衔接配套，防止自相矛盾或相互脱节的现象出现。

六、制定汉语教学评价标准的步骤

（一）草拟评价标准

前面我们提到了汉语教学评价标准的几种类型：分段式标准、评语式标准、刻度式标准、对比式标准、隶属度标准以及期望行为标准。在汉语教学评价的实际工作中，我们需要根据评价目的和评价对象的具体情况来选用其中的一种或者几种类型综合使用。在草拟汉语教学评价标准时，首先要分析各个指标的内涵，明确这些指标是否可以用数量来表示其内涵，或者是否可以区分出一定的等级。如果对前者的回答是肯定的，则可选好标号，赋予一定的数值；如果对后者的回答是肯定的，则可确定等级个数，赋予标号。如果对前者和后者的回答都是否定的，那就只能用文字来描述其本质，提出概括性问题（见第五章第二节）。在草拟汉语教学评价标准的阶段，对使用标号、赋予数值、确定等级、描述的语句等我们都要做到规范化。

（二）预评与论证评价标准

对于制定汉语教学评价标准的工作必须持慎重态度。一方面可以选点（要注意试点的代表性问题），把初拟的汉语教学评价标准与指标体系交给有关的汉语教学专家或汉语学习者进行预评，以了解这些汉语教学评价标准与指标体系的可行性程度及存在的难点和问题，为进一步修改提供依据。另一方面，对预评后的汉语教学评价标准及其指标体系，可以召开一次论证会，请汉语教学方面的有关专家和学者以

---

[1] 定量标度涉及量标的选择问题。根据测量学的定义，数量化的价值是在一个定有参照点和单位的连续体上表现出来的，这个连续体称为量标。它有两个基本概念：一是单位，二是参照点。

及有评价经验的汉语教师，对评价标准的科学性、方向性、可行性等进行论证。在论证的基础上，参照预评结果，再对汉语教学评价标准作出综合修订。

（三）征询汉语教学者和学习者的意见

为了使汉语教学评价标准更加完善、可行，还可以广泛征询意见。征询意见的对象主要是参与制定汉语教学评价标准以外的人员，如汉语教学理论工作者、汉语教师、汉语学习者等。征询意见便于吸取合理性建议，再次对汉语教学评价标准作出综合修订。征询意见的方法一般采用访谈法和问卷调查法等。

（四）定稿试行评价标准

经过上述过程形成的汉语教学评价标准草案要由有关人员讨论后定稿，并选择有代表性的试点来试行。在试行过程中，汉语教学评价标准如有不妥之处，应进行修订，然后才能作为正式的汉语教学评价标准来公布实施。

七、制定汉语教学评价标准的方法

我们知道，按照汉语教学评价标准的形态特征可分为：分段式标准、评语式标准、刻度式标准、对比式标准、隶属度标准和期望行为标准这些类型。那么，涉及这些评价标准的编制方法可分为两种情况：一般的评价标准的编制方法；特定的评价标准的编制方法。

（一）一般的评价标准的编制[1]

1. 划分等级确定标度的方法

划分等级确定标度的个数在编制汉语教学评价标准中是一个关键问题。一般来说，标度越多，评价者对评价对象所作出的区分也就越准确，评价结果也越可靠。然而，范晓玲、杨志明（1999）认为，这种可靠性的增长在达到大约10个标度点以后，降低得很快；而且经验表明，10个或10个以上的标度往往难以处理，特别是在每个标度点上不但要作标记，而且还需要措辞表述时更是如此。例如：

3	4	5	6	7	8	9
较好	良好	好	非常好	非常非常好	极好	?

---

[1] 参见范晓玲、杨志明（1999：303～304）。

针对这种情况，范晓玲、杨志明（1999）提出了一个理想的方法，这就是使标度点适合于评价者，使评价者有良好的区别能力来处理多个标度点，并减少由于过多的标度点所引起的麻烦。他们认为，一个实用的解决办法是，采用有 5~6 个标度点的单向标度方式。例如：

  1   2   3   4   5
  差 较差 一般 较好 好

采用五个评价等级或标度的形式是汉语教学评价标准常用的方法，但是，范晓玲、杨志明（1999）认为，这种奇数形式的分等潜伏着"中间化"的危险。因为评价者在评价过程中，常存在着"趋中"的心理行为，即评价者对评价对象既不愿给予太高的评价，也不愿给予太低的评价，最后导致大家都给出了差不多的平均结论，从而使优劣难以区分。因此，解决办法之一是改奇数分等为偶数分等，使"中等"并不居于中间位置，迫使评价者慎重考虑；另一个解决办法是，用符号而不是用文字标示等级并改变其固有顺序，如将"A、B、C、D、E"改为"E、A、B、C、D"，并附上说明材料，强调慎重使用"E"和"D"。

2. 评语式标准的描述措辞技巧

汉语教学评价标准的描述措辞，尤其是评语式标准的描述措辞直接影响着汉语教学评价的结果。因此，编制汉语教学评价标准时，要十分讲究措辞的艺术。尤其需要遵循下列几项原则：

（1）文字要简洁易懂

在一份汉语教学评价表中容纳不下过多的文字，否则就会太繁琐，从而增加汉语教学评价的时间，而描述中使用过于生僻的词汇或专门术语，又会造成评价者（尤其是汉语学习者）理解上的困难，增加汉语教学评价的难度。因此，描述的文字要力求简明扼要，清楚易懂。

（2）概念要统一

同一个汉语教学评价指标的各等级的标准，其概念应该统一，不能用不同的概念来标记同一项指标。例如，汉语教学评价的"汉语语法教学"用"讲解清楚、比较清楚、尚清楚、欠清楚、不清楚"表示，中间不能突然把"……清楚"任意换成"……正确"，因为"清楚"与"正确"属于不同的概念。

(3) 左右照应层层递进

汉语教学评价指标的各个等级标准的描述用语要注意在程度上和数量上的连续性，各个等级标准之间的描述用语应当层层递进、相互衔接，而不要跨档跳跃式描述。

(4) 中性间接地描述

在汉语教学评价标准中，对于下限等级的描述不应用词过贬，以免使评价者顾虑太多，而导致选择趋中的现象发生。同时，下限等级的描述也要注意不给评价对象（如汉语学习者或汉语教师）增加沉重的心理负担，以免他们反感评价而形成抵触心理。在汉语教学评价标准的下限等级描述时，可以尽量使用中性词或迂回的方式间接地描述下限等级。

（二）特定的评价标准的编制[1]

在编制特定的汉语教学评价标准方面，我们可以采取下列具体的方法和步骤：

1. 分段式标准

(1) 确定汉语教学评价标准的等级数目及标号。

(2) 将汉语教学评价指标的权重系数按等距方式分配至相应的等级。每一等级的分值为一个定值。

(3) 再将每一等级的分值分成若干小档。分档方式可以是多个定值，也可以是一个幅度值。例如，某项汉语教学评价的等级分为四类：优、良、中、差，"汉语教学方法"的权重为6分，则有：

	优	良	中	差
教学方法	6	4.8	3.6	2.4
	或 6、5.6、5.2	4.8、4.4、4.0	3.6、3.2、2.8	2.4、2.0、1.6
	或 4.9~6	3.7~4.8	2.5~3.6	2.4 以下

2. 评语式标准

(1) 明确汉语教学评价指标的内涵，使评语能反映该指标的本质属性。

(2) 使用合适准确的文字描述来写好评语。

(3) 如果编制汉语教学评价的积分评语标准，要分配好各级指标的权重系数。

---

[1] 参见范晓玲、杨志明（1999：304~306）。

3. 量表式标准

（1）划分汉语教学评价标准的等级个数。

（2）用文字描述每一个等级。等级的描述大多用形容词。例如：

表 5-8　文字描述等级标准范例

极好	很好	好	尚好	不好
极重要	很重要	较重要	重要	不重要
很充分	充分	尚充分	欠充分	不充分
清楚	基本清楚	尚清楚	欠清楚	不清楚
很熟练	熟练	较熟练	欠熟练	不熟练

资料来源：范晓玲、杨志明（1999：305）。

4. 隶属度标准

（1）规定汉语教学评价指标各个等级分别属于隶属度的某一范围或某一点。如：优为 0.8~1.0，良为 0.7~0.79，中为 0.6~0.69，差为 0.6 以下；或优为 0.9，良为 0.8，中为 0.7，差为 0.6。

（2）每个等级都可选择 [0，1] 之间的任何实数，表示评价对象属于某等级可能性的大小。例如，某个汉语教学评价指标达成度[1]属于 A 等的隶属度为0.7，属 B 等的为 0.3，属 C 等的为 0。

5. 期望行为标准

（1）明确汉语教学评价指标的内涵。

（2）分析汉语教学评价每一指标的具体内容、深度和广度。

（3）划分等级，找出最高限与最低限的期望行为，并弄清汉语教学评价指标达成的一般要求与最高要求，用文字叙述出来。如表 5-7。

---

[1] "达成度"指到达或实现的程度。

八、制定汉语教学评价标准需注意的问题

　　汉语教学评价标准制定得是否合理、准确，这关系到评价结果的信度和效度，即：评价结论是否真实可信？是否能达到评价的预期目的？因此，设计汉语教学评价指标及其评价标准是关键的一步。我们在制定汉语教学评价标准时，需要注意以下问题（程书肖，2004：50）：

（一）各指标的标准应该保持一致

　　在同一个汉语教学评价指标体系中，各指标的评价标准在单位和尺度方面应该保持一致。比如，指标体系中的这一个指标的1分与另一个指标的1分应该基本等值。

（二）各指标标准的等级量化尺度要一致

　　在同一个汉语教学评价指标体系中，各指标评价标准的等级量化尺度应该完全一致，不应由设计者随意规定。比如，指标体系中的某一个指标的评价标准规定优秀得5分，良好得4分，及格得3分，不及格得2分；指标体系中的另一个指标的满分值为5分，那么优秀、良好、及格、不及格的得分也分别应该得5分、4分、3分、2分。不能随意地分别规定为5分、3分、1分、0分。假如同一个汉语教学评价指标体系中，有一个指标满分值为10分，那么优秀、良好、及格、不及格的得分就应该分别为10分、8分、6分、4分，而不能随意地分别规定为10分、7分、4分、0分。否则，汉语教学评价结果就会违背社会可接受性。

（三）评价标准的形式必须可操作

　　汉语教学评价标准可以用量化的数字指标表示，也可以定性描述，还可以定性、定量相结合。无论采用何种形式，汉语教学评价标准都必须做到具体化、行为化、可操作，既不能含混模糊，也不能过于抽象，因为这会给评价的参与者提供过于丰富灵活的理解空间，导致他们在解释和执行标准时形成分歧，从而无法在汉语教学评价中实施该标准。

思考题

1. 汉语教学评价指标体系的权重分配常采用哪些方法?
2. 如何设计汉语教学评价指标体系?
3. 筛选汉语教学评价指标的方法有哪些?
4. 汉语教学评价的形式有哪两种?
5. 概括性问题和指标体系有什么关系?
6. 汉语教学评价标准有哪些种类?根据什么分类?
7. 汉语教学评价标准的含义是什么?
8. 汉语教学评价标准的要素有哪些?它们的关系如何?
9. 制定汉语教学评价标准的依据是什么?
10. 制定汉语教学评价标准有哪些原则和步骤?

第 六 章
汉语教学评价信息的收集

我们知道汉语教学评价的一般过程可分为准备评价、收集信息、解释信息、作出决策四个阶段,其中收集信息是最关键的环节。因为如果缺乏有关评价信息,我们的判断和决策都将失去客观依据,从而成为主观意志的产物。因此,我们需要了解收集评价信息的方法。常用的收集评价信息的方法可以分为两大类:测试法和非测试法。

本章将从测试法的角度讨论:汉语作为第二语言教学的测试是如何定义的?汉语测试有哪些种类?汉语测试的编制如何进行?本章还将从非测试法的角度讨论:调查法有哪些常用的类型?各自具有什么不同的特点?如何设计?观察法有哪些常用的类型?各自具有什么不同的特点?有哪些设计程序?如何保存观察记录?等等。

第一节 用测试法收集信息

测试法是指利用对学习者施行的汉语测试来收集汉语教学评价信息的方法。测试法常用来收集汉语学习者的汉语认知发展、汉语学业成绩、汉语技能水平等方面的信息。由于汉语教学的效果最终要在学生的汉语行为表现上体现出来,因此,测试法在汉语教学评价中得到了广泛的运用。在本书的第四章第二节,我们已经初步介绍过测试内容、方法、种类等,下面我们进一步讨论汉语测试的定义、汉语测试的种类、汉语测试的编制步骤、选用汉语测试法要注意的问题。

一、汉语作为第二语言教学的测试的定义

汉语作为第二语言教学的测试是对汉语学习者的汉语行为表现样本标准化、客观性的测量。它有三个要素：汉语行为表现样本、标准化、客观性。（参见李筱菊，1997；范晓玲、杨志明，1999）

首先，任何一种汉语教学测试都是对汉语行为表现样本的测量，也就是对所要测量的汉语能力属性具有代表性的一组汉语行为表现的测量。汉语行为表现样本是由汉语测试题目作为刺激物所引起的行为表现反应。因为汉语能力属于心理属性，不能直接测量，只能通过刺激引起被试外在的汉语行为表现反应，从而进行间接的测量。由于所要测量的汉语能力属性的行为表现总体往往是无限的，因此需要从中抽取典型的、足以反映所要测量的汉语能力属性的行为表现样本来进行测量。汉语能力实际上是汉语学习者潜在的或他们已获得的汉语知识和技能。它是不能被我们直接观察提取的。我们能够直接观察的只是汉语学习者的汉语表现。汉语能力是基于汉语表现来推断的，它是一种个体在多种情景下正确地、适当地使用汉语的能力。汉语语法能力、汉语语用能力、汉语社会语言能力、汉语策略能力、汉语交际能力都是汉语学习者具有某种汉语能力的例子。

第二，这种测量是以某个汉语教学团体为单位（如北京语言大学汉语学院）统一施行的一种标准化测量，即在测试题目、测试实施（指令、测试时间、测试环境等）、测试评分、分数的解释等方面都按（该汉语教学团体）统一规定的标准执行，所有的汉语被试接受一样的测试条件。

第三，这种测量是一种客观性测量，即为了使汉语成绩测试分数能真实、客观地反映所要测量的汉语能力属性的状态或水平，还要对测试题目进行筛选（如题目的难度和区分度），对测试试卷进行鉴定（如信度和效度）。只有汉语测试试卷的效度合格，才能保证该测试较好地测量到了所要测量的汉语能力属性；只有汉语测试试卷的信度合格，才能保证该测试作为测量汉语能力属性的工具有较好的稳定性或一致性。

二、汉语作为第二语言教学的测试种类

汉语测试可以从不同的角度进行分类。按测试目的，可以分为汉语能力倾向测试、汉语成绩测试、汉语编班测试、汉语水平测试、汉语诊断测试等。按测试结果，可分为汉语直接测试、汉语间接测试等。按分数解释标准可分为汉语常模参照测试、汉语标准参照测试等。按测试方式，可分为分离式测试、综合式测试。按阅卷方式，可分为主观性测试、客观性测试。按所用材料和形式可分为汉语文字测试、汉语非文字测试等。

（一）按测试目的分类

1. 汉语学能测试 [1]

汉语学能测试又称为"汉语能力倾向测试"，它的目的是预知把汉语作为第二语言学习的学生有无学习汉语的潜力和天赋。它不局限于某种汉语教学大纲，也不关心被试目前已经学会了多少汉语知识和技能，主要关注被试是否具备学习汉语的天赋，被试也可能从未接触过汉语。相对于汉语诊断性测试来说，汉语能力倾向测试属于前瞻性测试。

进行汉语能力倾向测试的理论依据是现代心理学的研究成果。研究发现，有的人天生就有学习语言的天赋，利用语言能力倾向测试可以发现和鉴别这些人才。语言能力倾向测试在题目设计上有自己的特点，题目数量往往比较多，而且主要考察被试的模仿、记忆、逻辑归纳和推理能力。所以采用汉语学能测试，有可能鉴别和发现拥有学习汉语天赋的学生，从而可以按照不同寻常的方式来培养他们。需要指出的是，目前在汉语教学界，还缺乏对这类测试的开发和研制，还需要汉语教学工作者在这方面努力探索。

2. 汉语诊断性测试 [2]

相对于汉语能力倾向测试来说，汉语诊断性测试属于回顾性测试。因为汉语诊断性测试关注的是汉语学习者在哪些方面出现了偏误，以便发现学生的实际汉语能力与汉语教学目标之间的差距，使汉语教学能够针对学习者的问题采取补救

---

1 参见刘润清、韩宝成（2000）。
2 参见杨翼（2001）。

措施。在对外汉语教学过程中，学习者会出现多种汉语理解和表达障碍，这时准确地判断障碍及其成因，将为有效地排除障碍打下良好的基础。但是，长期以来，汉语教师判断学习者理解和表达障碍的方式通常是经验型"内省"。由于教师的理论修养有别，教学经验各异，对同一种现象往往会得出不同的结论，很难在确定障碍、解释成因方面达成共识。这使得传统的经验"内省"法在判断和排除障碍方面带有较大的主观性和随意性，缺乏科学的客观性和严谨性。如果说在汉语学习和汉语教学研究领域，我们面临着学习和更新研究方法的任务，那么在判断以及排除学习者的理解和表达障碍方面，我们也同样面临着学习和更新方法的任务。随着汉语教学学科的发展，现有的教学架构需要通过不断吸取国内外语言教学理论和相关研究成果来加以完善和创新。新的汉语诊断性测试就为我们准确地判断和排除障碍提供了一个崭新而有力的工具。它之所以有工具作用，是因为它以数学为基本手段和基本表达方式，这就使我们的判断方式比传统方式更接近于精密科学。然而，启用诊断性测试工具，并不意味着完全抛弃经验型"内省"法，因为这二者之间可以形成一种互补关系。比如，可用诊断性测试来验证经验型"内省"法的结论，也可用经验型"内省"法来为诊断性测试提出假设，二者相结合将会大大提高我们判断和解释的准确性。遗憾的是，目前我们还很少见到有关汉语诊断性测试的研究报告。

第二语言的习得过程从本质上讲是一个规则形成（rule formation）过程，是学习者不断地尝试从有限的目的语输入中形成对目的语规则的假设，并不断对其进行检验、修正，逐渐地趋近于目的语的过程。在这一过程中，学习者要经历两种性质的反馈：一是他人的正反馈，肯定学习者成功的语言输出和理解，从而对其正确的语言规则起到强化作用；一是他人的负反馈，指出学习者不成功的语言输出和理解，说明障碍所在并解释原因，从而对其不正确的语言规则起到抑制和纠正作用，使学习者的中介语系统不断地排除各种习得障碍，顺利地向目的语趋近。在各种类型的他人反馈中，相比而言，教师对学习者的正负反馈影响最大，尤其是教师对学习者理解和表达障碍的判断及其成因的解释，将具有影响其内化（Internalization）的功能。这一方面是因为教师的职业地位使学习者对其充满信赖，另一方面是因为师生之间在课堂上有长时间的相对稳定的接触。正因为如此，教师对障碍的准确判断和科学解释才显得十分重要。由于学习者的理解和表达障碍的形成是一系列大脑认知处理过程，而这一过程到目前为止仍处于看不见、摸不着的"黑箱"状态，所以我们只能通过汉语诊断性测试来推断这个"黑箱"是怎样工作的（即解释障碍的成因）。又由于汉语诊断性测试对输入的材料可以控制，测试输出的结果相对来说比较容易观察，而且这种输出毫无疑问是从"黑箱"中出来的，因此汉语诊断性测试结果便可以成为我们判断和解释汉语学习者的理解或表达障碍及其成因的重要依据。

随着教、学活动的不断推进，教师和学习者都需要反馈信息，以便决定是否需要对教、学活动作出调整。汉语诊断性测试作为一种工具，它既能帮助教、学双方准确地发现障碍之所在，又能使我们对障碍成因的认识更客观、更深入，从而有效地帮助教师和学习者随时发现教、学中的问题，便于教、学双方及时采取全新的或补救的措施。它对教、学过程的积极干预，促使教、学过程能更好地顺应第二语言习得的客观规律。从这种意义上来说，诊断性测试对教、学活动起着十分重要的作用。

作为一种测量工具，汉语诊断性测试的编制既要反映它的诊断目的，也要遵循语言测试的一般原则，这就是重视试卷的信度和效度。除此以外，汉语诊断性测试还要体现它自身的下列特点：

第一，突出诊断目的。即使一套最优秀的诊断性测试题也不可能对学习者的所有理解和表达障碍作出全面的诊断。某一套诊断性测试题只能覆盖一定的范围，只能判断和解释学习者所遇到的某一种障碍，因此，诊断性测试题的设计和编制都应具有较强的针对性。要使诊断具有针对性，首先要注意分析学习者的第二语言能力的构成，对学习者的薄弱环节有一个大致的了解，同时还要分析某一障碍的产生与哪些汉语技能有联系。其次要注意了解诊断对象的汉语学习经历、课程设置的情况、配套使用的教材、汉语习得的环境，等等，以便确立某项诊断性测试的测点、方法和步骤。这就要求试题的编制者对第二语言习得的过程和特点具有比较详尽、深入的了解。另外，当诊断内容确定之后，要根据诊断的内容、对象和目的启用最合适的题型，以便充分反映学习者的障碍点，最大限度地挖掘解释线索，为准确地判断和解释障碍创造良好的条件。

第二，体现教学思路和学习策略。汉语诊断性测试的终极目标是帮助学习者及时调整自己的学习策略，帮助教师及时调整自己的教学方法和输入材料，采取与第二语言习得过程相适应的教学理论和教学手段。因此，有两个基本要素值得我们注意：（1）教学思路。它对学习者掌握汉语的规则系统具有强化或抑制作用。教学思路涉及两个方面，一是教学方法，一是教学内容。前者是我们根据测试结果寻找解释的重要涉及对象，后者既是我们试题编制过程中所要涉及的测试范围，也是我们解释成因时要考虑的因素。（2）学习策略。它对学习者的汉语学习效果会产生很大的影响，既可以促进也可以阻碍汉语的内化、存储、提取或使用，关键在于学习策略是否符合第二语言的习得规律。如果我们的试题设计和编制既能体现教师的教学思路，又能反映学习者相对稳定的学习策略，那么根据测试结果，我们就有可能从教、学双方找到某种障碍形成的潜在原因。

　　第三，提供准确详细的信息。诊断性测试的结果能否为我们提供准确详细的信息，这是被试和施测者共同关心的问题。因为诊断性测试的目的是为了发现学习者的理解或表达障碍，并尽可能解释其成因，而这些发现和解释又是基于测试后获得的信息的，所以测试结果提供的信息是否准确详细，就成为一个很关键的因素。信息的准确详细又取决于试题的材料选择和编制技术，材料选择适当，就可以形成各种典型的、有深浅层次的、类型复杂的语句环境，这种环境在测试过程中极易诱发被试在汉语理解或表达方面的障碍表现，既能在微观上表现被试的个体差异，又能在宏观上反映被试的群体倾向，从而使我们获得丰富详细的信息；而编制技术高明的诊断性测试，则能使被试在完成测试的过程中，自然而然地暴露出自身的理解或表达障碍，并牵扯出一系列可以作为我们的解释证据的"蛛丝马迹"。当然，这些"蛛丝马迹"具有一定的隐蔽性，然而教学经验丰富、理论修养深厚的教师和学者，却能敏锐地洞察它们之间的内在联系，从而准确地发现障碍之所在，并能成功地解释其原因。

　　目前，汉语诊断性测试在对外汉语教学中的应用还刚刚处于起步阶段，很多方面还不成熟，有许多问题还有待于进一步探讨。然而，随着现代科学技术尤其是计算机技术的快速发展，汉语学习者的学习方式日趋多样化，个别学习环境逐步形成，教师的课堂指导及信息反馈已很难满足学习者的需要。汉语诊断性测试，尤其是电脑汉语诊断性测试软件正好可以大显身手，弥补这些缺憾。一般的常规性汉语测试与汉语诊断性测试相比，就会黯然失色，因为前者属于一种回顾性测试，只是阶段性地出现；后者却是紧密地贯穿于教与学的整个过程之中，对教与学双方起着积极的干预调节作用，使其能更好地顺应第二语言习得规律。同时，社会需求将会极大地推进汉语诊断性测试的发展，因为利用电脑学习汉语的个体学习者正日益增多，他们需要对自己的汉语学习不断进行监测，以及时纠正汉语学习中产生的偏误，明确进一步努力的方向，这就需要使用功能完善的汉语诊断工具，而目前市场上已经出现的对外汉语学习软件并没有相应的诊断测试功能，用户无法得到可靠的反馈信息，从这种意义上来说，进一步加强汉语诊断性测试的研究也是很有必要的。

3. 汉语成绩测试

汉语成绩测试又称为"汉语成就测试",主要考查汉语学习者对课堂所教的汉语知识和技能的掌握情况。它主要由任课教师参与编制,一般要根据汉语教学大纲和教学所用汉语教材来划定测试范围和重点,同时还要兼顾相应的教学方法。汉语成绩测试的题目形式应被学生所熟悉,题型种类要尽可能多样化,比如,主观题和客观题相结合,选择题与填空题相结合等,以便全面地、多角度地验证汉语学习者的汉语学习成就。它的试卷命题和制作都比诊断性测试更正式,更规范,测试时间也有比较严格的限制。按照学习阶段来分,汉语成绩测试又可以进一步划分为下列几种类型:

(1) 汉语分班测试

汉语分班测试又称为"汉语分级测试",这是在新生入学后,对具有一定汉语技能和知识基础的学生施行的全面考察,以便按照他们不同的汉语能力水平分班教学。这种测试关注学生当前的汉语技能知识水平,试题难度分布比较广,有非常容易的、中等难度的、比较难的、非常难的题目。这样学生的分数分布就比较均匀,每个分数段都有一定数量的学生,便于分班。但分班测试只需要对学生进行粗略区分(如高、中、低几大组),不用区分太细。

(2) 汉语单元测试

汉语单元测试又称为"汉语随堂测试",它是在汉语教学中进行的阶段性测试,比期中、期末测试的间隔时间更短,出现的频率更高,因此属于形成性测试。它可以是一周或两周进行一次,也可以一月进行一次,主要由任课教师视情况而定。它主要由任课教师参与编制,一般根据该单元的汉语教学大纲和汉语教材内容来编制题目,设置测试重点。单元测试要涉及该单元具体的教学内容(如语法点、词汇、课文等)。它的目的是回顾刚刚学过的汉语知识和技能,发现学生实际掌握的汉语知识和技能与汉语教学目标之间的差距,使汉语教学能够针对学习者的问题采取补救措施。汉语单元测试主要用于形成性评价。

(3) 汉语期中测试

汉语期中测试又称为"汉语期中考试",它是在学期中间进行的阶段性测试,但比期末测试的间隔时间短,比单元测试的间隔时间长,通常一学期出现一次,属于回顾性测试。它主要由任课教师参与编制,一般根据这半学期的汉语教学大纲和汉语教材内容来划定测试范围和重点。它的试卷命题和制作都比单元测试更正式、更规范，测试时间也有一定限制。它既可用于形成性评价，又可用于阶段性终结评价。因为它的作用有两个，一是回顾学过的汉语知识和技能，考察学生的实际掌握情况；二是发现学生实际掌握的汉语知识和技能与汉语教学目标之间的差距，使汉语教学能够针对学习者的问题采取补救措施。

(4) 汉语期末测试

汉语期末测试又称为"汉语期末考试"，它是在学期末课程结束时进行的测试，因此比单元测试和期中测试覆盖的教学范围更广，属于终结性回顾测试。它也主要由任课教师参与编制，一般根据整个学期的汉语教学大纲和汉语教材内容来划定测试范围和重点。它在试卷命题和制作的正式、规范程度上，不但远远超过单元测试，甚至比期中测试更为正式、规范，测试时间也有严格的限制。它的目的主要是考查学生的汉语学习成果。如果汉语教学遵循了教学大纲，多种汉语教学成分（如教学目的与教学实践等）之间以及它与较大的汉语教学背景（如教学计划与学生的需求）之间又协调一致，那么学生的汉语学习成绩应该比较好。汉语期末测试成绩是学生终结性评价的重要组成部分。

测量学生的汉语学习成就要求同一个汉语测试的内部项目要有不同程度的灵敏性（比如，题目的难度和区分度）。这就意味着不是简单地要求测试被试是否拥有某个特定的汉语能力或属性，而是要求测试被试拥有多少特定的汉语能力或属性。而且，还要求构成一个测试的所有题目只能测量一种属性或能力（如汉语能力），否则，那种测试就是不纯的。因此，选择测试方法（任务）是重要的，一方面，要准确地反映你想测试的汉语技能或知识类型，另一方面，不能用不相关的技能或知识来污染被试的汉语测试表现。（李筱菊，1997）

4. 汉语水平测试

汉语水平测试又称为"汉语水平考试"即 HSK，它是 1984 年由北京语言大学首先开发研制的为测量母语非汉语者（包括外国人、华侨和中国国内少数民族）的汉语水平而设立的国家级标准化考试。HSK 分为初、中、高三个等级水平，三者在等级水平上互相衔接。这种测试与过去的汉语教学内容、教学方式、汉语教材没有特定的联系，HSK 主要用于：（1）评价考生是否达到获取《汉语水平证书》所应具备的汉语能力标准。（2）评价考生是否达到中国高等院校录取新生所要求的汉语能力标准。（3）评价考生是否达到以汉语为主要工作用语所应具备的汉语能力标准。（北京语言大学汉语水平考试中心，2003）从 1990 年开始，HSK 定期在国内外正式举行，目前参加该考试的考生已遍及世界几十个国家和地区。

（二）按测试结果分类

从测试结果能否直接反映考生某方面的汉语能力的角度，我们可以把汉语测试分为直接测试和间接测试。

1. 汉语直接测试

汉语直接测试指测试结果能直接反映考生某方面的汉语能力。比如，让汉语学习者以某个话题为中心，用汉语讲一段内容连贯的话，以此来评价他的汉语口语能力。再如，让汉语学习者以某个题目为中心，用汉语写一段内容连贯的短文，以此来评价他的汉语写作能力。上述例子都属于汉语直接测试。直接测试的效度好，因为测试结果能直接反映测试目的，不需要任何转换；但直接测试的信度差，因为评分是主观的，不同的评分者解释和掌握评分的标准可能不一样。

2. 汉语间接测试

汉语间接测试指测试结果不能直接反映考生某方面的汉语能力，但是可以提供间接评价考生某方面汉语能力的信息。为了更加直观地说明这个问题，我们借用 Fred Genesee & Johna A. Upshur（1996：143）的一个图（见图6-1）来解释。比如，让汉语学习者做一定数量的汉语语法测试题目，以此来评价他的汉语语法能力。我们知道，汉语语法知识和技能是有关汉语结构的全部知识和技能，所包含的内容很广泛，而汉语语法测试实际上只是从很多汉语语法项目中提取的样本。因此，测试结果只能反映试卷所涉及的样本范围，并不能简单地认为考生汉语语法测试得分高，他们的汉语语法知识和技能就一定掌握得好，因为我们只能靠测试结果来推测判断考生的汉语语法能力，这就是一种对考生汉语语法能力的间接评价。间接测试的效度不如直接测试的效度高，但它的阅卷信度很高，因为它们的测试结果虽然不能直接反映测试目的，但多采用客观性试题。除了语法以外，词汇测试也多采用间接测试。

（三）按分数解释标准分类

为了使测试结果有意义，我们需要确定分数解释的参照标准，根据分数解释参照标准的不同，可以把汉语测试分为汉语常模参照测试和汉语标准参照测试。

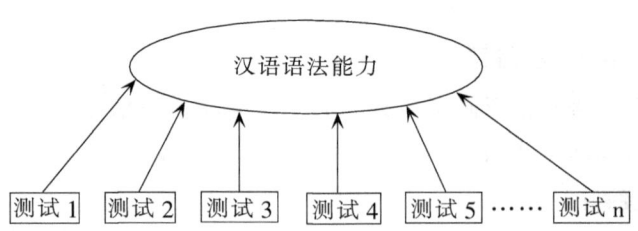

图 6-1　间接评价被试的汉语语法能力

1. 汉语常模参照[1]测试

"常模"是指一群类型相同的人在一类测试中的成绩,这个常模一般用该测试的平均分与标准差来表示（刘润清、韩宝成,2000）。汉语常模参照测试是指参照某一个常模来对考生的汉语测试分数作出解释。在这种测试里,一个考生的汉语成绩高低要通过与参加同一考试的其他学生的汉语成绩相比较才能了解。比如,我们说某个学生的汉语阅读测试分数是 43 分（43 个题目正确）,这个分数本身的含义是不清楚的。然而,如果我们告诉你,这个测试 1、2、3、4 年级各有 100 名学生参加,把学生按年级分成 4 个组,并告诉你每个组在汉语阅读测试上做得如何,那么你就有基础解释这 43 分的含义了。如果 1~4 年级的平均分分别是 28、36、44、51,那么你就可以把那个学生的汉语阅读测试分数 43 解释为"接近 3 年级的平均分"。由此可见,在常模参照测试中,对一个学生汉语测试成绩的解释是相对于同时参加该测试的其他学生的成绩而言的。这种方法又称为汉语"内常模参照分数解释"（参见邹申,2005）,特别适合选拔优秀学生。

2. 汉语标准参照[2]测试

汉语标准参照测试指在对考生的汉语成绩作出解释时,参照一个事先规定好的标准,与该标准相比,来看考生是否达到了既定的要求。比如,测试汉语语法一共有 100 个题,如果做对了 60 个算及格,那么凡是能做对 60 个题的学生都算及格。由此可见,汉语标准参照测试的分数解释是不考虑其他学生的得分的。

在汉语标准参照测试里,汉语教学大纲和汉语教学目标在定义汉语的知识和

---

[1] 常模参照英译 norm-rferenced interpretation。
[2] 标准参照英译 criterion-referenced interpretation。

技能范围上扮演了一个重要角色。对汉语标准参照来说，测试内容来源于对一个具体汉语课程、单元、一节课的汉语教学目标的理解。因为汉语教学目标和汉语教学活动定义了如何展示测试中的汉语技能形式。这意味着，应该以类似于教的方式来测试学生。当然，前提条件是教学方法与教学目标是适应的，只有这样，标准参照测试才有意义。汉语标准参照测试的分数解释会涉及汉语教学目标达到了多少、达到了多好等核心问题。汉语标准参照测试的分数解释要靠那些熟悉汉语教学的教师或管理人员来形成。尤其是熟悉汉语教学的教师，他们才能够很好地发展汉语标准参照测试。因为标准参照测试很好地匹配了汉语课堂教学，所以它在汉语教学测试法评价中得到了广泛的运用。

（四）按测试的方式分类

1. 汉语分离式测试

汉语分离式测试是把汉语知识和技能分解为若干个较小的单位，在每道题里逐个测量这些分解后的汉语知识技能点，每个试题只考察一个汉语知识技能点。邹申（2005）认为，分离式测试的特点是：（1）每道题提供的信息明确、具体，并且不掺杂其他因素。如果学生答对了这道题，在排除猜测因素的情况下，我们可以较有把握地说，该生掌握了这个汉语测点的含义和用法。（2）通常采用多项选择题的形式，阅卷客观性强，信度较高。

汉语分离式测试的理论基础是结构主义语言学。它主张语言是由许多成分组成的，掌握一种语言就是要掌握这些构成成分。测试一个人的语言水平就是考察他对这些成分的了解和使用。目前分离式测试由于自身存在的一些缺陷，在一定程度上受到了质疑。因为在它孤立分散的测试题目之间没有关联，又缺乏上下文语境，人们对它的有效性产生了一些怀疑。

2. 汉语综合式测试

汉语综合式测试是一次同时考查多种汉语知识和技能的测试。比如，汉语短文完形填空题，表面上看只是填单词，实际上却需要学生运用多种汉语知识和技能（阅读、理解词义、词类、句法、上下文关系等），因此它属于综合式测试。根据邹申（2005）的观点，汉语综合式测试的特点是：（1）在一定的上下文语境中考查汉语知识和技能。（2）注重考查汉语的意义而不只是汉语形式。（3）由于要求同时运用多种汉语技能和知识，它强调汉语的整体熟练程度。

虽然有人认为汉语综合式测试比分离式测试更能全面地考察学生的汉语能力，但它惯常使用的主观性试题评分标准很难把握，容易出现评分不一致的情况，信度难免受到质疑，况且阅卷评分工作投入的人力和时间也远远大于分离式测试。

（五）按阅卷方式分类

1. 汉语主观性测试

汉语主观性测试的答案具有开放性和灵活性，需要阅卷者按照预定评分标准，对考生的回答情况作出主观判断。比如，汉语测试中的写作、翻译、简述、口头或书面回答问题等都属于主观性测试题。它的优点是效度比较好，靠猜测得分比较难，容易测出考生实际的汉语使用能力。缺点是信度不易把握，评分比较费时费力。

2. 汉语客观性测试

汉语客观性测试的答案具有唯一性和排他性，评分不受阅卷者影响。汉语测试中的多项选择题就是最典型的客观性测试。它的优点是测试内容的覆盖面大，针对性强。答案确定、唯一，信度较好，评分简单方便，省时省力。它既可以采用机器阅卷，又可以让非专业训练者参与阅卷。

三、汉语成绩测试的编制步骤

（一）拟定成绩测试编制计划

一般来说，比较全面的汉语成绩测试编制计划主要包括下列内容：

1. 测试的目的

我们知道，汉语测试可以用于多种目的，比如，用于筛选汉语学习者或选拔优秀汉语人才、用于汉语分级编班、用于调查或研究，等等。测试目的不同，采用的测试形式和测试内容就不同，题目的编制技巧和数量也不一样。因此，拟定汉语测试编制计划的第一步就是确定测试目的。

2. 测试的内容

汉语教学评价中的汉语测试内容是由汉语教学大纲所规定的，并与汉语教学目标有非常紧密的关系。汉语教学大纲既规定了汉语教学内容，又规定了汉语教学目标。对汉语测试来说，教学目标特别适合使用行为目标陈述法（王添淼，2006），因为它能对汉语学习者在学习之后产生的行为变化作出精确的说明。比如，学生通过汉语教学能做什么、会说什么、学生在什么条件下能这样说或做、怎样说或做才符合标准、符合哪些标准，等等。这就使我们不但能观察到汉语教学对学习者的输入数量和质量，而且有可能测量汉语学习者具体的汉语学习成就。由此可见，汉语测试的内容实际上主要有两个维度：汉语行为目标和汉语能力层次。在语言测试界，常参考 Bloom 的教育目标分类法来划分所测语言的能力层次（高兰生，2002）。Bloom 认为，认知领域的教育目标有 6 个层次，它们由低到高。低一层次是高一层次取得变化的基础，高一层次的变化包含低一层次的变化。虽然他的分类法有一定局限，但比较容易理解，有较强的可操作性。结合汉语测试的实际，我们也可以运用这一分类法来划分所测汉语能力的层次：（1）理解。要求被试能够领会汉语材料中提到的信息，明白材料中的术语和概念，能用不同的表达式来解释汉语材料内容，能对不同的汉语表达式所传达的信息正误进行判断。（2）分析。这是深层理解。要求被试能够透过概念、术语或特有的汉语词汇和表达方式，把握作者的态度、感情倾向、人物之间的关系、语体风格等。（3）应用。要求被试具备实际运用汉语技能和知识的能力，能在特定的语境中获取信息、进行概括和推断，能进行恰当的汉语口头和书面表达。（4）综合。这是根据汉语材料的内在联系综合考虑各部分，形成新的词汇、句法、语篇结构模式。能力考查层次是组卷时必须涉及的因素，因为它可以在两个方面发挥作用：（1）提高试卷的鉴别力，使高水平被试能得高分，低水平被试得低分。因为题目在难易不同的能力考查层次上各有分工，就能适当地进行分数加权，并能方便地排定题目先后顺序，从而有利于最终准确地反映被试的汉语水平。（2）提高试卷的针对性。一份试卷不能盲目地平均包含所有能力层次的题项，而应按需求决定题项的能力层次比例。比如，对一、二年级的汉语学习者应该更多地偏向于选择考查中低层次能力的题目，对三、四年级的汉语学习者则应该更多地偏向于选择考查高层次能力的题目。

3. 测试的题型 [1]

汉语测试题型指的是怎样测汉语能力因素。因为测同一个汉语能力因素可以用不同的题型，同一个题型又可以测不同的汉语能力因素，所以汉语测试的题型种类很难确定，而且命题者随时可以推陈出新。

---

[1] 参见 Linn & Gronlund（2003）、邹申（2005）、刘润清、韩宝成（2000）、李筱菊（1997）。

一个汉语测试究竟采用什么题型，应根据该测试的目的和内容来决定，同时还要考虑自身所能负担的人力和时间。因为不同的题型适用于不同的测量目的，具有不同的优势和缺陷，在题型的选择原则上，明智的做法是：最大限度地发挥某个题型的优势，尽可能克服某种题型的缺陷，以便充分有效地达到预定的测试目的。下面我们列出一些常用的汉语测试题型。

（1）多项选择题

多项选择题在汉语测试中很常用。它通常有一个题干，4~5个选择项，其中一个选择项是正确答案，其余为干扰项或迷惑项。它的优点是：便于测试单项的、具体的汉语知识和技能，有一定的诊断作用；评分客观，信度较高；覆盖面大，可机器阅卷，省时省力等。缺点是：题目编制难度较大，不适合测试汉语综合表达能力，考生有可能出现猜题现象，测试效度较低，对汉语教学有一定的消极反拨效应等。

（2）是非题

汉语测试的是非题通常以陈述句的形式出现，要求考生判断其正误。它的优点是：题目编制快速、容易，考生答题快速、省时，评分客观、方便。缺点是：猜测概率较高，效度较低。

（3）配对、排序题

汉语测试的配对、排序题一般要求考生按照汉语词法或句法结构规则，在词与词（或词组）之间进行匹配，在句子与句子之间进行顺序排列。它的优点是：题目编制快速、容易；题目短小，可以覆盖较多内容；有利于培养学生的观察分析能力。缺点是：效度较低，不适合测试表达性汉语技能。

（4）填空题

汉语测试的填空题是把短文中的一些词删除形成空白，要求考生根据上下文语境在空白处填词，形成一篇意思连贯、结构衔接的短文。它的优点是：题目编制容易，考生无法靠猜测得分，有利于学生全面掌握汉语知识和技能。缺点是：有时会出现命题者意想不到的多个答案，评分不够客观。

（5）书面简答和短文写作

汉语书面简答或短文写作一般是先呈现一个问题或题目，要求学生根据问题或题目书面回答或写作。它的优点是：效度较高，可以直接测量考生的写作能力，有利于培养学生实际使用汉语的能力，题目编制容易。缺点是：评分很难做到客观，信度低，阅卷费时费力。

(6) 口试

汉语口试常用于测试考生的汉语口头表达能力。一般是主考先问一个问题，要求学生根据问题来回答。它的优点是：效度较高，可以直接测量考生的口语能力，有利于培养学生实际使用汉语的能力，题目编制容易。缺点是：评分很难做到客观，信度低，评分费时费力。

4. 确定题目数量

题目数量要结合测试所耗费的时间来考虑。同时，还要考虑测试目的。如果是测试考生的速度如何，就要提供很多的题目，可以超量提供，以测试不同考生在规定的时间里能完成的题目数量。如果是难度测试，提供的题目数量应该是在规定的时间里可以完成的。另外，从信度上考虑，在一定的时间里，题量要尽可能多，这样信度才高。

5. 确定计分方法

在试卷结构确定后，还要确定计分方法。计分方法要结合测试目的、能力范畴的具体体现等来设计。在制定汉语测试编制计划时要对试卷结构和相应的分值作出说明：测试由几个部分组成？每个部分的分值是多少？每部分的每道题分值是多少？试卷满分是多少？等等。

6. 测试的试卷结构

试卷结构主要考虑内容覆盖面，各种内容所占的比重、题量、分值，如何与其他相关测试衔接等。通过分析汉语教学大纲可以了解测试范围并确定测试的主要内容，汉语测试的试卷结构设计则把这些主要内容分为若干部分，这些部分下面再设大题。内容覆盖面决定之后，就要考虑各种内容在试卷结构中应该占多大的比重，这常常体现出测试的性质，并且通过反拨效应来影响教学。试卷结构设计还要明确各大题的题目数量是多少，这就要考虑时间因素。另外，如果该测试属于系列测试中的一种，还要考虑该测试在系列测试中如何定位，它属于哪个层次，如何与其他相关测试衔接，等等。总的来说，上述考虑（如：汉语综合课的成绩测试）大致可以归纳为一张表：

表 6–1　汉语综合课成绩测试双向细目表

分类内容	知识	理解	应用	分析	综合	总计	比重	时间（分）
汉语语法	6		6			12	12.5	13
汉语词汇	6		6			12	12.5	30
汉语阅读		26				26	25	40
综合填空				13		13	12.5	15
听力理解		21				21	21.9	32
书面简答					16	16	15.6	30
总计	12	47	12	13	16	100	100	110

根据刘润清、韩宝成（2000：45）的表修改而成。

（二）试测样本中的汉语被试

汉语试卷结构及其题型设计不是一劳永逸的，而需要多次试测修订，最后才能定稿。重要的是把汉语测试编制计划中确定的汉语试卷结构及其题型提供给能代表汉语被试群体的学生试测一下，并收集他们的意见和感受，这是修订汉语试卷和题目的依据之一。试测有局部的小规模测试，也有全面的大规模测试。试测有利于收集汉语题目是否有效、可靠及其程度的信息，便于发现试题措辞不当、意思不明确、干扰项不起作用、互相暗示等问题，使我们能及时修改汉语试卷结构及其题型设计。

（三）筛选测试题目

经过试测，我们将保留好的汉语题目、合理的结构设计，淘汰差的汉语题目，修订不合理的结构设计。如果是常模参照测试，要根据难度和区分度的值来筛选汉语题目。比如，区分度值在 0.20 以下应淘汰，0.20～0.29 的题尚可，0.30～0.39 的题为良好，0.40 以上为优秀。难度值在 0.00～0.19 的题最难，0.20～0.34 的题较难，0.35～0.64 的题为中等难度，0.65～0.79 的题比较容易，0.8 以上的题最容易。如果是一般的汉语成绩测试或能力测试，中等难度的题目应占 60%，较难和较易的题目各占 15%，最难和最易的题目各占 5%。

（四）鉴定测试试卷

对汉语试卷进行信度估计和效度鉴定要使用最后修改定稿的汉语试测结果。

（五）编制测试说明书

汉语测试说明书一般包含下列内容：测试的编制者及编制时间、测试目的、性质、对象、测试范围、试卷结构（试题结构、每道题测什么、如何测、题数、测试时间限制）、标准答案、阅卷方法、评分标准等。最好每种题型都附样题。

四、选用汉语测试法应注意的问题

在选用汉语测试法时，我们应该考虑下列几个问题：

1. 所选用的汉语测试形式，在性质、内容、功能方面是否适合你的汉语测试目的？
2. 该汉语测试形式是否适合你要测试的汉语被试？
3. 该汉语测试是否有较高的信度和效度？
4. 该汉语测试的分数体系是否适合解释你想测试的被试的汉语表现？

第二节　用调查法收集信息

调查法是在自然条件下，运用问卷、访谈、网络等方式收集有关汉语教学评价的事实信息的方法。调查法的具体方式较多，在汉语教学评价过程中，常用的方式有问卷法、访谈法、网络法等。

一、问卷法[1]

问卷法是通过书面文字形式提出问题，要求汉语学习者（或汉语教师）群体在某一时限内阅读，并按要求用母语或汉语回答，以收集汉语学习者（或汉语教

---

[1] 参见金娣、王刚（2002），吴刚（2004），王孝玲（1999），范晓玲、杨志明（1999），Fred Genesee & Johna A. Upshur（1996）。

师)群体对教或学的看法、意见和态度等方面信息的方法。问卷法在汉语教学评价过程中经常使用。

(一) 问卷的种类

问卷按回答问题的形式可分为封闭型和开放型两种。但我们在实际工作中常用的问卷一般采用混合型,即一份问卷中多数问题是封闭型,少数问题是开放型。

1. 封闭型问卷

封闭型问卷只允许被调查者从已提供的答案中选择一个或几个。它提供的答案可分为:是否式、量表式、排列式和选择式等。例如:

(1) 在课堂上,学生都有机会按照功能情景来使用汉语吗?

    A. 是   B. 否

这里的例(1)属于"是否式"答案。

(2) 我可以用汉语写一封信表达我的兴趣和经历。

    A. 从不   B. 很少

    C. 有时   D. 常常

    E. 总是

(3) 我可以追随并理解电影里的汉语对话或电视里的其他多种汉语娱乐表演。

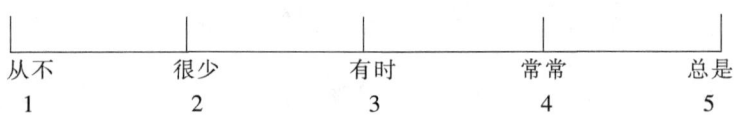

图 6-2 量表式答案

上述例(2)和例(3)都属于"量表式"答案。答案是用一串词语或数字简单呈现出来,精确的描述用于锚定终点,从而形成了一个连续的由少到多的不同回答种类,就如同一个等级量表,它含有连续的由少到多的刻度和精确的终点描述。

(4) 为什么你要学汉语?(请按重要程度排列次序):

    ( ) 希望进入用汉语授课的中国大学学习。

    ( ) 准备到讲汉语的地方旅行。

    ( ) 打算在讲汉语的地方找工作。

（ ）希望与讲汉语的人交朋友。

（ ）为了阅读汉语书籍和杂志。

这里的例（4）属于"排列式"答案。

（5）在下面最符合你汉语水平的描述旁画一个勾。

A. 我阅读和理解汉语像受过良好教育的母语者那样好。

B. 我几乎理解所有用汉语写的非专业领域的文章。在难度大的原文里，可能有个别词我不能理解。

C. 我能理解简单的汉语书面说明，能理解简单的汉语原文中的要点，并能驾驭熟悉的话题。

D. 我能理解用汉语写的词和简单句。

E. 我根本不能阅读汉语材料。

（6）为什么你要学汉语？在下列回答中选择两个作为最重要的原因：

A. 希望进入用汉语授课的中国大学学习。

B. 准备到讲汉语的地方旅行。

C. 打算在讲汉语的地方找工作。

D. 希望与讲汉语的人交朋友。

E. 为了阅读汉语书籍和杂志。

上述例（5）和例（6）都属于"选择式"答案。

封闭型问卷要在已知可能的回答种类的情况下使用，并且这些回答要能被分成意义不相重叠的一组。另外，适用于答案的数目不太多，调查内容不太复杂的情况。

封闭型问卷易于回答，回收率高，答案完整且独立，因为它清楚地指出了要求被调查者回答的特性，被调查者只需选择答案就可以了，这增加了每个被调查者回答所有问题的机会。同时，封闭型问卷答案有限制性，更容易统计处理和分析，因为它只要求很少的解释。尤其是有大量的调查者时，封闭型问卷就非常有用。另外，不同调查者之间的调查结果有可比性。

2. 开放型问卷

开放型问卷要求被调查者用汉语或母语以自由陈述的书面形式回答问题。它提供的答案可分为：填空式和问答式等。例如：

（1）我学习汉语是为了_____。

这里的例（1）属于"填空式"。

(2) 为什么你要学汉语？

_____

_____

_____

这里的例（2）属于"问答式"。

开放型问卷适用于调查者尚未掌握一个问题到底有多少种答案、有很多种答案，或者问题较为复杂的情况。

开放型问卷的优点是被调查者不受预定答案的限制，可以充分、自由地表达自己的意见，可以用于不能预期答案是什么的情况下，而且答案可能无法被离散地分组。当一个问题可供选择的答案很多时，使用开放型问卷可以避免被调查者厌烦或拒绝回答预定的答案，它可以调查比较复杂的问题。另外，把开放型问卷调查作为设计封闭型问卷的一个预备步骤是很常用的，这样便于确定被调查者可能呈现的回答种类。

开放型问卷的缺点是无法避免调查结果中许多不确定、无价值的答案。因为这些答案不仅带有很大的主观性，而且因人而异，难以汇总、归类、整理。开放型问卷回答更困难、更耗时，回收率低。原因是它要求被调查者写出回答而不是简单地选择，回答者还必须思考如何回答，而且问题本身也可能不清楚。开放型问卷的调查结果比封闭型问卷更难于统计、处理和分析，因为每一个回答者的答案都可能不同，对开放型问卷回答结果的分析还要求大量的解释。然而，如果回答者的数量有限，开放型问卷还是很实用的。

（二）项目组织

问卷调查的项目组织有两种序列，一种是线性的，另一种是非线性的。在线性序列里，被调查者要按照规定的顺序，同样地对所有问题项目一一作出回答。在非线性序列里，一些被调查者可以跳过某些问题而被要求回答另外的问题，这依赖于他们具体的反应模式。例如，对"你学习汉语课程时感到愉快吗？"的问题回答"不"的被调查者，会被要求回答额外的涉及不愉快原因的问题，反之，回答"是"的被调查者，则可以跳过这个（涉及不愉快原因的）额外的问题。

（三）使用时机

什么时候需要使用问卷调查呢？当需要收集定期的、系统的、一致的信息时，使用问卷调查最有效。比如，在汉语教学开始之前进行问卷调查，或在主要汉语教学单元或一门汉语课程结束时进行问卷调查。这时，问卷调查提供的信息对计划和评判汉语课程或汉语教学单元都是有价值的。

新学期开课前，汉语教师可以使用问卷调查向汉语学习者收集影响汉语教学的有关信息，这些信息会对汉语教师制定本学期的汉语教学计划产生影响。这些信息包括新生的社会文化背景，他们先前的受教育经历，语言学习经历（包括第一语言、第二语言），他们当前的汉语技能状况，他们的汉语需求和学习目标等。教师把这些信息与原有的汉语教学目标和汉语教学计划进行比较，就能判断已有的汉语教学目标和计划对新生的适合程度。教师还可以使用问卷调查收集学生对特定汉语课程是否感兴趣以及感兴趣的程度等信息。

在汉语教学结束后，教师可以使用问卷调查向学生收集一个汉语教学单元或一门汉语课程的教或学的效果信息。例如，学生对一个汉语学习单元或一门汉语课程的印象，对一个汉语单元或一门汉语课程的内容、组织、材料、设备、活动等的印象，对汉语单元教学或一门汉语课程结果的满意程度。教师也可以使用问卷调查来收集汉语教学效果的信息。这些评价信息可以用于修订以后对新生的汉语教学计划。问卷调查所收集的来自汉语学习者的评价信息，因其能提供持久的、系统的反馈记录，所以特别有价值。如果使用的是封闭型问卷调查，那么来自它的反馈信息就增加了容易量化的优势。

（四）使用对象

如果问卷调查不使用汉语学习者的母语而使用目的语，那么它们对中高级汉语学习者最有用，因为他们已经掌握了一些汉语，可以用汉语进行口头和书面表达，初级汉语学习者则不适合使用这种收集信息的方式，因为他们在汉语阅读和表达方面都会遇到很大的困难。

（五）优点与缺点

总的来看，对汉语学习者的问卷调查如果使用汉语，只能用于有汉语阅读和写作能力的回答者，否则，就不适合采用这种方式。问卷调查可以同时给予许多被调查者，却只需要一人管理，所以调查的管理成本低，比较经济。而且它还为我们提供了永久的准确的答案记录。

问卷调查相对来说不如访谈灵活，因为访谈允许调查者在被调查者回答有趣的或重要的答案时探测额外的信息，这或许可以获得非计划中预期的东西，而问卷调查不允许额外的自发探测，因为问题是固定的。

（六）编制程序

1. 确定问卷调查的目的和对象

问卷调查可以有多种目的。比如，调查汉语学习者的学习需求、文化背景，汉语学习者对特定汉语课程是否感兴趣，感兴趣的程度如何，等等。

问卷调查可以有多种对象。比如，面向汉语学习者的、面向汉语教师的，等等。编制问卷调查的第一步就是确定调查目的和对象，明确为什么要收集有关信息，面向哪些人收集信息。

2. 确定调查内容、问卷类型及统计处理方法

编制问卷调查的第二步是确定需要调查的内容、问卷类型及统计处理方法。

调查内容可以用提问的形式罗列出来，并按逻辑顺序排列。比如：

学生在汉语课堂中的精神状态如何？

学生参与汉语课堂活动的态度如何？

学生参与汉语课堂活动的广度如何？

学生参与汉语课堂活动的深度如何？

草拟时可以把想到的问题都写下来，修订时再删减多余的或不重要的问题内容。在此基础上，再考虑使用什么问卷类型，是封闭型的还是开放型的。最后，还要初步确定采用什么样的统计处理方法，以便在获得调查结果后给予适当的处理。

3. 草拟调查项目并征求有关人员的意见

在确定了调查内容、问卷类型及统计处理方法后，可以初步拟定一个较为全面的问卷调查项目（包括回答的选择项），请汉语教学专家以及有关的汉语教师和汉语学习者提出意见，以供问卷编制者参考。同时，参考自己见过或用过的同类调查问卷，考察它们列出的收集信息种类、问题种类、问题措辞、回答形式、问题组织方式、用法说明，等等，为自己提供启示。问卷调查项目包括要提出的问题以及多项选择回答形式，可以把想到的都写下来，然后再删除多余或无用的项目。此外，需准备一个用法说明，包含简要解释问卷调查的目的、说明回答者的回答将被如何处理（如匿名、保密等）、清楚地指出回答者应该如何回答等内容。最后，请了解问卷调查目的的同事来检查它，并基于他的意见作出修订。

4. 从被调查者总体中抽取样本进行试调查

试调查的目的是检查初拟的调查方案在项目内容、形式以及措辞等方面有无问题，以便修订。因为不是正式调查，所以只需要从被调查者总体中抽取样本进

行调查就可以了,这样比较经济。

5. 根据试调查结果采取相应措施

第一次试调查后,如果初拟的调查问卷没有严重问题,就可以根据试调查结果计算问卷的信度和效度;如果初拟的调查问卷存在严重问题,则应该修改后再取一样本进行试调查和修改。在试用调查问卷修订稿时,要寻找与最终被试相似的回答者来实施这个问卷调查,听取来自他们的反馈。如此反复进行,直至达到满意的程度为止。然后根据最后一次试调查的结果来计算问卷的信度和效度。

6. 定稿并打印

经过反复修改和最终修订并再次进行试调查以后,经过计算,调查问卷在信度和效度方面已经达到了令人满意的程度,这时就可以形成正式稿,并打印调查问卷了。

(七)编制原则

编制调查问卷有两个基本要求:一是问卷能收集到调查者希望了解的汉语教学评价信息,二是被调查者要乐于回答调查问卷中的问题。因此,在编制调查问卷时,要遵循下列一些基本原则(参见吴刚,2004):

1. 措辞恰当,问题明确

有价值的问卷调查通常需要花费相当可观的思考时间,进行深入细致地思考分析,最后反复修订完成。因为没有很好地思考而粗制滥造的问卷调查可能导致模糊不清的可疑信息,从而影响信息的有效性。因此,即使收集那些看起来简单、直接的信息,也要仔细地设计与编制问题。问卷中的文字描述要简明扼要、通俗易懂,使被调查者(尤其是汉语学习者)能准确无误地理解问题的意思。例如,"你什么时候开始学汉语的?"这个问题是要求被调查者回答学汉语时的日期还是学汉语时的年龄,被调查者可能不太清楚。因为在回答这个问题时,并不是只存在着唯一的答案。因此,投入一定的思考时间和次数,达到一定的思考深度和广度,对设计与编制简明扼要的问题将有很大的益处。由此,我们也可以相应获得明确、有用的信息。

2. 内容要与调查目的一致

问卷所提的问题应该是汉语教学评价调查中不可缺少的,能全面反映汉语教学评价的调查目的和内容。所提的问题要突出调查重点,不要包罗万象,也不要可有可无,相互之间不能交叉、重叠。

3. 问题的数量要适中

问题的数量太多会使被调查者产生厌烦情绪，以致敷衍了事，而影响汉语教学评价的调查质量；问题的数量太少，又不能获得基本的、必要的汉语教学评价信息。因此，控制问卷的长度很有必要。

4. 层次清楚，合乎逻辑

问卷中问题的排列顺序要符合逻辑和被调查者（如汉语学习者）的思维习惯。问卷卷首要说明调查目的和对调查结果的处理办法，比如，为提供信息的汉语学习者保密，不跟汉语学习成绩挂钩等，以消除汉语学习者或汉语教师的顾虑，调动其答题的积极性。还要设有被调查者个人基本情况的栏目，比如，性别、国籍、年级、所学汉语课程等。在安排问题时，要先问范围广的问题，后问范围窄的问题；先问一般问题，后问具体问题；先问简单问题，后问复杂问题；先问不敏感的问题，后问敏感的问题。尤其是要考虑某项调查是否会使不同文化背景的汉语学习者感到拘谨、不安。

5. 利于统计处理和分析

由于问卷调查可以获取很大的信息量，我们通常要使用电脑来进行统计处理和分析，因此，调查问卷的编制要有利于资料的编码、录入、汇总和处理。

二、访谈法

访谈法是通过对汉语学习者或汉语教师的口头询问及直接交谈来收集有关汉语教学评价信息的方法。

（一）访谈的种类[1]

访谈法可以从不同的角度分类，但各种访谈形式各有所长，在实际调查中采用何种形式，要根据访谈的目的、对被访谈者的了解程度、访谈者自身的情况以及其他特征而定。还可以根据实际情况对几种类型进行灵活变通，组合起来使用。

1. 正式访谈与非正式访谈

按照访谈实施的严格程度可以区分为正式访谈与非正式访谈。

在进行正式访谈时，访谈者要根据统一设计的访谈表进行询问，并认真记

---

[1] 参见金娣、王刚（2002），吴刚（2004），范晓玲、杨志明（1999）。

录。被访谈者一般根据访谈者所问的问题进行回答，作出相关反应。它在实施程序上比较严格、规范，结果便于分析处理，而且具有可比性。但是，它不够灵活，无法处理非预期的情况。

在进行非正式访谈时，访谈者通常只有粗略的访谈范围，双方可以进行自由问答。访谈者甚至可以不在现场记录，而采用事后记录的方法，以消除被访谈者的防卫心理，使他们提供更多的真实想法。实施程序也灵活多变，访谈环境宽松舒畅，没有压力，易于双方深入探讨问题。但要求访谈者具有一定的汉语教学经历，不熟悉汉语教学的人不宜采用。非正式访谈获得的信息不易处理。

2. 个别访谈与集体访谈

按照被访谈的汉语学习者或汉语教师人数的不同，可以区分为个别访谈与集体访谈（座谈会）。

个别访谈可以减少汉语学习者或汉语教师的紧张和顾虑，双方能够交谈得比较深入，互相倾听得更仔细，对伴随访谈而发生的细微情感变化有近距离观察的机会，这为我们的信息获得提供了一定的情感背景。

集体访谈人数以 6~12 人为宜，众多汉语学习者或汉语教师共同谈一个问题，可以互相启发、补充，使其提供的信息得到完善和核实。

3. 定向访谈与非定向访谈

按照访谈是否事先拟定访谈提纲，可以区分为定向访谈与非定向访谈。

定向访谈一般事先要拟定好访谈提纲和主要问题。这是一种聚焦式访谈，访谈双方都有一定的交谈中心，提问和回答的方式都比较正规，不作过多的自由发挥。

非定向访谈通常不事先拟定访谈提纲和主要问题，只有口头临时约定的粗略的访谈范围，提问和回答都比较灵活，视具体的访谈情景和进展情况而定。访谈双方问答比较自由，还可以有发挥的余地。

（二）访谈的作用

1. 作为汉语学习者评价的一个部分

因为访谈可以在几个学生之间进行，也可以一群学生参与交谈，所以汉语教师可以特别设计这样一个汉语活动来观察汉语学习者在访谈中的表现。访谈不但可以用来收集学生的汉语阅读和写作信息，也可以用来收集他们的汉语口语技能信息。因此，访谈可以作为汉语学习者评价的一个部分来使用，它在了解学生的汉语进步、汉语学习策略以及汉语作业在实际生活中的用途、如何用汉语来完成相关任务方面具有优势。

2. 收集汉语学习者多方面的信息

汉语教师通过访谈向学生提出一些问题，可以收集到多方面的信息：学生对所教的汉语知识和技能的运用情况；在做汉语作业时他们遇到了什么特定困难，是如何解决它们的；他们基于某种汉语任务的汉语表现方法或策略；他们对汉语某方面的理解或信念（如，阅读和写作）；他们关于汉语的兴趣和目标；他们对汉语教学活动的理解或反应。访谈关注学生的汉语学习过程，也为学生提供了与汉语教师就学习问题以及作业等进行口头沟通的机会。因此，它所收集的多种信息对教师计划汉语教学特别有用。访谈可以改善汉语教学计划，帮助教师确定：学生的汉语学习策略和风格哪些是成功的，哪些是有问题的？确定学生在汉语教学的哪些方面已经成功掌握了，哪些方面还没有成功掌握？确定个别学生在哪些汉语表现方面是有问题的？还可以帮助教师了解学生学习汉语的动机和兴趣。

（三）访谈的时机

访谈的时机其实就是什么时候使用访谈。我们知道，访谈具有双向交流的特点，因此它适用于调查对象较少的场合。另外，对访谈人员本身的素质也有较高的要求，否则，访谈就可能不能顺利进行，或半途中断。

从时间上来说，访谈可以在汉语教学过程中进行。教师可以经常开展与每个学生的交谈，并贯穿全学年或整个汉语课程，以便评价和监控学生的汉语学习进步，了解他们的学习困难，妥善计划能满足学生需要的汉语教学。这种反馈性交谈对汉语教师评价自己的教学效果，及时为汉语教学提供微调有显著的价值。当把访谈用于汉语教学单元结束时，将有助于评价学生具体汉语教学目标的达到情况。常规状态的访谈，看似是无规律施行的，但大多数情况下，收集到的信息对教师制定汉语教学计划是有用的。正因为是随时随地无规律施行的，学生就不会带有紧张情绪和敌意，所以收集到的信息具有很大的真实性。

（四）访谈的过程

1. 设计访谈

设计访谈包括确定访谈对象和内容。访谈对象也就是被访谈者，如果他们是汉语学习者，那么必须能够为我们提供汉语教学评价信息。访谈对象的选择要做到点面结合，既有典型性，又有代表性，这样我们获得的汉语教学评价信息才全面。

访谈内容要围绕访谈目的来确立，并拟定合适的访谈提纲、访谈表和访谈工作细则。比如，访谈目的是了解汉语教学情况，以便评价汉语教学效果，那么访谈内容大致包括：征求汉语学习者的看法、意见和建议，了解访谈对象的背景信息（性别、国籍、汉语水平、学习策略、学习年限……）等。

2. 确定访谈者

作为汉语教学评价信息收集人的访谈者要有一定的汉语教学知识和经验，客观公正，具有一定的访谈技巧。访谈者事先对被访谈者的背景应该有初步的了解。

3. 实施访谈

为汉语教学评价而进行的访谈是一项专业性较强的工作。第一，在对汉语学习者（或汉语教师）实施访谈时，要事先编排好访谈的问题和顺序。第二，对汉语学习者使用汉语进行访谈调查，语速要适中，要尽可能使用容易被学生理解的汉语简单句。第三，先提出一些简单的、容易激发其回答兴趣的问题，再逐步深入到复杂的问题，最后涉及较为敏感的问题。第四，要善于控制访谈过程，措辞得当，掌握巧妙追问的技巧。第五，要有良好的人际协调技能和幽默感，善于消除访谈对象的疑惑，建立融洽的访谈气氛，并视情况的变化灵活调整。

4. 保存访谈记录

正式的访谈记录一般当场记录并进行保存，在被访谈者同意的情况下，也可采用录音的方式，事后根据录音进行整理。访谈记录要尽可能保持访谈的原貌。同时，保存访谈的注释也很有用，以便日后查询被访者的表情、神态等非言语行为表现细节。

在施行完访谈后，要尽快进行笔记整理，这样可以把记录中产生的误差降低到最小程度，从而使记录的内容能够保持得较为精确。我们还应该给记录标上日期，并伴随一个简要的活动或工作描述。整理和保存访谈记录时要突出重点，比如，当访谈对象是汉语学习者时，那么下列几个问题可以作为重点：学生给我们示范了什么样的汉语知识或技能？学生认为的汉语进步是什么？学生在汉语的什么地方表现出有困难？学生遇到汉语学习困难时采取了哪些学习策略？学生如何计划和安排自己的汉语学习？学生有计划汉语写作或汉语阅读的策略吗？学生了解自己的汉语强项和弱项吗？学生表达过喜欢什么不喜欢什么吗？对该生来说，什么样的汉语学习目标是合适的？等等。

（五）访谈法的优缺点

访谈法的优点是：第一，通过被访者的表情、神态等非言语行为以及访谈者巧妙的提问，可以判别被访者回答问题的真实、可靠程度。第二，集体访谈能使被访者互相启发，相互补充，促进对问题认识和回答的深化。第三，灵活性强，可根据具体情况决定所要询问的问题。第四，可以完成复杂的问题调查，了解无能力完成问卷调查的汉语学习者对问题的反应。

访谈法的缺点是：第一，花费的人力、时间较多，应用范围仅限于小样本。第二，极易产生偏差。一方面访谈者的性别、年龄、外貌、服装等可能引起被访者（如汉语学习者）的回答偏差，被访者的心境、汉语表达水平等也可能引起回答偏差；另一方面，访谈者由于注意力分配不过来，会出现漏问、漏记、错记。如果学习者的汉语表达语义模糊不清，访谈者可能误解被访者的意思，这些都会导致偏差。第三，答案标准化程度低，难以统计处理。

（六）访谈应遵循的原则

1. 让被访谈者有主人翁感觉

要让被访谈的汉语学习者或汉语教师感觉受到尊重，给予他们任意发表意见的机会，这样他们在访谈中才能积极主动地回答问题。比如，为了评价一部汉语教材，你需要对汉语学习者进行访谈，以获取来自学习者方面的信息。访谈时先要给予学生任意评论这部教材的机会，即使他们的意见显得零碎细微也没关系。在访谈气氛比较融洽时，为了促进访谈的进一步深化，再引导性地问学生下列问题：

(1) 关于这部汉语教材你喜欢它的什么？
(2) 你认为这部汉语教材对你最大的帮助是什么？
(3) 关于这部汉语教材你有不喜欢的方面吗？还有应该改进的方面吗？
(4) 这部汉语教材可以如何改进？你能举例说明这种改进吗？
(5) 使用这部教材完成汉语学习任务时，你遇到过什么困难吗？
(6) 你能具体地描述你有困难的地方吗？为克服这些困难你做了些什么？
(7) 为解决教材中你看不懂的汉语词汇你使用了什么策略？
…………

因为先有任意发表意见的机会，再逐步引入到访谈重点上就有一个自然的层次过渡。对被访者的尊重和关注能使他们产生一种主人翁意识，他们不但会积极参与访谈，而且还会热情地配合访谈者的需要来提供信息。

2. 访谈要直接关注汉语教或学的问题

因为访谈是为汉语教学评价收集信息，所以它应该直接关注汉语的教和学的问题。这就要求我们在设计访谈的问题时，要紧密联系汉语的教或学的实际情况。比如，设计下列一些涉及汉语"教"方面的问题来问汉语学习者：

（1）汉语老师做的哪些事对帮助你掌握汉语有好处？
（2）汉语老师做的哪些事对帮助你掌握汉语有坏处？
（3）你希望汉语老师在哪方面帮助你？你希望汉语老师如何帮助你？
（4）今天（或这周）你学的哪些东西是很重要的？

再比如，设计下列涉及汉语"学"和"用"方面的问题来问学生：

（1）你们班上谁学汉语学得最好？
（2）什么原因使他汉语学得这么好？
（3）你学汉语学得怎么样？
（4）什么原因使你汉语学得这么好（这么不好）？
（5）你认为汉语学得好的学生能做什么？
（6）你觉得需要学什么才能成为一个汉语好的学生？

汉语学习者对这些问题的回答，可以给汉语教学评价提供许多有价值的信息。

3. 使用生动灵活的汉语访谈形式

生动灵活的汉语访谈形式对喜欢跨文化交际的汉语学习者来说，具有非常独特的效果。我们既可以直接使用访谈来讨论那些已经完成的汉语作品，也可以先由汉语教师旁观，要求学生执行一项使用汉语来完成的任务，再根据他们完成任务的情况进行即时访谈。比如，先让他们阅读自选书籍中的某节，或写一篇汉语短文，或描述读过的汉语故事或看过的汉语电视节目，这时教师可以直接观察学生的汉语行为表现，然后再使用前面的样例问题来即时了解收集他们使用的特定的汉语学习策略，最后汉语教师和学生还可以一起讨论如何修订他们刚才的汉语表现。

这种汉语访谈形式对收集汉语教学评价信息来说，是一种有价值的收集信息的方法，它给予了学生与教师一起使用汉语的机会，这种方式很少出现在常规汉语课堂教学时间里。尤其是作为访谈双方互动使用时，它会给予学生一种参与感、支配感和学习热情，这些参与会提升汉语学习者作为一个访谈对象的热情。

这时，汉语教师需要特别关注这个活动，以保证这个活动是以学生为中心的、互动方式的。反之，这种方法的独特益处将无法发挥。可能最初学生在访谈活动中的汉语表现是拘谨的、不熟练的，他们可能很少提供有意义的反馈信息，然而，随着时间的推移，学生通常会逐渐变得轻松起来，并确实充满热情，最终能给教师提供有关他们汉语学习方面的很有价值的信息。

三、网络法

网络法是利用计算机网络收集、传输和处理汉语教学评价信息的方法。按照网络连接范围的大小不同，网络又可以分成两种类型：局域网和因特网。

（一）局域网

局域网是一种在学校内部或教室和办公楼范围内通过高速传输线路连接计算机主机与终端、终端与终端的网络。该方法是20世纪90年代后出现的新型调查法。它一般包括主机、工作站、终端PC机、文件服务器、打印服务器、通信服务器、传真服务器、数据库服务器、网络硬件、网络软件等。这种计算机技术可以用于收集汉语教学评价信息。比如，汉语学习者要评价汉语教师的课堂教学，由于汉语学习者人数众多，每学期学校为汉语学习者开设的汉语课程也多达几十门，有汉语语言方面的，有汉语文化方面的，还有商务汉语方面的，等等，这样需要收集的教学评价信息就很多。人工收集效率低下，也容易出现差错。运用学校内部的计算机局域网来收集汉语教学评价信息就很方便。可以把课堂教学评价标准放在网上，显示在电脑屏幕里，让学生自己对学过的每门汉语课程按照评价标准打分。这样既大大减轻了工作人员的劳动量，又减少了信息收集误差。利用局域网可以又快又好地收集信息，也提高了评价工作的效率。

使用局域网收集信息的优点是：能节省时间和人力，降低了收集成本。因为学生可以自己单独进行，减少了紧张不安的心理，收集到的信息更真实，误差更小，信息质量得到了很大程度的提高。

使用局域网收集信息的缺点是：当被调查者出现厌倦、敷衍的情况时，调查者难以得知，也难以有效地引导被调查者。

（二）互联网

互联网是面向全世界，并连接了大量具有不同硬软件计算机的网络系统。世界上有数亿人使用它，主要得益于两大技术：一是万维网，二是浏览器软件。万维网是一种新型的信息传播与处理技术，它是互联网的诸项功能中最具特色、发展最快的一种信息传递方式。浏览器是一种在用户终端机上访问万维网服务器的工具软件。有了它，用户可以用自己的电脑通过万维网服务器来检索、查询、获取各种信息。因此，使用互联网可以使远距离（不同城市、不同国家之间）收集信息变得十分方便快捷，而不是仅仅局限在学校内部。比如，远程汉语教学评价就可以采用互联网技术收集评价信息。

总的来说，利用互联网或者局域网收集汉语教学评价信息属于新生事物，我们还处于不断探索之中。它的收集技术还需要进一步提高，它的优势和缺陷还有待于进一步总结和完善。

第三节　用观察法收集信息

观察是评价人类技能和行为的基础。这里的"观察"不仅指对汉语教学事件、汉语教学活动以及师生之间、学生之间、学生与汉语教学材料之间的互动观察，也指对汉语学习者的产品（口头汉语表达和书面汉语表达）观察，还指对汉语学习者的档案观察以及对学校文献资料的观察。我们将主要介绍非正式观察[1]，因为这是汉语教师日常教学中的主要观察方式。正式观察[2]对工作量很大的一线汉语教师来说，由于过于精密、复杂，难以经常进行。

一、观察法的类型

按照观察对象的不同，我们可以把观察法进一步分成三种类型：汉语课堂观察、汉语产品观察、档案资料观察。

---

[1] 非正式观察指没有预定的观察提纲和严格的观察程序的随机观察。
[2] 正式观察指有预定的观察提纲和严格的观察程序的特定观察。

（一）汉语课堂观察

汉语课堂观察是指在汉语课堂教学期间，对汉语教学事件、汉语教学活动以及师生之间、学生之间、学生与教学材料之间的互动情况进行观察，以获得汉语教学评价信息的方法。

在教学中，汉语教师要不断地观察学生的汉语输入和输出情况。观察的内容包括：学生如何对汉语教学材料作出反应，如何使用汉语教学材料；在班级或小组活动中，学生如何相互影响；学生是如何被教师有效地导入汉语教学内容和汉语使用情景之中的，等等。观察的目的有多种：评价学生在汉语教学中学到了什么，没学到什么；推断学生正在使用的学习策略是促进了还是阻碍了汉语学习；评价自己某个具体的汉语教学策略的效力如何；确定学生喜欢哪种汉语教学活动和材料，等等。源于这种观察得到的信息是调整我们日常汉语课堂教学或学习策略的基础。

（二）汉语产品观察

汉语产品观察是指把汉语学习者输出的口头汉语表达作品和书面汉语表达作品作为考察对象，进行深入细致的观察与分析，以获得汉语教学评价信息的方法。

汉语产品观察有两种情况：对口头汉语表达作品的观察有时在课堂上进行，有时在课外进行；对书面汉语表达作品的观察大多在课外进行。因为前者是汉语声音材料，适合即时观察，后者是汉语文字材料，更适合深入细致地反复观察。观察的内容包括：汉语学习者的个人感受和看法；汉语学习者输出成品中的各种偏误。这些观察可以帮助汉语教师判断汉语教学过程和策略的合理性，发现学生的汉语学习障碍，等等。

（三）档案资料观察

档案资料观察既指把装在档案袋里的汉语学习者的个人背景材料（性别、国籍、身体健康记录、汉语学习经历和成绩记录、汉语水平、受教育情况、父母职业、获奖情况、汉语学习需求、汉语学习目标等）以及汉语学习样本（汉语作业、短文、报告等）作为考察对象，也指把学校的文献资料（如汉语教学大纲等）作为考察对象，进行观察与分析，以获得汉语教学评价信息的方法。

什么是档案袋呢？一个可扩张的文件夹或经久耐用的盒子都可以作为档案袋

来使用。现在人们越来越普遍地使用电子档案，如果给每个汉语学习者都建立一个同样形式的电子文件夹，那么它就成为了更方便保管和储存的电子档案袋。这个作为档案袋的文件夹上应该清楚地标上每个学生的名字，装入他们的个人背景材料和汉语学习样本。因此，我们这里所说的档案袋，更确切地说，叫汉语学习档案袋。当然，对那些以汉语为媒介在中国接受专业教育的外国学生或为了特殊目的学习汉语的学生来说，档案袋的内容不只限于与汉语有关的学习，还可以拓宽档案袋中学习样本的范围，以反映他们的专业学习成就。例如，用汉语写的科学报告或商务财经报告等。

档案资料为汉语教师全面考察汉语学习者的汉语能力发展以及解释其汉语学习障碍和困惑提供了极其宝贵的机会，这是单纯的汉语成绩测试或其他观察形式所不能获取也不能代替的极好的信息来源。

二、观察法的设计与程序[1]

（一）汉语课堂观察

汉语教师同单纯的汉语研究者不一样，他们要从事汉语教学和课堂管理，同时还试图观察和弄清学生的汉语学习情况和自己的汉语教学情况，所以他们面临的挑战是：作为一个观察者如何用一种系统的易于管理的方式来组织汉语课堂观察？如何记录观察信息和推断结果？如何在计划汉语教学时有效地利用这些信息？这就需要一种组织汉语课堂观察的策略，没有连贯一致的观察策略，汉语教师的观察和由此得出的推论将会是散乱无用的。

1. 汉语课堂观察的对象与内容

汉语课堂观察首先要确定观察对象和内容。在汉语课堂教学中，教师会面临多种多样的汉语教学事件，汉语教学活动以及师生之间、学生之间、学生与教学材料之间的互动情况，而一个人的注意力是有限的，那么汉语教师应该主要观察什么呢？汉语教师的观察应该主要围绕特定的汉语教学目标来组织，与汉语教学目标中规定的汉语技能有关。这样的汉语课堂观察既易于管理又富有系统性，因

---

[1] 这里主要参考了 Fred Genesee & Johna A. Upshur（1996）和桂诗春、宁春岩（1997）的研究成果。

为它对观察什么划定了界限。否则，面对众多课堂事件和学生行为，你很难决定观察什么。同时，这样做也会增加汉语课堂观察和推断的有效性。因为它把注意力集中在汉语学习上，而这种汉语学习又与汉语教学目标有关。假如教师的实际汉语教学是根据汉语教学目标来组织的，但是学生的汉语成绩并不匹配你的汉语教学目标，这时汉语课堂观察将会有助于解释原因和分析问题。

2. 汉语课堂观察的组织策略

在教师的汉语教学计划中，一般都会涉及具体的汉语教学内容、汉语教学环节、使用的汉语材料、使用的汉语教学设备以及需要开展的汉语课堂教学活动等详细情况。这时我们要根据教师自己的汉语教学计划，主要围绕特定的汉语教学目标来组织观察，把需要进行汉语课堂观察的对象和内容明确地分解落实到每一个具体的汉语教学环节之中，分别以教学内容、汉语结构、材料、设备和活动为观察焦点来进行，这样就很容易发现问题。比如，如果观察到的汉语课堂实践与你的汉语教学计划之间产生了很大的差异，这或许可以解释学生汉语学习成绩不理想的原因是因为汉语教学并没有按照预定的计划来施行。相反，如果观察到汉语课堂实践遵循了汉语教学计划，而学生的汉语学习成绩也不理想，这至少提示了两种可能：第一，汉语教学计划虽然像预定的那样施行了，但并没有起作用。第二，你的汉语教学计划有漏洞，它导致了学生的汉语成绩不理想。另外，对学生的汉语偏误模式、有限的跨文化交际策略、学生向汉语教师询问的内容等进行观察，都能使我们发现汉语教学计划方面的问题。总之，进行汉语课堂观察能促使汉语教学目标或汉语教学计划根据实际情况而灵活调整，从而使汉语教学能更好地适应汉语学习者。

3. 汉语课堂观察的方式和工具

汉语课堂观察的方式有多种。按照观察者是否直接参与被观察者的活动，可以分为"参与性"与"非参与性"观察。前者是观察者不暴露自己的真实身份，在参与活动中进行隐蔽观察，后者是以旁观者身份进行观察。按照观察内容的范围大小，可以分为完全观察和取样观察等。前者是对与汉语教学评价有关的活动进行全面观察，后者是抽取有代表性的样本进行观察。观察者要事先确定选择哪种观察方式，使用什么观察工具（量表、清单等）。

4. 汉语课堂观察的记录与保存

汉语课堂观察的结果常常要以一定的方式记录和保存，记录并保存好汉语课堂观察对有效地进行汉语教学评价是必要的。记录要力求真实、系统、完整、清楚。为了防止遗忘或因时间久远而曲解汉语课堂观察记录，在作好记录以后，还需要一些书面注释以便永久保存。随着多媒体技术的普及，课堂观察有时还采用录像技术。

很好地保存记录有助于掌握学生汉语学习和教师有效教学的重要信息，可以准确鉴别学生群体在学习汉语的过程中所经历过的持久固定的学习难点，同时有利于准确地报告学生的汉语学习进步以及给学生评定水平等级。对教师来说，还有利于他们监控、评价、修订汉语教学计划。这就需要我们首先解决如何记录的问题。从记录的类型上看，需要使用多角度、多种类的记录方法。比如，既有一些每日记录，也有一些周记；既有一些以学生学习为观察焦点的记录，也有一些以教师教学为观察焦点的记录；既有一些概括的一般的记录，也有一些具体的细节的记录。从记录的方式上看，主要有三种：轶事趣闻记录、清单记录和等级量表记录。

（1）轶事趣闻记录

这种方式是把观察记录记在卡片或活页夹上，作为定性分析的材料来源。记录用纸可以放在任何方便存取的地方，这样无论观察者在哪儿，无论在做什么，都能非常便捷地使用记录用纸，随手记下所观察到的汉语教学现象或汉语学习事件。重要的是，每一个记录条目都要标明日期，简要地描述观察环境，并根据学生姓名或汉语教学单元、汉语教学活动来组织、排列注释，以方便今后使用。由于是抓取时间快速记录，所以观察者要尽快对卡片上或便条上的汉语学习观察记录进行整理，并及时分类组织和保存，否则，随着时间的推移，这些观察记录之间的意义和联系将会很快被遗忘。

轶事趣闻记录虽然不要求特定的形式，但是如果你打算叙述特定的观察情况，那么最好给每项观察都加上标题，并保留注释空间。比如，在观察一个汉语教学单元时，你可以为观察记录加上这样一些标题：①汉语学习者对材料的使用。②汉语学习者彼此间的互动等。这种经过组织计划的系统化观察，可以很好地监控每一个汉语教学单元，也有利于将来计划汉语教学。如果不系统化地观察和记录，那么要辨别影响学生汉语学习进步的行为或模式可能是困难的。

(2) 清单记录

清单通常由一些描述汉语学习和汉语教学的特定项目组成。为了便于记录观察，清单预先设计了一些项目种类，要求观察者在观察学生的汉语行为表现或教师的汉语教学活动时，与清单预先设计的这些项目种类进行核对，并记录事件或行为是否出现或者出现的次数。因此，清单的每个项目一般带有可供选择的两种答案：是或不是。到时只需要核对并选择那些与观察到的现象一致的项目（见表6-3）就行了，这对系统地收集特定的汉语教、学信息特别方便。

表 6-3 汉语口语输入输出情况观察清单

说明	下列清单的设计是为了评价学生汉语口语的输入和输出技能。你只需记录那些跟汉语教学目标相关的项目。如果你发现汉语学习者有下列某一表现，就画勾记录，没有的就不要画勾。如果你发现某些重要表现汉语学习者有，而本表没列出，请你写在表格的最末一栏。	
汉语口语的输入	1. 理解简单的汉语说明 2. 理解简单的汉语陈述 3. 理解简单的汉语肯定和否定 4. 理解汉语量词 5. 理解汉语能愿动词 6. 理解褒/贬义汉语形容词 7. 理解汉语特殊问句 8. 理解汉语缩写、紧缩式等	9. 理解汉语补语 10. 能辨别声调和理解含义 11. 理解不同语调形式的含义 12. 理解复杂的汉语说明 13. 理解汉语快速演说 14. 理解课堂环境的汉语 15. 理解同义的汉语词语
汉语口语的输出	1. 非常正确地发出声母和韵母 2. 汉语发音很协调 3. 正确地发合成音 4. 正确使用汉语词重音 5. 很好地使用短语或句子重音 6. 正确使用语气 7. 正确使用声调 8. 用一个词语回答 9. 造简单的汉语句 10. 造简单的汉语疑问句	11. 给出简单的汉语说明 12. 正确使用汉语动态助词 13. 正确使用汉语指示代词 14. 使用汉语复句形式 15. 使用几个汉语连续句 16. 正确地用汉语描述 17. 使用适当的汉语量词 18. 流利地用汉语谈话 19. 轻松地使用学过的汉语词语
本表没列出的表现		

根据 Fred Genesee & Johna A. Upshur（1996：88）修改而成。

第六章
汉语教学评价信息的收集

(3) 等级量表记录

等级量表与清单一样都是记录观察的工具，它与清单记录在形式和使用上非常相似。等级量表也设计了一些项目种类，不过它有更准确、清晰的分类和评价标准。等级量表要求观察者在观察和评价学生的汉语行为表现或教师的汉语教学活动时，与等级量表预先设计的这些项目种类和等级进行核对，并选择记录那些最符合自己观察表现的反应项目等级。等级量表记录所获得的信息通常可以作定量处理。

等级量表有两种基本形式：

第一，在等级的两端终点描述为"总是"和"从不"，中间反应只是简单地标为一个数字或字母，例如：

该生喜欢使用汉语与别人交际

总是　1　2　3　4　5　从不

第二，沿着开始这个等级，对以后的每一个点都加以描述，例如：

该生喜欢使用汉语与别人交际

总是　常常　有时　很少　从不
　1　　2　　3　　4　　5

等级量表既可以用来观察某个学生，也可以用来观察全班学生。例如，记录学生在汉语课堂上如何经常地使用某种特别的汉语说话方式（如某个汉语词、短语或句式、手势），某种特定的错误出现频率（如语音的、词汇的、语法的），经常问某种类型的问题。这时，观察者只需核对表中列出的每一种类型的等级就行了，这些信息有助于理解和解释学习者的汉语学习模式。当然，等级量表不但可以评价学生的汉语学习，还可以用于评价汉语教师的教学计划、教学活动和材料、收集学生的爱好和需求，等等。

等级量表的项目设计可以涉及广泛的可见汉语行为，如汉语使用的特定方面（"把字句"、汉语能愿动词、汉语补语等）、学习习惯（准时上课、按时复习、有学习目标、为每课作准备、需要时寻求帮助等）、社会行为（与同伴合作学习、与中国人一起融入中国社会、参加班级汉语讨论），等等；还可以涉及汉语学习行为和对汉语教学的反应，如汉语学习策略（冒险精神、关注汉语的意义和形式、自我纠正、使用母语规则类推）、情感和个人风格（热情、勤奋、主动或被动、有创造力）；对汉语课程的反应（在汉语课堂活动中是否积极参与、汉语学习表现主动还是被动、是否需要额外的汉语学习辅导），等等。

等级量表虽然需要花较多时间来构拟，但使用起来相对容易一些，尤其是对记录特定的汉语课堂事件和学生特定的汉语行为表现特别有用。因为等级量表一般来说，都是针对特定的观察对象或事件制定的，非常详细而精确，所以随便把别人或以前用过的等级量表不加修订就重复用于自己的观察，是不适当的，因为项目内容是否合适还有赖于你所观察和记录的特定汉语教学对象和事件。

保存等级量表记录时，也应该像保存轶事趣闻记录一样，有日期，有注释，还可以附上简要的评论。在观察记录完毕后，最好尽快使用这些记录，以便准确地保留你的原始印象。下面（表6-4）就是一个汉语写作观察的等级量表。

表6-4 汉语写作观察等级量表

项目	描述	等级
内容	主要意思陈述得很清楚、准确，思路的变化很清楚。	5 = 非常好
	主要意思陈述得比较清楚、准确，思路的变化比较清楚。	4 = 好
	主要意思有点不清楚或不准确，思路变化的陈述有些乏力。	3 = 一般
	主要意思不清楚或不准确，思路变化的陈述乏力。	2 = 差
	主要意思完全不清楚或不准确，思路变化的陈述很乏力。	1 = 很差
组织	组织得很好，很连贯。	5 = 非常好
	组织得比较好，比较连贯。	4 = 好
	组织松散，但主要意思清楚，合乎逻辑，但先后顺序不完善。	3 = 一般
	思想不连贯，缺乏逻辑顺序。	2 = 差
	缺乏组织，不连贯。	1 = 很差
词汇	很好地选择词语和使用汉语成语及惯用语及其构词法。	5 = 非常好
	较好地选择词语和使用汉语成语及惯用语及其构词法。	4 = 好
	适当地选择词语和使用汉语成语及惯用语，有错用的构词法。	3 = 一般
	在很有限的范围混淆使用词语、汉语成语及惯用语	2 = 差
	在较大范围很差地使用词语、汉语成语及惯用语，缺乏构词法知识。	1 = 很差
语法	没有错误，完全控制了复杂的汉语结构。	5 = 非常好
	几乎没有错误，较好地控制了复杂的汉语结构。	4 = 好
	有一些错误，明显地控制了复杂的汉语结构。	3 = 一般
	较多错误，较差地控制了复杂的汉语结构。	2 = 差
	以错误为主，无法控制复杂的汉语结构。	1 = 很差

(续表)

项目	描述	等级
书写	掌握了汉字书写和标点用法。	5 = 非常好
	在汉字书写和标点使用上错误很少。	4 = 好
	有一定数量的汉字书写和标点错误。	3 = 一般
	在汉字书写和标点上有很多错误。	2 = 差
	不能控制汉字书写和标点使用。	1 = 很差

根据 Fred Genesee & Johna A. Upshur（1996：89）修改而成。

在设计和使用等级量表或清单时，要注意下列问题：

第一，观察者所选择的观察记录对象（如特定汉语表现，汉语教、学事件，汉语教学和学习的某个方面），将反映观察者进行汉语教学评价的目的及其对信息的分类。

第二，等级量表或清单所选择的项目内容应该是看得见的，并涉及你的汉语教学计划，这样记录的信息才能引导你的汉语教学计划。

第三，选择的观察项目种类应该不重叠，以避免冗余，因为交叠的种类很难区分，观察者也难以评价和核对。

第四，每一个观察项目的描述都应该简明、清楚、有意义。

第五，如果选择等级量表的形式记录观察，就要逐级描述所选择的反应。

第六，观察者要对自己选择的等级量表或清单不断反思和检验，从而更好地修订它们，直到它们能准确有效地为你记录和提供观察信息为止。

5. 汉语课堂观察记录的整理

当汉语课堂观察结束以后，观察者应该及时整理观察记录。当发现记录有误或出现遗漏时，要尽可能回忆当时的汉语课堂情景和汉语活动细节，对观察记录进行补充和修正。在进行轶事趣闻记录时，观察者一般会采用速记或简略草记的方式，这时尽快整理观察记录尤为重要。因为拖延太久，会导致遗忘而丢失信息，还会因字迹辨识不清造成信息失真。在整理观察记录时，可以附上观察者临时想到的解释和说明，或者受到的某种启发，以供日后查阅分析时参考。但观察的原始情况记录和观察者的解释和说明应该明确分开，分别保留在不同的位置或区域，以免日久引起误解。

汉语课堂观察是很多评价形式的基础，是汉语教师日常教学的常规工作部分。观察可采取一个相对不受限制的形式（如轶事趣闻记录）或预先确定反应种类（如观察清单和等级量表）的聚焦形式。当实质性的观察种类还未被认识时，不受限制的形式最适合捕捉重要但意外的汉语课堂事件和广泛地考察汉语教学。因为这种形式允许观察者探究某个有趣的、重要的却是非预期的问题。当所有的或大部分重要的观察种类都已经被我们认识时，就适合使用聚焦的观察形式。当然，也可以采用混合的观察形式，那就包括聚焦的和不受限制的这两种。

（二）汉语产品观察

汉语学习者输出的产品有口头汉语表达作品和书面汉语表达作品。由于对学习者的口头汉语表达作品多为即时观察，我们在这里主要讨论对书面汉语表达作品的观察。汉语学习者的书面产品主要有汉语作文、周记等。由学生在作文和周记中提供的反馈信息对教师计划汉语教学特别有用，因为这些信息可以使汉语教师很好地回应学生当前需要的变化。按照汉语教师对学生的写作有无提示或限制，我们可以把汉语学习者输出的书面汉语产品分为两种设计类型：开放性作品和定向性作品。

1. 开放性书面作品

为了使书面汉语作品成为收集汉语教学评价信息的来源，要确保汉语写作具有自发性和真实性。教师不要规定汉语书面作品的形式（无论是汉语语法结构还是篇章结构），也不要给学生加上写什么的限制，还要避免直接评价汉语学习者的写作技巧或写作主题。教师可以对学生使用的汉语形式进行批注，并关注其汉语交际意义，但只能间接地评价（比如，靠这个句子我不能确认你的意思，你能用其他汉语形式说一下吗?），从而使书面汉语作品对师生双方是真正互动的、对话性质的。

虽然书面汉语作品包含的许多信息也可以用其他方法收集（如，面谈和调查问卷也可以用来判断学生的汉语技能、对汉语课堂活动的态度等），但是开放性书面汉语作品的独特之处在于，它在很大程度上处于学生控制之下，学生可以写他们想写的任何东西，相对而言，其他方法则在很大程度上处于教师控制之下。

2. 定向性书面作品

有时汉语教师需要收集某些特定信息，而这些信息有可能在上述这种开放性书面汉语作品中没有出现，这时，汉语教师可以用一些提示方法，引导学生思考在汉语作文里要写什么，既能使学生特别关注汉语写作的内容，又能得到教师自己需要的信息。比如，我们可以为学生设计下列汉语提示语：

这周我计划了……的汉语学习

这周我学了汉语的……

我的汉语学习困难是……

我想了解汉语的……，因为……

我想在……帮助下学习汉语的……

我的汉语学习和练习计划是……，因为……

在这种定向性书面汉语作品里，学生会更加详细地描述他们的汉语学习经历，他们的汉语学习困难，他们在汉语学习中的感受，等等。考察学生的书面汉语作品是汉语教师保持与汉语学习者进行书面汉语中介语接触的重要途径之一。尤其是对汉语课程设置丰富和按汉语技能分班教学的学校来说，教师一旦拥有这种定向性书面汉语作品，就不但可以了解学生在自己的课程里怎么样学汉语，也可以了解学生在其他汉语课程班级如何学汉语，因为只要有汉语教师的提示性引言，学生的书面汉语作品就可以为你提供你想要的多种信息。不仅如此，书面汉语作品还可以向汉语教师揭示：学生的汉语技能是否能满足参加其他汉语课程的课堂活动？在那里他们可能有哪些特殊的困难？学生是否正在汉语技能（听说读写）内部和汉语要素（语法、词汇、语音、篇章、文化知识等）之间建立联系？建立的联系是否适当？在不同汉语技能或不同汉语要素方面他们是否都在进步？这些信息可以帮助教师把学生在其他专业领域需要的综合性汉语技能纳入汉语教学计划之中，或者把来自这些领域的真实内容纳入到汉语教学之中。因而，定向性书面汉语作品在评价中扮演了一个重要角色。

3. 观察的内容

观察的内容主要包括两大类：一是汉语学习者亲身的、个性化的私密信息。比如，对汉语学习的看法和信心、对汉语课堂气氛的感受、对某种教学方法的看法、对教学策略的建议、对同学的期望，等等。二是汉语学习者的各种汉语偏误。比如，汉语语音、语法、汉字、词汇、语篇偏误以及在跨文化交际过程中所产生的语用偏误。观察目的有多种：推断汉语教学过程的合理性、判断汉语教学策略或学习策略是否适当、诊断学生的汉语学习障碍，等等。例如，学生可能在汉语中不适当地使用了来自他母语的语篇模式，这样一来，学生使用的策略虽然在他的母语中有效，而在作为第二语言的汉语中却会导致错误。当然，教师作出涉及汉语学习过程和教学过程的推断比作出涉及教学结果或学习结果的推论更难。因为教师对结果的推论是基于具体观察学生实际使用语言的实例上的。（例如，学生在汉语写作时，是否正确适当地使用了汉语补语。）而教师对过程的推断是基于对与教、学有关的广泛的行为和事件及其相互联系的观察。例如，在学生的汉语作文中，教师发现了学生的汉语偏误，这时还需要进一步回答下面的问题：学生出现了哪种偏误？他们的偏误能够追溯到一个特定的来源吗，比如，是否来源于他们的母语？他们能否自己确定偏误？他们会完全避免使用某些特定的汉语结构吗？显然，这不是一个孤立的汉语使用个案观察就能回答的，它需要提供一系列的汉语学习过程证据。

4. 汉语产品观察的优点

汉语产品观察为学生的汉语学习经历和汉语学习结果提供了反馈机会。比如：学生学懂了这课的内容吗？他们能掌握这些汉语语法吗？他们在用汉语进行表达时会出现哪些偏误？为什么会出现这些偏误？等等。这些问题在学生输出的汉语书面作品里都可以发现线索和答案。学生在他们的汉语书面作品里评论汉语课堂事件，公开表达对汉语教师、同学和汉语课堂活动的感受可以为我们提供大量宝贵的信息，而一些汉语学习者可能因为汉语水平或文化差异的原因，在班级活动中并不会如此公开地表达自己的感受。当然，对来自学生的反馈，要求汉语教师能反思性地接受并给予恰当的解释。

总的来说，产品观察提供了大量个性化的学生信息。比如，汉语写作技能、汉语写作策略，学生在校内外的经历，汉语学习过程，他们的兴趣、期待、汉语学习目标，等等。这就扩大了教师与学生之间的交流空间，同时又给学生提供了为真实交际而使用汉语的机会。教师还可以通过周记或作文了解学生的汉语写作技能及其使用的策略。如果学生的汉语写作是自发的、流畅的，他们输出的产品中可能既包含正确的汉语表达式，也包含错误的、甚至被改正过的汉语表达式。事实上，把汉语作为第二语言来学习的学生，如果他的汉语表达全部正确、完美是不正常的，而出现一些偏误是正常的。在学生周记或作文中经常出现的典型汉语偏误以及某些特定的汉语写作困难，可以为教师计划新的汉语写作活动提供重要的参考信息。如果学生在较长时间里（如半年、一年、两年等）养成了定期汉语写作的习惯，那么这样的定期汉语作品可以为我们提供一个连续的学生汉语写作技能发展的记录。

汉语作品是学生个体的汉语书面表达，它带有以学生为中心的性质，从而增加了它独特的优势。它给予每个学生直接表达汉语学习兴趣和学习目标的机会，能反映每个学生对使用汉语所抱有的个人期望。同时，学生的汉语作品又为教师提供了评价学生汉语书面表达能力的平台，却不会使学生感到有身临其境的压力，而在班级活动中，学生却通常会感到有这种压力，因此，汉语书面作品给学生创造了一个用汉语轻松、愉快、流畅地表达自我的机会。

（三）档案资料观察[1]

档案资料观察主要包括两个方面：一是观察汉语学习者的档案材料（又称为档案袋）。这可以为教师全面考察汉语学习者的汉语能力发展轨迹提供宝贵的信息，这是其他观察形式所不能代替的。二是观察学校的文献资料（如汉语教学大纲、学生来源、班级汉语成绩记录和等级分布及其有关文件等）。汉语学习者的档案材料和学校的文献资料对监控汉语教学的效力和计划汉语教学都有重要的意义。

1. 准备工作

在开始准备档案材料观察时，教师可以提议学生和自己一起建立一个汉语学习档案袋，随着汉语学习的推进，定期在档案袋里放进学生自己满意的汉语学习样本(如作文样本、周记样本、听写样本、单元小测验样本、演讲稿样本、汉语口语录音样本等)。同时告知学生，观察和分析这些样本可以在规定的时间里定期进行，由此可以了解自己的汉语学习进步情况，还可以邀请老师参加。对教师来说，在重大教学周期的末尾，系统观察学生的档案袋是必要的，比如，重点了解某个学生的汉语能力发展轨迹、打算制定某个阶段的汉语教学计划等。

2. 交互式使用策略

汉语学习者的责任感会受到来自两个方面的激励：一是他人对其汉语学习成果的肯定与鼓励；二是他们与支持自己的合作者共享其汉语学习成就。使用学生档案袋就会产生这样两个作用——受到汉语教师的肯定与鼓励，学生与教师共享其汉语学习成就，这就会大大增强学生的汉语学习责任感。当然，要达到上述效果还要依赖于下列几个因素：（1）教师与学生互动地使用档案袋。（2）学生对档案袋有比较强烈的主人翁意识。（3）学生能够参与对自己档案袋的观察过程。因此，在观察汉语学习者的档案资料时，教师要采取与学生互动、合作使用档案资料的策略。事实上，互动、合作不会自动发生，需要教师有意识地、系统地计划、引导和使用档案袋，使它成为一种互动、合作的工具来促进学生参与汉语学习。因此，我们建议：

（1）教师在对全体学生作出汉语学习成绩的评价决策时，要尽可能多地参考使用汉语学习者档案袋。

---

[1] 参见罗少茜（2003），龚亚夫、罗少茜（2002），Ellen Weber（2003）。

(2) 由学生参与选择汉语作品（包括书面的和口头的）和决定评价标准。由学生提议并选择装在档案袋里的汉语学习样本有特别重要的意义，它能激发学生的学习热情和主人翁精神。教师还要与学生一起协商并确定这些汉语学习作品如何评价，使用什么评价标准。

(3) 教师要定期与汉语学习者进行档案袋讨论，与汉语学习者一起回顾和观察他们的汉语作品，共同设置适合学生个体的个性化汉语学习目标。还要鼓励学生自己与其他学生一起共享他们的档案袋，互相观察档案袋里的材料，并互相提出鼓励意见。有时教师还可以在班上组织群体学生或个体学生的档案袋回顾观察活动，这时全体学生学习互相观察档案袋里的汉语学习作品是重要的，因为这些学生可以由此学会如何向自己的同学提供积极的、建设性的反馈意见。

汉语学习档案袋里汇集了学生自己挑选的、有代表性的汉语作品，教师要充分认可他们已经获得的成果。对他们在完成汉语作品的过程中所使用的特定技巧或策略，要进行表扬，并指出这些技巧或策略所产生的积极效果。对学生所描述的或关心的汉语学习困难或进步，要仔细地倾听，作出适当反应，提出合理的建议来显示对他们的关注。无论是在档案袋讨论期间，还是在与学生共享档案袋时，教师都要一直为汉语学习者提供正面支持。档案袋的观察和讨论实际上可以承担一些常规评价的任务，并具有形成性评价的特点，却不会产生测试法评价的副作用。

3. 让档案袋为汉语学习者服务

现有的许多汉语教学评价方法把汉语学习者视为评价对象，把评价责任和任务放在汉语教师身上，只为汉语学习者提供了很少的机会来承担他们的学习责任和控制他们对学习的定位。相对来说，汉语学习档案袋可以使学生成为反省、决策汉语学习的行动者，由此给予他们承担汉语学习责任的机会。因为档案袋鼓励学生反省自己的汉语学习，评价和关注学习者的汉语强项和弱项，有助于确定他们自己的汉语学习目标。要达到这样的目的，教师需要让学生反省、关注他们自己的汉语学习。那么怎样才能实现汉语教师对学生的希望呢？这就需要让档案袋为汉语学习者服务：

(1) 学习档案袋的汉语书面描述

让学生用汉语书面描述自己的档案袋。描述内容包括：他们的档案袋里都有哪些汉语作品？为什么在他们的档案袋里要包括这些汉语作品？他们喜欢这些汉语作品的哪些方面？他们在完成这些汉语作品的过程中能学到什么？哪些作品的什么地方需要改进？等等。

(2) 学习档案袋的汉语口头陈述

在档案袋讨论期间以及与他人共享档案袋时，要鼓励学生积极参与汉语学习档案袋的查阅过程，并要求他们口头描述当前的汉语学习强项和弱项，用汉语口头陈述他们在汉语的哪些方面、什么地方已经取得了进步，并要求他们给出汉语学习进步的证据和理由。

(3) 横向或纵向比较汉语作品

为了让学生反省、关注他们自己的汉语学习，还可以要求学生对自己档案袋里的汉语作品进行比较。既可以按照不同时间的先后顺序来比较自己的同类汉语作品，观察自己有无进步，确定是什么原因使一篇汉语作品比另一篇更好，如果他们再做一遍，他们可能在哪些方面做得不同，也可以按照同一时间来比较自己不同的汉语作品，观察自己在哪方面是强项，哪方面是弱项，并促使他们进一步思考可以付出哪些努力来改变目前的状况。

(4) 为选择汉语作品提出建议

虽然主要是让学生自己选择进入档案袋的汉语作品，但是教师也可以引导学生在档案袋里容纳多种类型和等级的汉语作品，以树立学生的汉语学习信心，便于学生及时看到自己的汉语学习成就和进步。因此，可以建议学生分别选择他们认为做得最好的汉语作品、他们改得最好的汉语作品、他们觉得最难做的汉语作品、他们写得最长的汉语作品，等等，并请学生解释他们选择这些汉语作品的理由。

(5) 汉语教师及时对作品提供反馈

当学生的汉语学习档案袋建立起来以后，尤其是在开展档案袋讨论和与学生共享档案袋时，汉语教师要适时表达对学生档案袋中的汉语作品持有的兴趣，热情支持学生表达对自己作品的反省，及时对学生的汉语作品提出建设性意见，并为他们今后努力的方向提出建议。

(6) 启发汉语学习者思考

启发学生对档案袋里的汉语作品进行分析、总结和思考，发现自己的汉语学习弱项或缺陷，教师要深入了解学生在改进汉语学习弱项或缺陷方面是如何考虑的，并以亲切的态度询问学生需要教师提供什么样的帮助。

(7) 为汉语学习者设置学习目标

汉语教师要与学生一起，以档案袋里的汉语作品为例，共同分析当前的汉语学习状况，找到学生个体的汉语优势和不足，共同为学生的汉语学习发展设置符合本人特点的汉语学习目标。

（8）与他人共享并反思汉语作品

鼓励个体学生在其他学生面前反思自己档案袋里的汉语作品，教师要把这种活动视为学习的一个组成部分，这样学生在进行汉语学习的自我评价时就会变得舒畅自如，并能对自己的汉语作品被同伴关注采取支持的态度。当同伴共享他们的档案袋时，注意创造非竞争性互动和以学生为中心的氛围是重要的。

4. 让档案袋为汉语教学服务

汉语学习档案袋不仅可以用来促进学生关注自己的汉语学习，增强他们的学习责任感，同时还可以帮助教师更好地计划汉语教学，以回应学生的需求。因为观察学生的汉语学习作品样本及其档案资料，可以发现汉语学习者的进步证据以及需要保持特别注意的偏误区域。为了让档案袋很好地为汉语教学服务，我们要注意作好以下工作：

（1）定期召开汉语学习档案袋分析讨论会，师生共同查阅档案袋的内容，观察汉语学习样本，分析取得的汉语进步和存在的问题。

（2）教师在主要汉语教学单元结束后或汉语教学效果监控期间，要注意查阅学生的汉语学习档案袋，认真观察学生提供的汉语学习样本，总结其汉语习得的正误表现。

（3）教师要寻找学生周期性持久稳固的汉语习得难点和典型的汉语学习困难经历，保存描述它们的记录（比如使用清单或轶事趣闻记录）。保持长时间地对多个学生的汉语学习档案进行追踪观察，努力发现他们的汉语习得轨迹，这样教师就可以逐步确定学生频繁出现的共同的汉语学习难点。

（4）仔细听取学生对其所经历的汉语学习困难的倾诉，鼓励他们发表如何改善这种状况的意见，认真听取学生有关哪些区域应该成为汉语课程的组成部分的评论。

（5）让学生参与设置汉语学习目标和制定汉语教学计划，并要保证这些目标和计划在汉语教学中能整合为一体。

5. 档案袋观察的优点

汉语学习档案袋观察对汉语教学评价来说，是很有价值的收集信息的方法。它给予了学生与教师一起使用汉语协商的机会。在师生互动使用时，它会激发学生的参与感、支配感和汉语学习热情。当然，这要保证活动是以学生为中心的，采用互动方式进行的，否则它的独特益处将不会显现。

　　汉语学习档案袋观察是对学生汉语学习信息的一种有目的的收集方法，它有非常明确的收集焦点，比如，汉语的口头输出和书面输出产品。或者有一个较为广泛的区域，它包括学生全面的汉语输出技能发展的样本，比如，定期取样的汉语作文、定期取样的汉语口语录音、汉语演讲稿等。这对评价学生的汉语学习成就很有价值，因为它提供了一个连续的学生汉语技能发展的记录。如果教师和学生一起定期观察档案袋，那么它还能为评价学生的汉语学习策略提供信息，教师也可以基于这些信息为个体学生提出适当的汉语学习策略建议，这有利于增强学生的自我学习意识。因此，档案观察很不同于仅在课堂上使用的汉语测试或其他惯常使用的评价形式，它在以学生为中心、协作学习、增强学习责任感等方面扮演了一个重要角色。

　　档案袋观察的积极效果主要来自于它给予了学生积极参与评价和协商学习的机会，如果仅仅是由学生保存他们的汉语学习档案袋，那些独特效果是不会自动发生的。它更多地依赖于教师作为汉语教学评价过程中学生的合作者来使用档案袋，这就是说，师生必须共同积极地互动地使用档案袋，使它成为汉语教学和教学计划的一个重要组成部分。

　　总的来说，对汉语学习者的档案袋观察为我们提供了一个全面观察学习者的汉语学习情况的机会。加深了我们对个体学生汉语进步的认识，赋予我们与学生一起协作评价的机会。不仅如此，我们还可以与学生的伙伴及其他汉语教学者一起共享学生真实的、具体的汉语学习进步证据，并拥有使用汉语语法术语跟学生一起讨论汉语中介语的机会。从这种意义上来说，档案观察促进了学生参与汉语教学评价和自我评价的责任，促进了教师的教与学生的学之间的汉语教学互动，促进了学生的汉语学习主人翁意识和责任感的增强，激发了他们的汉语学习热情，提高了学生对汉语作业的批判性思考能力，有利于师生协作开展汉语课堂教学，共享汉语教学的成果。

三、观察法要注意的问题

　　前面我们分别讨论了汉语课堂观察、汉语产品观察、档案资料观察各自的特点和优势，总的看来，它们都属于观察法。使用观察法时要注意以下问题：

　　观察主要依靠观察者的感官和思维，一般不需要其他中介环节。观察者或者身临汉语课堂教学现场，或者面对汉语输出产品及档案资料，这给观察者提供了亲眼目睹汉语教、学过程的机会，带来了最深刻最直接的亲身感受，可以获得评价对象不愿意或没有报告的汉语行为表现。同时，在学生汉语学习的现场作即时观察记录，收集的信息可能更全面、准确、生动，具有较大的真实性和客观性。

但是，观察法也有自身的弱点，因为观察法实际上属于取样观察，并且是小样本取样，所以当观察的项目多而分散时，其观察获得的结论难以推广运用。观察法获得的信息还会因观察者汉语教学实践经验的多少、第二语言教学理论修养的不同、文化背景导致的思维方式差异等因素的干扰产生某种程度的失真。观察法需要花费大量时间和精力，因此实施的成本较高。信息记录和整理较难系统化，结论类推和判断因果关系都比较困难。

思考题

1. 汉语作为第二语言的测试是如何定义的？
2. 汉语作为第二语言的测试有哪些种类？
3. 如何编制汉语测试的试卷？
4. 调查法有哪些常用的类型？各自具有什么不同的特点？
5. 编制调查问卷要遵循哪些原则？
6. 观察法有哪些常用的类型？各自具有什么不同的特点？
7. 如何设计汉语课堂观察？如何保存汉语课堂观察记录？
8. 应该如何使用学习者的汉语学习档案袋？
9. 举例说明如何让汉语学习档案袋为学习者和汉语教师服务。

第七章
汉语教学评价信息的质量

不管我们使用什么方法来收集信息，为了把这些信息用于汉语教学评价，我们总会特别关注信息的质量状况。信息质量的优劣可以通过两个技术指标来反映，这就是信度和效度。除此之外，在实际工作中还要考虑信息收集的可行性问题。信度、效度、可行性是汉语教学评价信息应具备的三个特征。无论是判断定量信息的质量，还是判断定性信息的质量，这三个特征都是非常重要的观察角度。

本章我们将讨论：什么叫信度？什么叫效度？信度和效度之间有什么关系？制约信息质量的三因素是如何互相牵制的？哪些因素可能会降低一个评价工具所获信息的信度或效度？使用某种评价工具来收集汉语教学评价信息在实际工作中是否可行？改善信度和效度的途径有哪些？

第一节 汉语教学评价信息的信度

一、信度的概念[1]及其表示法

汉语教学评价信息的信度指我们所获取的评价信息的可靠程度。换句话说，如果用同一种工具反复收集同一种潜在的汉语教或学的信息特质，则其收

---

1 参见郑日昌（1987）。

集的信息结果之间的一致性程度就叫信度，或称为可靠性。

信度是衡量我们所搜集的信息质量好坏的重要指标之一。

因为大部分信度指标都是用相关系数来表示的，所以人们又把这个相关系数称为信度系数。信度系数就是用同一份汉语试卷，对同一组考生两次或多次施测后，把所得到的相关结果作为测试一致性的指标。如果相关程度高，那么信度也就高。

一个汉语测试可能不限于一个信度系数，获得较高信度系数是测试有效的必要条件。

常见的检验汉语测试信度的方法有：（1）再测法（test retest method）。用同一套试卷，对同一组学生，在较短时间内先后施测两次。根据其两次测试分数来计算相关系数，就得到了再测信度。（2）复本法（parallel forms method）。编制若干个平行的汉语等值测试，它们叫做复本。让同一组汉语考生接受两个复本测试，然后根据复本测试的得分情况来计算二者之间的相关系数，以此判断信度。（3）分半法（split-half method）。一个汉语测试只测试一次，把它的题目分成对等的两半，再根据考生在两半所得分数来计算相关系数，就可以判断其信度。信度关心的是随机误差[1]影响，随机误差越大，信度越低。

二、影响信度的因素

总的说来，汉语教学评价信息的信度高低要受到多种因素的制约，这些因素通常来源于三个方面[2]：

第一，涉及收集信息的人员。他们判断不一致会产生随机误差。比如，有两个汉语教师观察同一个小组的两个汉语学习者（A与B）进行汉语会话，以便评价他们的汉语会话能力。第一个教师认为是A说得不好，因为他在会话时说得结结巴巴的，不太流利。第二个教师却认为是B说得不好，因为他在回答时犹豫不决。两个汉语教师虽然都观察了同一个小组会话，但报告的却是两种不同的结论。我们没有办法决定谁的判断结果是正确的，我们只能说，收集到

---

1 随机误差是由与评价目的无关的偶然因素引起而又不易控制的误差，它使对同一对象的多次评价或多人评价产生不一致的结果。

2 参见郑日昌（1987），程书肖（2004），范晓玲、杨志明（1999），吴刚（2004），李筱菊（1997）。

的这个信息是不可靠的,因为它受到了随机误差的影响。在两个观察者之间出现的这种不同被称为与评价者有关的信度或评价者信度。

第二,涉及收集信息的对象。比如,汉语学习者的写作是我们收集信息的对象。汉语学习者丁力在本周一写了篇汉语作文,他的汉语老师当天评阅了这篇作文,并指出他的主要写作问题是被动句使用偏误。本周二丁力又写了一封汉语信,他的汉语老师当天又评阅了这封信,并指出他的主要写作问题是汉语趋向补语使用偏误。由于从周一到周二的时间间隔比较短,而丁力在此期间并没有作过专门的针对性练习,在写作上不可能有任何明显的改进。因此,关于汉语写作的主要问题,丁力的两次汉语写作作业并没有为此提供可靠的信息,那位汉语老师根据丁力某次作业的信息而得出的结论也是不可信的。丁力在不同的时候,用不同的形式,写出不同的汉语内容,就会出现不可预期的不同汉语偏误问题。这被称为与评价对象有关的或与被评价者有关的信度。

第三,涉及用来收集信息的程序或工具。比如,有两个汉语能力非常相近的汉语学习者(A与B)都参加了一个汉语能力考试。假设该考试由100个多项选择题组成,而他们肯定都能判断出其中的70个题的正确答案,剩下30个不知道答案的题只好靠猜测。A幸运地猜对了16个,B运气不好,只猜对了5个,最后A得了86分,B得了75分。如果因此判断A比B汉语水平更高,那么这个评价信息是不可靠的,因为他们得分的不同完全属于偶然的运气(随机误差),也许再次考试时B比A的得分高,不过这个信息也同样不可靠。汉语学习者A在那个汉语能力考试中比汉语学习者B表现得更好,汉语水平显得更高,是因为他们参加的这个汉语考试使用了多项选择题型,这就为他们提供了猜测题目正确答案的机会。这被称为与工具有关的信度。

信度的关键是客观和公平,要做到这一点,必须从收集信息的人员、收集信息的对象、收集信息的程序或工具这三方面去努力,也就是说,要想信息获得高信度,要靠这三个方面来提供保证。

三、改善信度的途径

汉语教学评价所收集和使用的任何信息,我们都希望是高信度的,而且在汉语教学评价信息方面,也确实存在着一些改善信度的实用途径。

在设法改善信度时,我们首先要考虑不可靠因素的可能来源,即辨别那些可能会导致产生不一致评价信息的因素。例如,汉语教师对学生汉语行为表现的不可靠评价可能源于学生没有处于一天或一周的最好的精神状态之中;或者在学生没有作好准备的情况下,汉语教师却突然要评价他们的汉语行为表现;或者是汉语教师自己处于不好的精神状态之中,却去评价学生的汉语行为表现,因此评价时不能全面仔细地观察学生。不可靠因素还可能来源于汉语教学评价信息的记录保存,比如,缺乏记录或保存了不一致的信息记录。这时,我们对这些学生汉语进步的评价以及针对他们所制定的汉语教学计划就是建立在一个不准确的信息回忆基础之上的。因此,改善汉语教学评价信息的信度常常涉及如何减少评价者、评价对象和评价工具的随机误差影响的问题。有关学者(李筱菊,1997;郑日昌,1987;Genesee & Upshur,1996 等)针对上述三个主要的不可靠来源提出了下列几个相应的改善措施:

(一)改善评价者的信度

前面我们讲过,收集信息的人员判断不一致会产生随机误差,也就是说汉语教学评价信息的信度会受到这个因素的影响。但是,与收集信息的人员有关的评价者信度是可以被提高的,办法是让他们清楚、充分地了解如何能正确地得到所希望的信息。这就需要对他们进行很好的指导和培训,在正式开始收集信息之前,给予他们体验和练习使用工具收集信息的机会。信息收集者或观察者还应该各自独立地作出观察后的评价,如果多个独立观察者在评价方面都取得了一致意见,那么由此得到的信息的可靠性就大得多。因此,在汉语测试的主观题阅卷工作中,为了提高评价者信度,要使用有汉语教学经验并接受过汉语教学评价训练的汉语教师担任评价者。在实施汉语教学评价时,评价者应该多于1人,而且多个评价者应该各自独立地实施自己的评价,并各自独立地记录评价结果,最后比较、汇总评价结果。当评价者的意见分歧较大时,应该进行复查和再评。

(二)改善评价对象的信度

影响汉语教学评价信息信度的第二个因素涉及收集信息的对象,这就是被评价者信度,更准确地说是与评价对象有关的信度。我们要注意的是应该在多个不同的场合评价同一对象(或同一汉语学习者)。例如,汉语学习者丁力在不同场合(有时在课堂上,有时在宿舍)写了 10 篇作文,其中 8 篇显示他最大的写作问题涉及"把"字句的使用偏误，这样我们可能会觉得这个信息是比较可靠的。那么如何解释先前的两个信息（主要写作问题是被动句使用偏误或者是汉语趋向补语使用偏误）结论呢？我们可以说丁力的汉语老师较早得出的那两个不同的信息结论只是反映了这样的事实：人们由于短时的心情变化、瞬间的分心、学习的疲乏等许多因素，常常在其汉语写作行为上表现出不一致，这超过了评价对象的控制范围，也超过了评价者的识别范围。因此，在对汉语学习者作出评价结论时，我们大力推荐：使用在不同场合下、用不同工具所收集到的同一个学生的多种汉语表现信息或汉语成就信息。要在评价对象已经作好了准备并处于最好的精神行为状态时进行评价。另外，要确保评价对象知道教师期待他们在（考试）评价中做什么，即（考试）评价的指令要清楚。因此，教师有义务在（考试）评价之前给学生讲清题型和答题要求。

（三）改善评价工具的信度

与评价工具有关的信度可以靠使用多种信息收集工具或方法来改善，因为来自一种工具或方法所产生的偏差将会被另一种工具或方法所弥补。例如，对于拥有独特文化背景的汉语学习者来说（如韩国或日本女生），如果要求她们在全班学生面前展示自己已经学到了什么样的汉语技能，那她们可能会很拘谨、很困难，但是当她们独自向老师展示时，却可能既潇洒又自在。这意味着仅使用一种要求在全班学生面前表现自己的汉语技能的评价方法，就可能会导致一个不可靠的汉语成就评价信息。

上述例子说明，在收集汉语教学评价信息时，我们要尽可能使用多种不同的评价工具或方法，以抵消或弥补某一种信息收集工具或方法所产生的偏差。同时，要注意创造一个理想的评价条件（如安静的考场、良好的录音听力设备等），努力消除外来的干扰，使评价者和被评价者都把注意力集中在评价工作上，避免任何分心的事件出现。而且在评价过程中，要保持评价条件始终如一，尽量不出现任何意外波动和变化。

四、关于信度的建议

总的来看，在一定的情况下，并不是所有的不可靠来源对信度都具有同等的威胁。李筱菊（1997）建议，对特定情况下的那些不可靠来源要作出合理的逻辑分析和判断，同时进行谨慎的选择，把主要精力放在如何减少最大的不可靠来源上。例如，在汉语测试法评价中，如果是使用多项选择测试，我们就不需要极大地关注评价者信度。相反，如果在面试型的汉语口语测试中，要评价汉语学习者的口头汉语行为表现，这时我们就应该非常关注评价者信度。如果要评价汉语学习者的跨文化汉语交际能力，我们就必须关注与评价对象有关的信度，因为他们的汉语行为表现可能会在一天中的某个时间发生波动（如8:00～11:30表现得好，1:00～2:30表现得不好），或者他们的精神状态可能在一天中的某个时间发生波动（如11:00或5:00）。如果我们要评价学生的一篇汉语作文，这时要少关注与评价对象有关的信度。也就是说，我们不必关注这篇汉语作文随着时间的推移在写作上所发生的变化。

毫无疑问，我们收集的信息质量是否可靠将会对汉语教学评价的决策产生很大的影响，因此，汉语教学评价信息的信度确实值得我们大家去关注。

第二节　汉语教学评价信息的效度

一、效度的概念及其表示法

汉语教学评价信息的效度指我们所获取的信息实际上反映汉语教学某元素的某种特质的程度。换句话说，就是汉语教学评价信息的有效性和准确性。

效度是一个相对的概念（范晓玲、杨志明，1999；郑日昌，1987），这有两层含义：第一，汉语教学评价信息的有效性是相对于一定的信息收集目的和对象而言的。因此，一种评价信息是否有效主要是看它针对特定的对象是否达到了收集目的。从这种意义上来说，一种收集信息的方案不可能对任何对象都有效。比如，收集汉语学习者学习态度的量表，若用它来收集汉语学习者的学习策略，必然效度很低。第二，针对某一对象的收集信息方案不会完全有效或完全无效，只能达到某种程度的准确。比如，汉语学习者掌握汉语口语技能的程度，只能通过他的汉语口语表现来推测，这种推测不可能达到100%的准确。

效度一般用一个指标来表示，范围从0.00到1.00。完美的效度用1.00的值来表示，没有效度用 0.00 的值来表示。也如同信度一样，这些数字只代表了理论上的限度。实际上，我们从来就无法知道我们的评价工具完全准确的效度，我们只能作出大概的估计。另外，在教育评价领域，我们还没有也不可能会有完美效度的评价工具。

对汉语教学评价来说，效度是最重要的信息质量指标。

二、信度与效度的关系

对作出合理的汉语教学决策来说，汉语教学评价信息的可靠与有效都很重要。信度和效度的基本关系是复杂的，它们既互相依存，又互相排斥。认识两者之间的这种矛盾本质，有利于我们在收集汉语教学评价信息时更好地兼顾它们。

（一）互相依存

信度和效度两者之间是相互依存的。没有信度当然不可能有效度；没有效度，信度也就毫无意义。要想效度高，信度必须高。

（二）互相排斥

信度和效度两者之间既是相互依存的，又是相互排斥的。李筱菊（1997）认为，这是由信度和效度的本质以及语言的本质所决定的。对此，她解释过原因："从信息的量与质的矛盾来看，对量的测量容易保证信息的高信度，对质的测量容易保证信息的高效度。但是量的测量要求被测的对象必须可数，以便用数字加数量单位来表示"。我们将根据她的解释，结合汉语教学评价的实际来阐释。我们要收集的是汉语教学评价信息，这是有关汉语使用能力的，它表现为汉语行为（无限的、不可数的），本质上不能用数字加数量单位来表示。汉语教学评价信息要满足信度，只有把信息收集程序设计为全部是定量型的，但这会影响效度；汉语教学评价信息要满足效度，只有把信息收集程序设计为全部是定性型的，但这又会影响信度。

"从信息的判断特性来看，信度要求黑白分明的两分判断（对或错），效度却要求程度不同的连续判断。"（李筱菊，1997：43）我们知道汉语作为第二语言的使用，从本质上来说，不能用对或错的标准来判断，它是一个程度问题，而不是一个单纯的对错问题。但在收集汉语教学评价信息时，如果真的根据程度不同来进行连续判断，虽然有利于效度，却又可能影响信度。

"从收集信息的方式来看，离散测试能满足信度要求，却不符合效度要求；综合测试符合效度要求，却难以取得高信度。"（李筱菊，1997：43）因为在我们的实际生活中，语言是作为一个整体来运用的，不会被分成语音、语法、词汇、汉字等部分来孤立地运用。被分解为部分的语言已经失去了语言的基本特性，因此，通过离散测试收集被试的汉语能力信息，不符合效度的要求，但便于编制大量的汉语测试项目，所以可以取得高信度。而通过综合测试收集被试的汉语能力信息，虽然符合效度要求，却不易取得客观、明确的数据，也无法编制足量的汉语测试项目，所以难以取得高信度。

三、估计效度的方法

效度不能被直接计算，原因是相同的。因为要直接计算信息的效度，我们就必须肯定事件的真实状态，以便把那个事件与我们已收集到的信息作比较。但是，在汉语教学评价领域，评价者感兴趣的大部分汉语技能质量和属性都不受评价本身的支配，没有直接的方式来了解我们感兴趣的汉语技能的多数质量和属性的真实程度。我们只有指标，它允许我们对关心的属性作出推论。

因为大多数汉语学习者的特质信息，我们不能直接评价其效度，只好被迫使用指标的途径来估计我们的数据信息和收集工具的效度。在汉语教学评价领域，一般是根据收集到的评价信息来作出合理的汉语教学决策。如果我们收集的信息能起到这种作用，有助于作出合理的汉语教学决策，那么我们就可以推断所获得的信息和获取信息的工具是有效度的。所收集的信息和获取信息的工具起到的这种作用越大，它的效度就越高。由此可见，对信息效度的估计，在很大程度上取决于人们对信息收集目的的解释。在汉语教学评价中，比较常见的解释角度主要有三种：一是从内容方面来说明；二是从效标的关联来说明；三是从结构[1]上来说明。这意味着效度估计的过程就是根据汉语教学决策的种类，从内容、效标、结构等方面寻找证据来证明评价信息及其收集工具的效度的过程。

内容效度（content validity）是指一个信息收集工具实际收集到的汉语教学评价信息内容与所要收集的汉语教学评价信息内容之间的吻合程度。估计汉语教学评价信息的内容效度，就是确定该评价信息在多大程度上代表了所要测量的汉语技能内容或行为领域。在这里，所要测量的内容或汉语技能行为领域是依据汉语教学评价收集信息的目的来确定的。显然，内容效度对基于课堂教学的汉语成绩测试是重要的，因为它主要是测量汉语学习者掌握汉语知识技能的程度。汉语教师通常想获悉学生处于某种典型交际情景时的汉语行为表现，而直接评价学生在那个交际情景中的表现又是不可能的，这就有必要在一个限定的交际情景范围内来评价学生的汉语行为表现，尽管这个交际情景范围不一定是我们感兴趣的那个情景范围。但是，我们可以把这个评价结果推广到那些我们感兴趣的交际情景中去，当然，前提是内容效度要高，如果内容效度低，则这种推论将无效。汉语教学评价信息内容效度的估计主要采用逻辑分析法。比如：(1) 考察想测的内容范围（包括汉语知识技能范围和能力层次）是否明确；(2) 考察每个题目所测的内容是否是想要评价的那种汉语知识技能的典型代表；(3) 考察题目对定义的汉语知识技能范围的覆盖率，考察题目难度与汉语能力层次之间的一致性，等等。

效标关联效度 (criterion-relatedness) 是把用一种评价方法所收集的某些汉语教学特质的信息与用另一种评价方法所收集的同样的汉语教学特质的信息联系起来的程度。效标是确实能反映评价对象（如汉语学习者）特质的另一种评价结果，它是考核、检定评价效度的参照标准。因此，效标关联效度也指一种汉语教学评价信息与一个参照标准之间的一致性程度。

结构效度 (construct validity) 指测试和评价是否以有效的语言观（包括语言运用观和语言学习观）为根据。(李筱菊，1997) 结构效度有 3 个主要成分 (刘润清、韩宝成，2000)：(1) 我们拥有想验证的汉语教学评价信息。(2) 我们有一个汉语教学评价信息如何与其他信息相联系的理论。(3) 我们可以检验这个理论假设。比如，按照 Bachman 的理论模式，人们的语言交际能力是由语言能力、策略能力和心理机制三部分组成的。假如我们根据这一理论编制了一个汉语成绩测试试卷，试卷的题目构成考虑到了这些因素，测试之后还能检验所测到的东西是否符合 Bachman 理论模式的要求，而且检验结果发现我们所

---

[1] 指心理学理论所涉及的抽象的属于假设性的概念或特质。如语言能力、动机等。它们通常用某种操作来定义，并用测试来测量。

测到的东西与 Bachman 的理论模式一致，那么，我们就可以说这个汉语成绩测试有很好的结构效度。刘润清、韩宝成（2000）提出，结构效度的确立一般要经过下列几个程序：（1）提出理论假设。对汉语作为第二语言教学的评价来说，就是要提出有效的语言观（包括语言运用观和语言学习观），尤其是语言能力理论。（2）推演出有关语言测试结果的假设。即依据一定的语言理论框架，推演出有关语言测试成绩的假设。（3）用逻辑和实证的方法来验证假设。

四、效度的新定义

随着教育和心理测量界对效度概念内涵和外延的深入研究，人们更加清楚地认识到：效度在本质上是一个整体性概念，它的内涵既不单一，也难以分成不同的种类。效验[1]不是建立各种各样的效度，而是从各方面论证和收集证据，以保证测试结果的恰当使用。因此，1999 年美国的《教育和心理测试标准》（Standards for Educational and Psychological Testing）对效度下了这样的定义：“效度指的是证据及理论对包含在所提议的测试使用之中的测试分数解释的支持程度。"邹申（2005）认为，该定义的基本精神反映在三个方面：一是效度是一个整体性概念，不是一个组合概念，它不再是不同种类的效度，效验也不再是研究不同种类的效度，而是收集、积累不同侧面的效度证据。这是对传统组合式、种类式效度概念的最根本性改变。二是明确指出了效验的经验证据和理论论证这两个方面。这意味着，对外语测试而言，相关理论包括现代外语学习理论、外语教学理论、语言学理论等。三是明确指出了效度是关于测量结果解释或使用情况与证据和理论的一致性程度，因此，效度是对测试结果解释和使用的评价，而不是对测试自身的评价。邹申（2005）主张放弃构建（或结构）效度、表面效度等提法，把效度作为一个整体性概念来理解。

---

[1] 研究一种测试的效度也叫对这种测试进行效验（validation），即根据现有的效度理论框架，为这种测试结果的使用、解释及其推断和决策提供可参考的理论论证和经验证据，同时也为测试的改进提供反馈信息。它是一个理论综合论证的过程，也是一个采集证据的过程。

五、影响效度的因素

严格地说，凡是与收集汉语教学评价信息目的无关的稳定的和不稳定的变异来源都会影响汉语测试的效度。汉语测试本身（收集信息的工具）的构成、汉语被试的特点、汉语测试的施测过程、汉语测试的阅卷评分、分数的转换与解释等一切与汉语测试有关的环节都可能影响汉语教学评价信息收集的效度。

（一）汉语测试本身的构成

汉语测试本身的构成也就是收集信息的工具本身的构成。当收集汉语教学评价信息的试题样本没有很好地代表想测的内容或结构时，内容效度或结构效度必然不高。另外，汉语测试题目指令不清，题目太难或太易，题目太少，顺序安排不当等都会降低所收集的汉语教学评价信息的效度。

（二）汉语被试的特点

一般情况下，汉语被试的应试动机、时间、态度、身体状态等会影响所收集的汉语教学评价信息的信度，造成较大的随机误差，进而影响所收集信息的效度。比如，对汉语教学评价信息的收集要求缺乏理解，没有充足的时间来执行汉语测试要求的任务，对汉语教学评价信息的收集活动缺乏兴趣或者不按照要求的方式来执行汉语测试任务等。

（三）汉语测试的实施过程

一个汉语测试在实施过程中，如果考生不遵守指令，或者外界出现意外的干扰，或者评分者在评分记分时出现差错等，都会降低汉语教学评价所收集信息的效度。

（四）汉语测试所选效标的性质

同一个汉语测试可以有不同的效标，同一个观念效标也可以有不同的效标测量，所以在评价测量效度时，所选效标的性质是重要的考虑因素。

（五）汉语测试的信度

因为信度是汉语测量的随机误差的反映，所以任何误差的增加都会降低测量信度。信度不高的汉语测试不可能具有很高的测量效度。

六、改善效度的途径

要改善汉语教学评价信息的效度,必须设法控制随机误差,减小系统误差。选择恰当的效标,较为准确地估计效度系数。具体来说,可以采取下列措施:

(一) 精心编制测试或量表

收集汉语教学评价信息的测试题目样本要能较好地代表想测的内容和结构,避免出现题目偏见。题目难易度、区分度要恰当,数量要适中。试卷印刷、答题指令、评分记分标准、题目意思表述等都要清楚明白。

(二) 严密组织和安排测试

在为了收集汉语教学评价信息而实施的测试中,系统误差一般不太明显,但随机误差却有可能发生。这就要求汉语教学评价信息的收集者必须严格按测试指令操作,尽量减少无关因素的干扰。

(三) 创造规范的应试环境

在不规范的汉语教学评价信息收集测试环境中,被试会因为受到干扰而不能发挥出应有的汉语水平。因此,我们要创造一个规范的应试环境(如安静的考场、良好的录音听力设备等),让汉语被试从生理、心理上作好准备,发挥正常的汉语水平,避免因焦虑及其他无关因素的影响而降低所收集的汉语教学评价信息的效度。

(四) 选好正确的可量化的效标

为收集汉语教学评价信息而实施的测试是否有效,取决于效标的选择及能否量化。如果效标选择不恰当,或者选择的效标无法量化,则很难正确估计汉语教学评价信息的实证效度。当效标选择和效标量化都合乎要求时,公式的选择就更为重要了,因为它也会影响到效度。

第三节　收集汉语教学评价信息的可行性

一、可行性概念

可行性指用来收集汉语教学评价信息的某种评价方案是否便于实际投入施行。

在实际工作中，我们还要考虑收集汉语教学评价信息的可行性。因为能获得较高质量的信息收集设计方案，在具体的汉语教学工作环境中不一定能实施，所以实际制约汉语教学评价信息质量的因素不是两个（信度和效度），而是三个（信度、效度、可行性）。最后，我们的汉语教学评价信息收集方案往往是这三个因素互相牵制平衡的结果。我们把这种互相牵制平衡的关系所导致的结果用李筱菊（1997）的一张图示意如下（图7-1）：

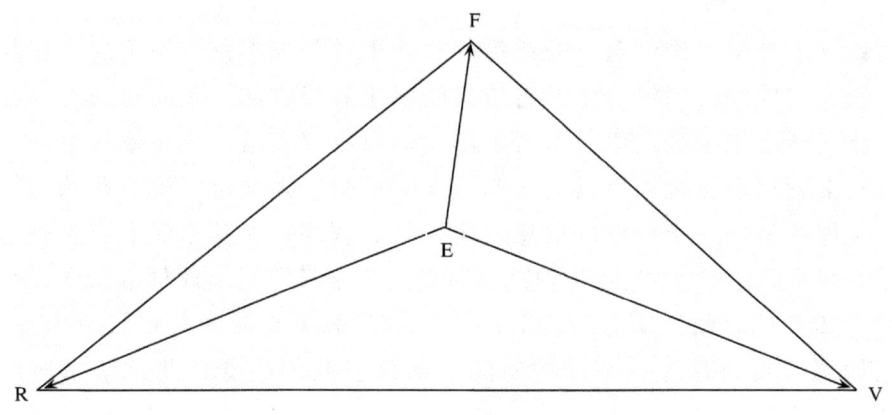

图7-1　信度、效度、可行性之间的关系

上图中的 F 表示可行性，R 表示信度，V 表示效度。E 既表示信息质量的结果，也表示信息收集的设计方案，它是信度、效度、可行性三个因素互相牵制平衡的结果。李筱菊（1997）的这张图形象直观地说明：E 处于三角形中间的一个点，它受到来自信度（R）、效度（V）、可行性（F）三个因素的牵制力，这三个牵制力分别向不同的方向（用箭头表示其受力方向）拉动它，最后形成一种平衡。在实际工作中采用的汉语教学评价信息收集方案就是上述信度（R）、效度（V）、可行性（F）三个因素互相平衡的结果。由此可见，收集汉语教学评价信息的可行性实际上也具有重要意义。

二、可行性的相关因素

在计划汉语教学评价和收集汉语教学评价信息时，在可行性方面，应该主要关注下列因素：

（一）资金投入

有些收集汉语教学评价信息的工具或程序需要大量的资金投入。（如大规模标准化测试、大规模面试等）由于其成本昂贵，耗资巨大，因而使用的数量和区域都很有限。从实用性角度来考虑，在信度、效度相同的情况下，我们要优先选用那些资金成本更低的汉语教学评价信息收集工具或方法。

（二）时间耗费

收集汉语教学评价信息所需耗费的时间也是与成本密切相关的。那些能施行于较大群体规模的汉语学习者信息收集工具或方法，在同样的时间和条件下，比只能用于少数汉语学习者个体的信息收集工具或程序效率更高。因为它能收集到更多更全面更具有普遍意义的信息，因此可以说它花的时间明显要少于那些只能用于个体的信息收集工具和程序。尤其是汉语课堂教学的一节课时间是固定的,（如50分钟）这时确定收集汉语教学评价信息所需耗费的时间（如测试时间、问卷调查时间、等级量表调查时间等）就更为重要，因为它们通常需要超过一节课的时间。此外，我们还要把测试结果转换为便于评价使用的信息形式所需耗费的时间也考虑在内。总的来说，在信度、效度相同的情况下，我们要优先选用那些时间耗费更少的信息收集工具或方法。

（三）收集者资格

有些收集汉语教学评价信息的工具或方法（如，对学习者进行汉语面试）要求信息收集者具有一定的施行资格，而有些收集工具或方法（如多项选择题形式）则不要求收集者具有特别的汉语专业能力或受过专门的汉语言知识训练。无论专业能力还是专门训练都涉及资金成本，所以在信度、效度相同的情况下，我们要优先选用不要求特别的汉语专业能力或受过专门汉语言知识训练（如，办公室行政人员也可以施行）的信息收集工具或程序。在要求收集者具有特别的汉语专业能力或受过专门的汉语言知识训练的情况下，我们要优先选用汉语教师有资格使用的工具或方法来收集汉语教学评价信息。

（四）可接受性

收集汉语教学评价信息的工具或方法是否在汉语教学界受到汉语教师和汉语学习者的大致认同也很重要。如果汉语教师和汉语学习者对一个汉语教学评价信息的收集工具或收集方法普遍缺乏信心，而有人却要用该工具或方法收集到的信息来作出重大的汉语教学决策，这是很不明智的。除非你能向汉语教师和汉语学习者解释清楚选择该工具或方法收集信息的理由，并最终获得他们的支持。如果不能做到这一点，就需要使用另一种他们能接受的工具或方法。

总的来说，从汉语教学评价的实用性角度考虑，有时我们可能会放弃某一种特定的汉语教学评价信息收集方法。但是要注意的是，不要只为了追求实用性而忽视信度和效度，因为信度和效度在价值上远远超过实用性。尤其是效度，它是汉语教学评价信息的所有特性中最至高无上的属性。我们甚至可以说，如果没有效度，收集信息就是在浪费时间。

（五）反拨效应（washback effect）

1. 反拨效应的概念

Hughes（1989）认为：测试对教学和学习所产生的影响被称为反拨效应。利用汉语测试法来评价学习者的汉语学习成就会产生一定的反拨效应。汉语测试的反拨效应比人们预见的情况要复杂，这源于汉语测试的复杂性和汉语教学本身的复杂性，以及两者的不可分离性。利用汉语测试的反拨效应来促进汉语教学，提高汉语教学质量，激发汉语学习者的语言学习潜能，具有十分重要的意义。

2. 反拨效应的两种可能

（1）有害的反拨效应

汉语测试的反拨效应既可以有益，又可以有害。比如，当汉语学习者或汉语教师认为某个汉语测试很重要时，对这个测试的准备就会占据他们大量的汉语教学或汉语学习时间。如果这个汉语测试的内容和测试技巧与汉语课程目标是不一致的，那么最有可能产生有害的反拨效应。比如，学生正在上汉语写作课，但相关的汉语测试并不直接测试汉语写作技能，而是用多项选择题来测试汉语写作技能。那么，对学生来说，他们练习多项选择题的压力就会远远超过练习汉语写作技能本身。这时他们做练习题所花的时间和精力不但无益于实现提高汉语写作技能的课程目标，反而会偏离课程目标，这就会导致有害的反拨效应。

（2）有益的反拨效应

反拨效应并不总是有害，它也会有益。如果汉语测试的内容和测试方法与汉语课程目标是一致的，就可能产生有益的反拨效应。比如，某项汉语课程的目标是培养学生具有较高的汉语阅读和做汉语笔记的能力，以便他们去中国大学读研究生课程时，能够适应研究生课程的学习方式。而某种汉语测试就是基于留学生作为研究生的汉语需求而设计的，该汉语测试的任务与研究生必须完成的那些任务很相似（如阅读汉语材料、边听边做汉语笔记等）。这种汉语测试的出现就会激励学生积极地进行相关的学习和复习，并伴随着一系列应试准备，这样不仅提高了学生的相关能力，也非常有利于实现教学目标。这就是一个有益的反拨效应的例子。

3. 反拨效应与汉语教学评价信息

汉语测试的反拨效应既可以是积极的，也可以是消极的。收集汉语教学评价信息的工具或方法（如期中、期末汉语考试）要尽可能做到减少消极反拨效应，提高积极反拨效应，有利于促进或改善汉语教师的教学和汉语学习者的学习，最终使学习者能更好地达到预期的汉语教学目标。

思考题

1. 什么叫信度？什么叫效度？信度和效度之间有什么关系？
2. 制约信息质量的三个因素是如何互相牵制的？
3. 哪些因素可能会降低一个评价工具所获信息的信度或效度？
4. 改善信度和效度的途径有哪些？
5. 为什么要考虑收集汉语教学评价信息的可行性问题？
6. 收集汉语教学评价信息的可行性要考虑哪些因素？为什么？
7. 如果要设计一门新的汉语课程，你要收集学生的哪些信息才能使课程尽可能有效率？
8. 你如何收集上述那些信息？谁来收集它？
9. 怎样才能使汉语测试法评价发挥积极的反拨效应？请解释为什么。

第八章
汉语学习者评价

　　汉语学习者评价是对学生个体或群体的汉语学习进步和变化的评价。汉语教学评价中的学习者评价，主要表现为对学生进行的汉语学业成就评价。这包括：有关汉语知识和汉语技能的成绩测试与评价、汉语学习能力评价和汉语学习心理品质[1]评价等方面。汉语成绩测试是汉语学习者评价常用的方法，然而，它并不是唯一的方法，我们还可以使用多种方法，这主要根据评价目的和评价时机来决定。

　　本章我们将讨论：汉语学习者的学业成就评价有哪些基本原则？在学业成就评价中如何理解汉语教学目标的含义和层次？如何表述汉语教学目标？汉语学业成就评价的内容包括哪些方面？汉语学业成就评价的方法有哪些？等等。

第一节　汉语学业成就评价的特点

　　汉语教学界经过长期研究和探索，进入21世纪以后，在汉语学习者评价方面逐渐总结出一套汉语学业成就评价的原则，具有了不同于汉语教学早期（20世纪50~60年代）和中期（20世纪70~80年代）的学业成就评价特点，并形成了目前的汉语学习者评价发展新趋势。为了适应汉语国际推广的大规模汉语教学与学习者评价的需要，汉语教学目标的描述和设计也发生了一些引人注目的变化。

---

[1] 汉语学习心理品质主要包括学习态度、学习兴趣、学习意志三个方面。

一、汉语学业成就评价的原则

(一) 立足发展

立足发展原则的核心思想是汉语学习者评价要为学习者的跨文化汉语交际能力的发展服务。因此，评价者要根据汉语学习者过去的基础和现实的汉语表现，指出其未来的发展目标，使其认识自己的优势和不足，激励他们释放自己的汉语发展潜能，克服为考试而评价的思想，避免为考试而评价的行为。注意树立学习者能够成功掌握汉语的信心，通过评价帮助学生发现汉语学习中的问题。通过对评价信息的反馈和建议，使汉语学习者明确在汉语学习方面需要进一步努力的方向。这样，汉语学习者评价就成为了促进学生汉语能力全面发展的工具和手段。因此，立足发展原则是汉语学习者评价中最基本、最重要的评价原则。

(二) 多元综合

多元综合原则主要表现在三个方面：一是从汉语学习者评价的覆盖面来看；二是从汉语学习者评价方法来看；三是从参与评价的人员来看。汉语学习者评价要紧扣汉语教学目标，全面反映汉语教学目标。因此，这不但包括对学习者的汉语知识和汉语技能进行评价，也包括对学习者的跨文化汉语交际知识和交际技能等进行评价，还包括对学生汉语学习能力和汉语学习心理品质[1]的评价。对汉语学习者的评价要运用多种方法，以往我们常常使用测试法来评价汉语学习者，但不能局限于这个单一的方法，应根据汉语学习者评价的内容来选择多种适当的评价方法（如观察法、讨论法、问卷调查法、文献资料法等），形成多种方法的优势互补和多角度验证。同时，把教师评价学生、学生间的同伴评价和学生自评结合起来。多元综合原则有利于我们获得全面、可靠的汉语教学评价信息，也有利于引导汉语学习者全面发展，形成持久的汉语学习能力。

---

1 汉语学习心理品质主要包括学习态度、学习兴趣、学习意志三个方面。

（三）关注过程

关注过程原则强调把汉语学习者评价作为促进学生个体汉语能力发展的工具，贯穿于学生汉语学习的全过程。在这一过程中，要充分利用汉语形成性评价、汉语诊断性评价、汉语终结性评价等工具的不同功能，在汉语学习者的不同学习阶段，为其提供不同类型的汉语学习者评价服务，使汉语学习者评价能真正发挥其帮助并促进学习者的汉语能力发展的作用，而不只是起区分汉语学习者汉语等级水平高低的作用。关注过程原则从根本上明确了汉语教学评价最本质的作用。

（四）体现公平

体现公平原则指的是不因汉语学习者的国籍、种族、性别、社会经济地位、宗教信仰或其他特征，而在汉语学习者评价中受到冒犯或惩罚。这是针对汉语作为第二语言教学的评价特点而提出来的。因为汉语学习者评价是一种跨文化的评价，它涉及来自不同文化背景的多种类型的汉语学习者之间的评价，也涉及属于目的语文化背景的汉语教师对汉语学习者的评价。因此，在组织汉语学习者评价的活动以及汉语试题设计、编制、阅卷和评分中，要充分体现公平的原则，要警惕过分美化或吹捧一种文化和种族，贬低或歧视另一种文化和种族的倾向。汉语试题的选材和题项编制要采用适当的语料和描述方式，防止把民族自豪感上升为民族优越感，进而引起汉语学习者反感的情况出现，努力使汉语教学评价真正成为公平、客观、可靠的评价工具。体现公平原则可以更好地发挥评价促进汉语学习和教学的作用。

（五）目标明确

目标明确原则是面向汉语教师和汉语学习者双方提出来的。它的基本内涵是对汉语学习者评价的目的和标准都要明确。汉语学习者评价的目的是监测学生的汉语学习进步与诊断汉语学习的难点，利用评价获得的反馈信息来促进学习者的汉语能力发展。汉语学习者评价的标准是以预定的汉语教学目标为依据的，参照预定的汉语教学目标来制定，并用学生的汉语学习成果来陈述。对学生来说，如果他们在汉语学习一开始，就明确了解学习后应获得的汉语学习成果，这就能使其把注意力集中在要掌握的汉语（知识和技能）目标上，有利于形成预期的汉语学习成果。对汉语教师来说，如果明确汉语学习者评价的目的和标准，则可以更好地设计汉语教学形式、组织汉语教学活动并进行汉语学习者评价。以往那种考试前才拟定考试大纲，根据考试大纲再编制考卷的循环方式是一种本末倒置的恶性循环，不利于用汉语评价来促进学生汉语能力的发展，反而使汉语考试或汉语学习者评价严重脱离了汉语教学和评价的根本目标。

二、汉语教学目标在学业成就评价中的作用

汉语学业成就评价是确定学生达到汉语教学目标程度的一个系统过程，其目的是描述汉语学习者经过教学之后汉语能力表现的变化（即汉语学习成果），并对这种变化进行价值判断。这个定义包含三个基本要素：

（1）汉语教学目标

教学目标在汉语学业成就评价中具有重要的价值，它既是学业成就评价参照的对象，也是建立汉语学业成就评价标准的依据。

（2）汉语能力表现的变化（汉语学习成果）

学习者的汉语能力表现变化情况（汉语学习成果）会有多种不同的表现形式，评价只能选取部分代表性样本[1]，并据此推测和判断学习者的汉语学习成果的价值。

（3）价值判断

对学习者的汉语学习成果进行价值判断，需要确定评价内容，并对其内容进行精确的定义；同时还要考虑所选择的样本既能代表该评价范围，又能对汉语教学中的那些重要目标加以适当强调，以此来保证汉语学业成就评价具有较好的效度、信度和实用性。为了使上述设想更加周密，防止遗漏的情况发生，设计一个评价操作双向细目表[2]就很有必要。所谓"双向"指该表有"纵""横"两向，"纵"向为评价内容，"横"向是陈述为学习成果的汉语教学目

---

[1] 这里的样本指对汉语能力表现行为（汉语学习结果）的有效抽样。一个人的汉语能力表现行为（汉语学习结果）会有各种各样的形式，评价不可能也无必要评价其全部表现行为，只能选取部分有代表性的抽样进行评价，并据此推测和判断被评价者的汉语能力表现。

[2] 评价操作双向细目表是评价者的"施工蓝图"，这个表制定得越精细越好，评价者只要严格按照它去操作，就能编制出一套质量可靠的评价试题。样表见第六章第一节，表6-2。

标。这种细目表是将学习成果与教学目标、教学内容联系在一起的便利工具。

总的来看，汉语学业成就评价关注的焦点是学习者的汉语学习成果，对汉语学习成果的评价需要确定并精确定义评价内容，还需要从评价内容中选取样本，这些都需要汉语教学目标来发挥重要作用。这种作用是通过把概括的、一般的汉语教学目标分解为不同层次的、具体的汉语教学目标来实现的。因为有了这些不同层次的、具体的汉语教学目标，就可以界定相应的不同层次的、具体的汉语学习成果及其内容范围，也便于选取不同类型的样本。汉语学业成就评价描述和判断的是学生经过汉语课堂教学获得的汉语学习成果，而不是自然习得的汉语学习成果，这就要求我们在学习成果与教学目标之间建立某种联系，这种联系是通过把汉语教学目标表述为学生的汉语学习成果来实现的。

把汉语教学目标表述为学生的汉语学习成果不仅在汉语学业成就评价中具有重要的意义，而且在日常汉语教学中也具有实用价值。因为这可以使教师对期望学生达到的汉语行为表现类型更明确，这就把原来抽象的、模糊的汉语教学目标变得清晰可见了，从而有利于教师组织和操作具体的汉语教学活动，还能有效地检测自己的汉语教学效果。汉语学习者也可以有针对性地计划汉语学习，有效地把握自己的汉语学习结果。准确清晰地表述汉语学习成果不但需要把握汉语教学目标的内涵和层次，还需要确立汉语教学目标的表述基点。

（一）汉语教学目标的层次

实际上，汉语教学目标有多种含义，可以划分为不同的层次，不同层次之间又存在着一定的联系。

1. 汉语教学目标的含义

汉语教学目标这个概念实际上有多种含义：（1）从汉语教学是一种系统工程的角度出发，它指的是汉语教学的全过程和全部教学活动所要达到的总目标。这个总目标制约着汉语教材编写、汉语教学总体设计、汉语课堂教学、汉语教学评价。它是汉语教学全过程和全部教学活动的依据。（2）汉语教学过程是可以划分阶段的。因此，某一阶段的汉语教学又有其阶段性目标，我们可以把它称为汉语教学的阶段性目标。（3）汉语课堂教学是根据教材排列的教学进程来划分的。表现在教材形式上，教材的一课就是一个教学单位；表现在时间上，一个教学单位可以是一节课（50分钟），也可以是数节课。因此，每一个教学单位（即教材的每一课）都有该课的教学目标。这种教学目标涉及具体的教学内容、教学对象、教学目的、教学环节、教学步骤和教学行为等，我们可以把它称为汉语教学的具体目标。

当我们讨论汉语学习者的学业成就评价中的教学目标时，有必要区分三种不同层次的汉语教学目标：（1）全部教学过程的总体目标；（2）某个教学阶段的阶段性目标；（3）某个教学单位（即教材某一课）的具体目标。

2. 汉语教学目标的层次及关系

面向全部汉语教学过程的总体目标，是关于汉语教学宏观意向和要求的一般表述，它是一种最抽象的汉语教学目标。比如，我国对外国留学生的汉语教学目标是"培养学生用汉语进行跨文化交际的能力"（吕必松，1996；刘珣，2000a）。这一表述最为概括和抽象，因此，它具有最大的适用范围，广泛应用于国内外不同水平、不同课型、不同专业的汉语作为第二语言的教学。所以我们又可以把面向全部教学过程和全部教学活动的汉语教学总体目标称为宏观教学目标。

面向某个教学阶段的阶段性目标，是汉语教学活动中关于意向和要求的比较一般的表述，它通常用于原则性地要求特定层次和特定对象的汉语学习成果。如：初级汉语教学目标、中级汉语教学目标、高级汉语教学目标。在汉语教学界，不同年级、不同专业的汉语教学目标是有区别的，面向某个教学阶段的中观目标就反映了这种区别。所以我们又可以把面向某个教学阶段的汉语教学目标称为中观教学目标。

面向某个教学单位（即教材某一课）的具体目标，是汉语教学活动的具体的可观察的成果，有时也称做汉语教学的行为目标。它具体规定了汉语学习结束时预期的学生汉语行为表现（即汉语学习成果），通常与特定的汉语教学活动相联系。所以，我们又可以把面向某个教学单位（即教材某一课）的行为目标称为微观教学目标。

在上述三种目标中，宏观汉语教学目标指导着中观汉语教学目标，中观汉语教学目标指导着微观汉语教学目标。上一层次的汉语教学目标需要下一层次的汉语教学目标来加以落实和保证。下一层次的汉语教学目标又要遵循上一层次的汉语教学目标，而不能违背它。这就是它们三种汉语教学目标之间的联系和区别。

（二）汉语教学目标的表述

1. 汉语教学目标的表述基点

在汉语学业成就评价中，我们需要在学习成果与微观汉语教学目标之间建立一种联系，并通过把教学目标表述为学习成果来实现这种联系。当我们用汉语学习成果来表述微观汉语教学目标时，关注的是学习者的汉语学习成果，而不是教师的汉语教学过程。因此，对微观教学目标表述的基点提出了下列要求：

（1）汉语教学目标的行为主体是汉语学习者，而不是汉语教师。因此，"培养学生……的能力""使学生具有……的能力"等类似的汉语教学目标表述是不恰当的，因为它的行为主体不是汉语学习者。

（2）汉语教学目标要用汉语学习活动的成果来表述，而不是用汉语学习活动的过程来表述。由此看来，"学生学习汉语语法点的形式和意义"的表述是不恰当的，因为它表述的是汉语学习过程。

（3）汉语教学目标的表述应该是确定的，而不是含糊不清的。由此看来，"学生应该……""学生可以……"的表述是不恰当的，因为它只表述了一种意愿，而没有表述必须完成的要求。

（4）汉语教学目标是行为化的，它表述时使用的行为动词是具体的，而不是抽象的。因为在汉语学业成就评价中，汉语教学目标是评价汉语学习者学业成就的依据，而抽象的汉语教学目标无法观察和检测，所以不符合汉语学业成就评价的要求。行为动词的"具体"表现在它表述的相应行为或动作是可以观察的，其标志是可以根据该动词设想出相应的动作或行为，反之，就是抽象的。例如，"学生掌握'把'字句的形式和意义"是一个目标表述，但我们很难设想出与"掌握"对应的动作行为，因此，该汉语教学目标是无法观察的。

在上述要求中，我们举了大量的对微观汉语教学目标表述不恰当的反面例子，那么正确的表述方法和基本步骤应该是怎样的呢？这就是我们在下面要讨论的重点内容。

2. 汉语教学目标的表述方法

在汉语学习者学业成就评价中，我们需要把微观教学目标表述为期望的汉语学习成果（Linn & Gronlund, 2003），以便在学习成果、教学目标、教学内容之间建立联系，从而保证学业成就评价的有效性和可靠性。对微观汉语教学目标的表述，一般来说，要采用下列方法和步骤：

第一，将微观汉语教学目标转述为期望的汉语学习成果。在把汉语教学目标转述为学习成果时，要求转述后的汉语学习成果具有恰当的概括性，它既不能太具体，又不能太概括，但又可以把具体的汉语知识、汉语技能及其语用规则整合成学生的汉语表现类型。每种汉语表现类型可以包括一定范围的若干个具体汉语学习成果，这些具体汉语学习成果是可以观察和检测的。例如（见表8–1），"理解汉语语法点"是转述为期望的汉语学习成果的微观教学目标。它既不是太具体，又不是太概括，它属于学生的一种汉语表现类型，可以包括一定范围的若干个具体汉语学习成果（自己用汉语解释该汉语语法点、在具体汉语语境中确定该语法点的含义、区分该语法点使用正误的汉语实例、根据含义区分两个相似的汉语语法点、运用该语法点解释有关偏误句的形成原因……），而且这些具体的汉语学习成果是可以观察和检测的。因此，这是一个具有恰当概括性的期望的汉语学习成果。

第二，用具体的汉语学习成果列表来定义相应的微观汉语教学目标。这些具体的汉语学习成果描述的是实现该汉语教学目标时学生能被观察到的汉语表现。陈述具体的汉语学习成果时，要使用一个行为动词，这个动词一般应表示确定的、可观察的学生汉语表现。因为列出某个目标所有的学生表现是不可能的，所以我们只需要选取具有代表性的典型表现样本来定义该目标，而不需要把这个目标的全部汉语学习成果表现都罗列出来。例如：

表 8–1　把汉语教学目标表述为期望的汉语学习成果

表现类型	转述为学习成果的微观汉语教学目标
	理解汉语语法点
具体汉语学习成果	1. 自己用汉语解释该汉语语法点。 2. 在具体汉语语境中确定该语法点的含义。 3. 区分该语法点使用正误的汉语实例。 4. 根据含义区分两个相似的汉语语法点。 5. 运用该语法点解释有关偏误句的形成原因。

上表中的汉语教学目标和具体的汉语学习成果都没有涉及具体的内容，这样就可以把它们运用于不同的汉语学习单元。因为在不同的汉语学习单元中，我们可能会具有相同的汉语教学目标（如"了解……""理解……""运用……"等）。因此，需要指出的是，汉语学习成果描述的是能体现汉语教学目标的学生表现类型，而不是学生要学习的具体内容。如果不是这样，那么对于每个新的汉语学习单元，我们都需要重新陈述汉语教学目标所期望的具体汉语学习成果，这将浪费一线汉语教师的宝贵时间。例如，可以对下列汉语教学目标所期望学生表现出的汉语学习成果陈述作出相应修改，以便简洁地陈述汉语教学目标所期望的学习成果，以便高效率地用于不同单元：

表8-2　把汉语教学目标表述为期望的学习成果的修改范例

修改前的陈述	修改后的陈述
了解秦和汉在中国历史上的重要地位。[1]	了解某一朝代在中国历史上的重要地位。
用自己的话解释一下秦为何能统一全国，它的政策对后来的中国有什么影响。	说出该朝代的重要性。用自己的话解释原因。
在课文中找出汉朝的政策和秦有哪些不同点。	指出不同朝代政策上的异同。
根据课文谈谈汉对后来的中国有什么影响。	说出某一朝代的历史影响。

上述转述为预期的学习成果的汉语教学目标一经确立，就可以很方便地转换到汉语学业成就评价的细目表[2]中，这就为后续工作的展开奠定了良好的条件。汉语学业成就评价细目表可以将汉语教学目标、学习成果、学习内容便捷地联系在一起，它是保证评价效度和信度的有利工具。

第二节　汉语学业成就评价的内容

学生的汉语学业成就评价可以从三个维度展开：一是对学生掌握汉语知

---

[1] 参见王添淼（2006）。
[2] 样表见第六章第一节，表6-2。

识、技能及其跨文化交际技能的评价。我们主要采用成绩测试的方法，这是传统做法。二是对学生在学习汉语过程中形成的汉语学习能力的评价。我们一般采用观察、调查、访谈、定性描述和适当测量的方法。三是对学生汉语学习心理品质的评价。这种心理品质主要表现为汉语学习态度、汉语学习兴趣、对中国文化的欣赏等。我们一般采用观察、调查、访谈、定性描述的方法。

一、汉语成绩测试与评价

（一）汉语成绩测试

汉语成绩测试一般要经历如下所述的工作流程：

确定测试目的和对象→确定测试内容和形式→设计命题双向细目表[1]→命题组卷→制定评分细则→分析成绩测试的结果→作出评价。

（二）汉语成绩评价

根据汉语学习者的测试分数及其汉语行为表现，我们可以采用下列形式来评价学生的汉语学业成绩。但是，具体采用哪一种评价形式或哪几种评价形式的组合，要根据评价目的、评价对象等因素，全面地加以考虑。

1. 排列名次

这是根据学生的汉语测试分数，按照由高到低的顺序排列，分数越高越好。它主要有两种形式：一是单科汉语课程测试分数的名次排列（如汉语综合课测试），二是多科汉语课程测试分数累加结果的名次排列（如汉语综合课测试＋汉语听力课测试＋汉语阅读课测试＋汉语写作课测试＋汉语口语课测试）。

2. 转换成等级评定

对汉语学习者进行的等级评定可以分为几种形式：五等级评定、三等级评定等。转换成等级评定就是根据汉语学习者上述的名次排列情况，对他们进一步按照五等级、三等级的界定标准进行评定，把原来的名次排列转换成五等级评定、三等级评定等。

---

[1] 样表见第六章第一节，表6–2。

3. 计算标准分数

计算标准分数就是把学习者的汉语测试分数转换成 Z 分数[1]和 T 分数[2]，然后把 Z 分数或 T 分数累加起来，分数越高越好。为什么要进行这种转换呢？因为从理论上来说，转换分数基本上统一了试题的难易程度，所以它比用原始分数[3]累加的结果来进行比较要好。但是，如果原始分数不服从正态分布[4]，用累加 Z 分数或 T 分数的结果来进行比较会存在较大误差，因此要求我们先把原始分数转换成正态化的 Z 分数或 T 分数以后，再进行累加比较。

4. 个体单科总评分

这是根据汉语学习者某一汉语课程的平时成绩、期中测试成绩和期末测试成绩，按照一定的比例（比如：平时成绩占 40%，期中汉语测试成绩占 20%，期末汉语测试成绩占 40%）计算得到的某一汉语课程的单科总评分数。

5. 班级平均分和标准差

在比较不同汉语班级之间的学生汉语学业成绩时，我们常常需要以班级为单位来观察汉语学习者单科成绩的平均分和标准差这两个指标。平均分越高、标准差越小的班级，全班学生的汉语学业成绩越好。

二、汉语学习能力评价

我们一般采用观察、调查、访谈、定性描述和适当测量等方法来评价学生的汉语学习能力。评价可以从下列几个方面进行：

（一）收集和处理汉语信息

收集和处理汉语信息是汉语学习者进行跨文化的汉语交际必备的能力，是衡量学习者汉语水平高低或汉语能力强弱的重要标志之一。在汉语学习过程

---

[1] Z 分数又称为标准分，是以标准差为单位表示某一分数与平均数的差。

[2] T 分数即真分数，从理论上说它是在测量中不存在随机误差时的真值或客观值。它的操作性定义是无数次测量的平均值。

[3] 原始分数指直接从测试得到的分数。

[4] 指参加考试的考生分数分布形成一个中间大、两头小的形状，这种分布状态统计学上称为正态分布。

中，尤其是在中高级阶段，学习者仅仅依靠汉语教师的教学来获取汉语信息还不够，还应该逐步培养其主动学习汉语的能力。设计一项或多项收集和处理汉语信息的任务，让学习者在汉语教师的指导下，利用电脑网络、图书馆、阅览室等资源，积极、主动地收集有关汉语言文化的信息，通过适当处理和吸收汉语信息来了解中国文化、掌握汉语交际知识和技能。这时采用基于任务的行为表现性评价会收到比较好的效果。

（二）汉语知识和技能用于实践

学习汉语知识和技能的目的是为了更好地进行跨文化的汉语交际，因此，我们要通过日常汉语学习评价机制（即时反馈、表扬、奖励等），鼓励汉语学习者把学过的汉语新语法、新词汇和汉语交际文化知识积极运用于汉语交际和工作实践，以增强他们的汉语交际实践意识。汉语教师可以通过组织学生进行练习、参观、调查、访问等汉语实践活动，来观察和强化他们把汉语知识和技能运用于实践的意识。

（三）汉语学习策略[1]

汉语学习策略指汉语学习者在发展汉语知识和技能的过程中，为促进汉语学习进步而使用的具体行为、步骤和技巧。汉语作为第二语言学习的效果要受到多种因素的影响。学习者对学习策略的使用，也是影响汉语学习效果的因素之一。语言习得理论认为，学习者的学习策略可以促进第二语言的内化、存储、提取或使用。由于学习策略在汉语作为第二语言学习过程中的独特地位，汉语教师在不同的汉语学习阶段，采用调查法、观察法、访谈法等及时评价学生的汉语学习策略并向他们反馈信息就具有十分重要的意义。对学习者的汉语学习策略评价可以从下列几个方面来进行：

1. 功能操练策略

功能操练策略包括注意句式的使用条件和含义、听汉语广播、看中文电视、阅读中文课外读物、喜欢用汉语口头表达、喜欢用汉语进行书面表达等。

2. 形式操练策略

形式操练策略包括造句练习、分析句子语法、背诵课文、记汉语句型、观察汉语篇章的连贯与衔接等。

---

[1] 参见杨翼（1998b）。

3. 利用母语策略

利用母语策略包括用母语翻译汉语词语再记忆、用汉语表达前先用母语构思、阅读时把内容默译成母语来理解等。

4. 自我管理策略

自我管理策略包括定期复习语法和课堂笔记、阅读完全文后再查词典、有课外学习时间和内容等。

对学习者的汉语学习策略进行评价和反馈，有利于学习者形成良好的汉语学习策略，抑制不良的汉语学习策略，从而促进并加速其汉语知识和技能的发展。更为重要的是，他们在离开汉语课堂教学以后，依然能凭借自己良好的汉语学习策略和自学能力来继续习得汉语。

三、汉语学习心理品质评价

我们一般采用观察、调查、定性描述等方法来评价学生的汉语学习心理品质。评价可以从以下几个方面进行：

（一）学习态度

学习态度是指汉语学习者对汉语学习和汉语学习情景所表现出来的一种比较稳定的心理倾向。汉语学习态度与汉语学习动机及其行为有密切的联系。学习者的汉语学习行为要受其动机和态度的支配。汉语学习态度在一定程度上决定着学习者的汉语学习质量和数量。汉语学习态度是促进学生汉语知识技能发展的内部动因，具有引发汉语学习行为，激活已储存的汉语知识技能的作用。它驱使汉语学习者采取一系列学习措施，以实现既定的汉语学习目标。因此，可以通过评价这个工具来引导和鼓励学生形成积极向上的汉语学习态度。

（二）学习兴趣

学习兴趣是指经过一定熏陶后形成的一种特殊的喜好汉语和中国文化的意识倾向。它是汉语学习者的一种精神力量。汉语学习兴趣作为一种自觉的汉语学习动机，它是学习者在汉语学习和习得过程中，快速掌握并熟练使用汉语交际知识和技能的重要条件。对汉语学习的迷恋，对中国文化的欣赏和吸纳，是学习者在汉语学习上获得巨大成功的必要因素。任何成功的汉语学习者都喜爱并享受汉语学习，有的甚至达到痴迷的程度。汉语学习兴趣是激发汉语学习行为的巨大推动力量,具有维持或加强汉语学习活动的作用,它可以使汉语学习者排除或减少其他无关汉语学习的活动,给予汉语学习者克服困难的勇气和决心,使其持之以恒地坚持汉语学习,从而为汉语习得创造出十分积极的主观条件。

(三) 学习意志

学习意志是汉语学习者根据一定的目的调节自己的汉语学习活动,克服汉语学习困难,实现汉语学习目的的一种心理特征。它包括学习的决心、信心和恒心三大要素,是汉语学习意识能动性的集中表现。对于把汉语作为第二语言学习的人来说,汉语是世界上最难学的语言之一。学习者在汉语学习过程中,往往会遇到大量的困难和文化冲突,这时,他们的心理和生理都会面临着巨大的挑战,非常需要汉语学习意志来战胜困难,维持或加强汉语学习活动。汉语学习意志一方面可以调节学习者的汉语学习行为,支持他们去实现自己的学习目的,抑制与其目的不一致的行为;另一方面还可以调节其心理活动(如提高注意力、努力记忆、积极思考、控制畏难情绪等)。在汉语学习过程中,汉语学习意志的能动性通过对行为、心理的多种调节来影响学习者汉语学习能力的形成和发展,促进学习者汉语知识和技能的提高,提高学习者跨文化的汉语交际技能的熟练程度。

第三节 汉语学业成就评价的方法

汉语学习者学业评价应该是一个系统有效的评价,它要以汉语教学系统为基础,有利于实现汉语教学目标,需要采用多样化的评价方法,以便教师及时准确地了解学习者的汉语学习效果,发现其优势和缺陷,有针对性地制定汉语教学措施,使学习者能产生汉语学习成就感,进一步激发出汉语学习热情,明确努力的方向。汉语学习者学业评价的方法可以归纳为五种类型:主观测试题评价、客观测试题评价、汉语行为表现性评价、课堂活动评价、汉语作业评价。

一、主观测试题评价

有些汉语测试题目，它的答案比较灵活，虽然也有大致的评分规则，但主要依靠评分者的主观判断来记分。不同的评分者面对同样的回答，可能会给出不同的分数。这样的汉语题目类型，我们称为主观试题。用主观试题作为评价工具来测量学习者的汉语学习成绩，称为主观测试题评价法。典型的汉语主观试题包括论述、翻译、作文、口试等。

主观测试题适合考察汉语学习者的汉语综合技能、汉语篇章组织能力等较为复杂的汉语知识技能和跨文化的汉语交际能力。它的效度较高，内容和形式更接近真实情景中的汉语使用，有利于培养学习者真实的汉语交际能力，命题制卷也较方便。但是，汉语主观题也有明显的缺陷，主要是单位时间里施测的题量较少，限制了测试内容的覆盖面；评分易受评价者主观因素的影响；信度较低，等等。

二、客观测试题评价

有些汉语测试题目，无论谁来评分，只要按照评分规则操作，都会给出相同的分数。这样的汉语题目类型，我们称为客观试题。用汉语客观试题作为评价工具来测量学习者的汉语学习成绩，称为客观测试题评价法。典型的汉语客观题包括多项选择或单项选择题、填空题、是非题、匹配题等。除此之外，还有一些侧重概念或术语解释的题，要求语句排序的题等也属于客观题评价范围。因为这些题目都明确限制了答案的内容和形式，使评分操作尽可能客观，有些文献也把排序题称为半客观题。

客观测试题在测量汉语学习者的学业成就和汉语能力方面，发挥了很重要的作用。它可以广泛测量从简单到复杂、从低级到高级的汉语学习成就，效率高、信息量大、信度高、评分与记分的误差控制较好，因而，得到了十分广泛的应用。当然，客观测试题也有明显的缺陷，主要是难于有效地、直接地测量汉语学习者的口头表达能力和书面表达能力以及真实语境下的汉语交际能力。尤其是在题目编制技巧粗糙的情况下，客观题的优势得不到体现，其缺陷却会非常充分地暴露出来，因此，选择多种汉语定性评价法与汉语客观题评价法配合使用，从而形成优势互补，就具有十分重要的意义。

汉语主观测试题评价法和汉语客观测试题评价法虽各有缺陷，但彼此之间正好可以长短互补，所以在汉语学业成就评价中，我们常常结合使用这两种不同的汉语题型。

三、行为表现性评价

汉语行为表现性评价是通过观察学习者的实际汉语行为表现和汉语作品（如汉语口头报告、汉语作文等）来判断学习者的汉语能力的方法。在评价过程中，评价者要让汉语学习者完成一项或多项汉语交际任务，以此来表现他们对汉语知识、技能的掌握情况。因此，汉语学习者表现性评价的意义在于：不仅可以反映出汉语学习者对汉语知识、技能的掌握情况，而且能够比较准确、客观地反映出汉语学习者实际运用汉语的能力，特别是运用所学的汉语知识和技能去解决实际跨文化交际问题的能力。

我们知道表现性评价的任务特征是（参见 Ellen Weber, 2003）：情境化、整体化、元认知化（需要学生思考他们的思考过程）、与所教的课程内容相关、灵活性（可以多种方式展示知识和技能）。因此，表现性评价常常采用真实的汉语素材，设计真实的汉语运用情境。这就使汉语学习者表现性评价不仅能考察学习者在真实的汉语语境中实际运用汉语的能力，还能鼓励他们在日常汉语学习过程中，通过各种途径和不同的媒体，来习得真实生动的汉语。传统的汉语学习者评价主要是用单一的测试法考察学习者的汉语知识、技能掌握情况，它往往与汉语课程目标脱节。而汉语学习者表现性评价与汉语课程目标、汉语课堂教学内容紧密联系在一起，共同聚焦于发展学习者用汉语完成交际任务的能力上。这种在目标上的一致性使汉语教师和学习者都能把精力集中在发展汉语交际使用能力上，而不必为了考试而发愁。同时，汉语学习者表现性评价还可以对汉语教学产生有益的反拨效应，使汉语课堂教学更加注重汉语交际技能的培养。表现性评价虽然具有一定的吸引力，但是也有自身的不足，主要是测试评分的信度较低、成绩的可比性差、评价费时等。

总的来看，汉语学习者表现性评价可以从听、说、读、写等方面进行考察（参见程晓堂，2004）：

（一）汉语听的技能

汉语听的技能主要指汉语学习者对汉语口语材料的理解能力和从汉语口语材料中获取信息的能力。汉语学习者表现性评价不仅强调对汉语口语的理解，而且强调从听的汉语口语材料中获取信息，并能使用该信息去完成某个任务。而传统的汉语听力客观测试题评价法，只注重听力理解，忽视获取信息和使用信息。

在评价形式上，它常常使用真实的汉语口语材料作为听力素材，采用丰富多彩的任务型听力理解，要求汉语学习者边听边完成汉语任务，或者听后再完成汉语任务，以此来考察汉语学习者对信息的理解、获取和使用能力。比如，不但听懂了某个指令，而且能根据该指令做某件事，以完成某项任务。我们常见的一些题型有：根据录音内容标顺序、根据录音内容进行匹配、根据录音内容完成表格、根据录音内容填空等。

（二）汉语说的技能

汉语说的技能主要指汉语学习者用汉语进行口头表达的能力。汉语学习者表现性评价特别关注学习者在真实的汉语语境中，沟通信息、描述事物与情感、再现生活经历、陈述自己的观点、发表不同意见的汉语口头表达能力。汉语学习者表现性评价主张，重点考察学习者完成汉语口语交际任务的实际效果，兼顾口语表达的流利、准确性，不过分关注其他因素。

在评价形式上，它常常采用描述图画、通过汉语对话了解或传达信息、看图讲故事、讨论、辩论等形式。比如，我们常见的一些题型有：描述图片或影视片段中的人物、动作或事件，看图讲故事，找出两幅图的差异，分角色进行讨论，面谈等。

（三）汉语阅读技能

汉语阅读技能指汉语学习者理解各种题材和体裁的汉语书面材料的能力和从各种汉语材料中获取信息的能力。在汉语学习者表现性评价中，学习者不仅要理解所读的汉语材料，而且要在理解的基础上完成某些具体的汉语任务。汉语学习者表现性评价常选择一些实用的汉语材料（比如汉语广告、汉语通知、汉语说明书、汉语指令等）作为考题的载体，而不是只选择汉语故事、叙述和议论文作为考试材料。

在评价形式上，它常常采用图文并茂的任务型阅读，要求汉语学习者边阅读边完成汉语任务，或者阅读后再完成汉语任务。但是，这种汉语阅读测试题往往没有标准答案，尤其是需要汉语学习者填写汉语文字内容的试题更是如此。我们常见的一些题型有：判断句子与图片内容是否吻合、根据所读内容画图或涂色、根据阅读材料的内容标出路线图、根据所读内容对相关事物进行分类、根据所读内容完成表格、根据图表提供的信息回答问题等。

（四）汉语写作技能

汉语写作技能指汉语学习者运用所学的汉语知识和技能进行书面汉语信息沟通、再现生活经历、描述周围事物、发表意见、陈述观点的能力。汉语学习者表现性评价重点考查学习者用汉语书面形式表达意义的能力，而不特别关注汉语词汇和汉语语法知识的运用情况。

在评价形式上，它要求汉语学习者根据所给的汉语语境或自己的亲身经历来进行真实的汉语表达。我们常见的一些题型有：根据图画写句子、根据提示写短文、根据连环画写故事、针对某个问题提出解决办法等。

（五）汉语知识、技能的综合运用

上述听、说、读、写技能的考察都是侧重某一个汉语单项技能的考察，而汉语知识、技能的综合运用则指汉语学习者在一定的汉语语境中，运用汉语语音知识、汉字知识、语法知识、词汇知识、语用知识的能力以及运用听、说、读、写技能的能力。显然，在考察汉语知识、技能的综合运用时，汉语听、说、读、写四种技能和语音、语法、词汇、语用知识都被整合到了这种评价之中，并被融为一体。

汉语学习者表现性评价重点考察学习者综合运用汉语知识、技能的能力，反对孤立地考察某些汉语知识点或者机械地记忆汉语语法知识。

在评价形式上，它一般不为汉语知识点或语法点单独设计题目，而是把对汉语知识、技能以及汉语语法的考察渗透到听、说、读、写等测试任务中去，通过让汉语学习者完成各项不同的任务来展现他们对汉语知识技能点或语法点的掌握情况。我们常见的一些题型有：阅读材料后写一篇议论文；听两个组的辩论录音后，发表你对该问题的看法，并说明理由，等等。

四、汉语课堂活动评价

汉语课堂活动评价是评价者对汉语学习者参与汉语课堂活动表现的评价。前面提到过的汉语学习者主、客观测试题评价和表现性评价虽然能为我们提供大量的学习者汉语成就信息，但是，还有一些汉语学习过程中的信息仅靠上述评价形式是无法获得的，而这些信息又对准确评定学习者的汉语成就具有十分重要的辅助作用，这时，汉语学习者课堂活动评价就可以在一定程度上弥补这些缺憾。

汉语学习者课堂活动评价是评价学习者汉语学习和发展的好方法，教师可以把日常的汉语学习观察整理为系统的关于学习者的汉语知识和技能发展的信息资源，同伴评价和自我评价可以为汉语教师的观察提供必要的补充。

（一）教师观察

汉语教师在日常课堂教学活动中，对汉语学习者参与课堂教学活动的情况进行观察，可以获得大量的学生汉语学习和发展信息，这些信息可以补充和证实通过其他主客观途径收集到的汉语学习者信息。教师可以使用轶事趣闻记录[1]和量表[2]来记录自己的观察结果。

汉语教师要着重观察那些由汉语教学目标及其预期成果所引起的学习者汉语行为表现，因为这能帮助我们更好地理解汉语学习者的行为模式，更准确地判断他们的汉语学习成就。为此，我们需要制定几个原则，来控制观察的重点和范围（参见 Linn & Gronlund，2003）：

1. 将观察对象限定在那些其他方法不能评价的汉语行为上

我们知道学习者对汉语知识和技能的掌握情况可以通过主、客观测试题评价和正式的汉语行为表现性评价[3]来判定，汉语学习者在日常课堂学习环境下自然典型的汉语行为表现则无法通过上述方法来评价，而学生的这种自然典型

---

[1] 见第六章第三节的"轶事趣闻记录"。
[2] 见第六章第三节的"等级量表记录"。
[3] 正式的汉语表现性评价一般在期中或期末的终结性评价阶段进行，有比较严格的评价程序、评价内容、评价标准及时间限制。

的汉语行为表现恰恰真实地反映了他的汉语学习成果、策略、目标、态度、兴趣和意志。因此，虽然我们在汉语课堂上可以观察到汉语学习者的许多行为表现，但需要特别关注的是，日常汉语课堂学习环境下，学习者自然的典型汉语行为表现的样本。如果我们在一段时间内集中观察这样一些样本，就容易获得所需要的信息。比如，汉语学习者在汉语课堂对话和讨论中是否积极参加，是否能正确理解教师的汉语指令，是否能用汉语流畅清晰地回答问题和表达观点，等等。

2. 把观察范围缩小到对几种汉语行为类型的观察上

当我们面对汉语学习者的众多行为表现时，为了获得我们所需要的信息，可以事先选定观察范围，把观察范围缩小到对几种汉语行为类型的观察上，这就需要制定一个清楚的、可操作的汉语行为表现观察计划。因为想观察的范围太大，想得到的信息太多，反而会导致最终所有的观察结果都不理想的局面。相比之下，缩小观察范围，集中观察几种汉语行为类型，却可以避免收集那些零碎的不典型的汉语行为表现，有利于得到最想获得的汉语表现信息。

（二）同伴评价

对于那些汉语教师易于观察并有可能判断的区域，教师对学习者汉语行为表现的观察和评价具有特定的价值，然而，在汉语学习者的某些发展区域，汉语教师的评价还不够充分，需要同伴评价和自我评价来加以补充和完善。同伴评价可以对学习者的汉语能力发展及其跨文化的汉语交际能力等方面的信息进行有效的补充。比如，学习者的汉语交际效果，汉语学习策略、目标、态度、兴趣和意志，汉语小组活动效率等。这是因为学生年龄、兴趣、身份、专业、地位的相近，使他们彼此间有更多的交往和了解，而且了解的角度与教师不一样。汉语教师作为一个外部观察者，很难全面了解到汉语学习者与同伴之间发生的个体互动情况及其效果。同伴互评还可以让汉语学习者意识到合作学习及向他人学习的重要性，因为通过互评，学习者会向同伴倾诉自己的汉语学习忧虑，并吸取同伴的成功学习经验，从而确立自己的努力方向。

同伴评价可以通过下列几种途径来开展：

1. 通过用汉语完成任务来评价

汉语教师可以先设计一项或几项需要用汉语来完成的任务，并且该任务必须小组合作才能完成。然后，师生共同讨论决定评价标准。教师再分派一组汉语学习者去完成这项任务。任务完成后，教师引导并要求汉语学习者评价自己和同伴的汉语行为表现以及各自作出的贡献。可使用量表或其他方式记录评价结果。

2. 通过专门的小组讨论会来评价

在同伴评价学习者的汉语课堂表现时，师生先共同讨论决定评价范围和标准。比如，上课出勤和缺勤次数、合作学习情况、上课注意力是否集中、上课是否积极回答和提出问题、汉语交际能力进步情况等。然后，教师引导学习者先评价一个学生作为示范，当他们获得初步体验后，再开始进入同伴评价。评价结果可使用量表或其他方式进行记录。

（三）自我评价

汉语学习者的自我评价一方面可以补充和印证汉语教师的评价信息，另一方面有利于学习者自己总结汉语学习成功与不足之处，从而构建自己的汉语学习目标，设计适合自己的汉语学习策略和路线，并随时检查自己的汉语进步情况。这样他们会逐步认识到，学习效果跟自己付出的努力以及汉语学习的策略有很大关系，自己也要为汉语学习进度和效果负责，而不能把全部责任都放在教师的肩上。

汉语教师要把汉语学习者的自我评价看成是他们对一种汉语新技能的学习，而不是简单地填表和打分，所以需要耐心地逐步引导和培养，而不要急于求成。为此，我们提出一个比较详细的培养引导方案（参见罗少茜，2003），作为教师开展汉语学习者自我评价活动的参考：

1. 从评价一个特定的方面开始

在汉语学习者自我评价的开始阶段，学习者可以每次只评价一个特定的方面（如汉语写作或汉语阅读等）。学习者在评价自己的汉语写作能力时，首先从具体的汉语行为表现入手，逐项评价自己能否做到。比如，在进行汉语写作前是否能用汉语起草提纲，是否能给自己的汉语文章加上合适的标题，是否能正确地用汉语写开头和结尾，全文各部分之间是否衔接连贯，等等。这样汉语学习者才能具体了解自己的优点和弱点，有利于确定今后努力的方向。

2. 师生共同制定优秀样本标准

汉语学习者在评价自己的汉语学习表现时，不一定确切地知道什么样的汉语表现或汉语样本才是好表现或好样本，因此，需要师生共同制定优秀汉语表现或汉语样本标准。这样,汉语学习者在自我评价时才会"心中有数",并暗暗地与范例对照,发现自己的不足。比如,师生共同讨论:好的汉语口语表达的特征是什么,好的汉语书面语表达的特征是什么,对汉语篇章的阅读理解非常好的特征是什么,等等,然后根据双方的讨论结果来制定优秀样本的标准,最后汉语学习者再根据这些标准来进行自我评价。

3. 应用标准实际评价具体方面

汉语学习者在参与了评价标准的制定以后,还应该应用这些标准来实际评价自己有关的具体方面(如汉语写作或汉语阅读等)。他们可以先以小组的形式评价一个范本,获得初步的体验,然后开始进入自我评价。在汉语学习者进行自我评价时,他们要对照标准逐项检查自己,找出自己具体的优点和不足,而不是泛泛的抽象结论,这样,他们才能针对不足明确努力的方向,制定切实可行的汉语学习目标和措施,使自我评价发挥应有的作用。

五、汉语作业情况评价

通过考察学习者的课内外汉语作业来补充和印证主、客观测试法评价和表现性评价为我们提供的学习者汉语成就信息,也是一条很好的辅助途径。在汉语教学中,每一个汉语课文、语法点和文化知识的学习都伴随着一定数量的作业,这些作业由各种题目组成,按由易到难的顺序排列,与中国的现实生活情境相联系,或者涉及汉语词语搭配,或者涉及汉语语法结构,或者涉及汉语语篇的衔接与连贯等。汉语教师在评阅和分析学习者的汉语作业时,能够发现汉语学习者对所学汉语知识和技能的掌握程度,深入察觉他们的汉语学习发展过程和障碍,较为准确地判断汉语学习者的优势与不足。甚至通过汉语学习者的作业表现,还能判断汉语学习者的学习态度和动机等因素。

六、汉语学业总评成绩的分数构成

学习者的汉语学业总成绩不能只是期末测试成绩的翻版,也不能是期末测试成绩与期中测试成绩的简单综合,而应该反映汉语学习者的学习过程和学习效果以及导致该成效的方法与态度等多种因素。这样的成绩分数结构才更接近于我们前面所倡导的汉语教学评价观念,从而更好地发挥评价对教和学双方的促进作用。

传统的学习者汉语学业总评成绩一般由期末和期中的测试成绩构成,这样的成绩分数构成使汉语学习者过分重视期末和期中的复习考试,忽视日常的汉语学习过程和效果。不少学生平常不努力,考试时孤注一掷,由于过分紧张,往往出现发挥失常的情况。因此,科学地设计学习者的汉语学业总成绩的分数结构,利用考试的反拨效应和总评成绩的分数构成来引导学生的"学"和教师的"教",具有十分重要的意义。

(一)国内现状

目前,国内汉语教学界,在学习者的汉语学业总成绩的分数构成上,多数还局限于传统的期中加期末的分数构成,少数学校已经开始注意形成性评价的作用和比重,但力度还不够,在比例配置上也还不太成熟。例如,表8-3就反映了国内汉语教学界在汉语课程的学生总评成绩方面典型的分数构成状况。

表8-3　汉语某课程的学生总评成绩

学生学业总评成绩 = 期末考试50% + 期中考试30% + 平时20%			
期末考试50%	平时20%		
期中考试30%	课堂表现	作业	出勤

(二)国外现状

值得注意的是,国外汉语教学界,尤其是美国汉语教学界,在这方面作出了大胆的探索和创新,为国内汉语教学界提供了宝贵的启示。

1. 哈佛大学暑期项目的总评成绩[1]

哈佛暑期汉语教学项目属于汉语综合课,它的汉语学业总评成绩的分数结构充分显示出了对形成性评价的重视,同时也反映了汉语教学评价与汉语教学的紧密联系及其在整个汉语教学中的重要地位。学生总评成绩采用百分制,由

---

[1] 参见修玉霞(2008)。

出勤情况、听写、背诵、作业、周考、口头报告、期中考试、期末考试、社会调查报告九项内容组成。各种评价内容在学生总评成绩中占有不同的比例。"出勤"是对学生到教室上课的要求。"听写"是检查学生对生词的预习情况。"作业"是完成练习的情况。每天都要"背诵"的内容是所学课文中的某段。每周都有一次"口头报告"。"周考"是每周进行一次的考试。"期中""期末"考试的含义与传统的汉语考试一样。"社会调查报告"是学生在进行社会调查之后所写的汉语书面报告。

表 8-4　哈佛大学暑期汉语教学项目学生总评成绩构成

学生汉语学业总评成绩								
出勤	听写	背诵	作业	周考	口头报告	期中考试	期末考试	社会调查报告

在分数结构方面，期末和期中考试占总评成绩的比例大大低于国内汉语教学界，而其他属于形成性评价的内容占总评成绩的比例又大大高于国内汉语教学界。

2. 哥伦比亚大学暑期项目的总评成绩[1]

哥伦比亚大学（以下简称哥大）暑期汉语教学项目也属于综合课，它的汉语学业总评成绩的分数结构与哈佛大学不完全一样，但也显示出了对形成性评价的重视，只不过在分数结构设计的框架和项目分类方面不同于哈佛大学。哥大暑期汉语教学项目也要对学生进行评价，总评成绩也采用百分制，由出勤和课堂表现、听写、作业与作文、周考、口头报告、期末考试六项内容组成。

表 8-5　哥伦比亚大学暑期汉语教学项目学生总评成绩构成

学生汉语学业总评成绩					
出勤和课堂表现	听写	作业与作文	周考	口头报告	期末考试

---

[1] 参见高晨（2007），程伟民等（2004），修玉霞（2008）。

"出勤和课堂表现"主要看学生平时在课堂的句型操练、参与意识、学习态度等方面的表现情况。学生除了要完成每天的作业以外,每周还要写两篇作文,教师按照等级分数评分。"听写"与"周考"与哈佛大同小异,对学生汉语口头表达能力的评价是通过每周的"口头报告"来实现的,而哈佛不但有口头报告,还有朗读。在分数结构方面,哥大期末考试占总评成绩的比例也大大低于国内汉语教学界,但高于哈佛;属于形成性评价的内容占总评成绩的比例也大大高于国内汉语教学界。可以说,美国的这两所名校对形成性评价都很重视。

七、汉语学业成就评价的发展趋势

(一) 提倡评价功能的形成性

随着时代的发展,汉语学习者评价非常强调促进学生的汉语能力的发展,而不是把注意力单纯集中在汉语学习结果上。因此,身兼二职(教学者和评价者)的汉语教师在注意为学生创造欢乐愉快的汉语学习环境的同时,还通过汉语课堂观察、课上操练、基于任务的学生汉语行为表现、课后汉语作业、单元小测试等方式,把汉语课堂教学与评价融为一体,使评价能够真正激发汉语学习者的学习兴趣,诊断他们在汉语学习过程中存在的问题,广泛地参与学生汉语能力的形成,推动学生汉语能力不断向更高的目标发展。

(二) 强调评价内容的全面性

新时代的汉语学习者评价,反对把评价仅仅作为检验学生汉语知识、技能掌握程度的工具,主张全面评价汉语学习者的综合素质。不仅要评价学习者的汉语知识和跨文化的汉语交际技能,还要评价学习者的汉语学习能力和汉语学习心理品质,以促进汉语教学目标的顺利实现,发展汉语学习者的综合素质,为培养他们的汉语自学能力打下基础。同时,作为评价依据的汉语教学目标本身也要受到评价,使学习者的汉语技能发展能够不断满足国际社会政治经济发展的需要。

汉语评价者不再把测试法作为唯一的评价工具,开发与学习者汉语技能发展相关的各种评价工具也受到了重视,一系列新的评价工具逐渐在汉语学习者评价中崭露头角,并开始发挥它们的作用。

（三）鼓励评价类型的多样化

根据汉语国际推广的需要，汉语学习者评价不断紧密配合汉语教学，注意为汉语学习者提供全方位的服务。在汉语教学早期（20世纪50~60年代）和中期（20世纪70~80年代）的终结性测试评价基础上，汉语教学工作者根据汉语课堂教学不同阶段的需要，相继研究并提出了基于任务的汉语学习者表现性评价、诊断性评价、量表评价、档案袋评价等多种评价类型。丰富多样的评价方式，可以在汉语学习者的不同学习阶段，为其提供更有针对性的评价形式，从而使评价在促进学生的汉语技能形成和发展方面发挥越来越大的作用。

思考题

1. 对汉语学习者的学业成就评价有哪些基本原则？
2. 在汉语学业成就评价中如何理解汉语教学目标的含义和层次？
3. 在汉语学业成就评价中如何表述汉语教学目标？
4. 汉语学业成就评价的内容包括哪些方面？
5. 汉语学业成就评价的方法有哪些？
6. 什么是汉语学习者表现性评价？为什么要进行这种评价？你认为应该如何评价？
7. 什么是汉语课堂活动评价？为什么要进行这种评价？你认为应该如何评价？
8. 观察某一汉语课程的学生总评成绩的分数构成，分析它是否合理，并陈述理由。
9. 汉语学业成就评价的发展趋势如何？为什么会出现这样的发展趋势？

第九章
汉语教师评价

　　中国经济的蓬勃发展和国际地位的不断提高为汉语教学提供了广阔的发展空间，尤其是国际汉语推广工作的开展，需要大批优秀的汉语教师。师资质量的评价与控制，尤其是汉语教学过程和效果的评价已成为影响汉语教学事业大局的重要一环。汉语教师评价就是根据汉语教学的目标，运用教学评价的理论、技术和方法，对汉语教师的教学过程和效果作出价值判断的过程。

　　我们在本章将讨论以下几个问题：汉语教师评价的目的是什么？汉语教师评价有哪些类型？汉语教师评价有几种形式？评价的内容是什么？汉语教师评价的主要方法有哪些？

第一节　汉语教师评价的目的与类型

一、汉语教师评价的目的

　　汉语教师评价的目的是通过对其汉语教学过程和效果的定性定量的价值判断，促进他们汉语教学专业能力的发展，提高他们的汉语教学效能，更好地实现汉语教学目标。

二、汉语教师评价的类型

汉语教师评价主要有以下三种类型（参见陈玉琨，1999:65）：

（一）成果评价

"成果"指的是汉语教师的教学成果，具体来说，就是学习者的汉语学习发展与汉语行为表现。成果评价就是从汉语教师所教学生的汉语学习发展与汉语行为表现的变化来对汉语教师的工作价值作出判断。它是判断汉语教师工作有无价值以及价值大小的最有权威的评价，也是最有说服力的评价。汉语教学成果是汉语教师课堂教学行为的客观化。因此，对汉语教师的评价也可以从他们的汉语课堂教学行为方面来进行。

（二）行为评价

"行为"指的是汉语教师的课堂汉语教学行为。行为评价就是对汉语教师的课堂汉语教学行为进行评价。因为这种评价是直接针对汉语教师的汉语教学工作的，因此，在帮助教师改进汉语教学、提高汉语教学质量方面，具有更大的实用性，因而受到汉语教学界的广泛关注。这也是我们这章要重点讨论的问题。

（三）素质评价

素质评价是对汉语教师素质进行的评价。因为汉语教师的职业特点要求教师具有一定的汉语知识技能、良好的心理和思想素质。赵智超（1986）具体总结了教学效果好的外语教师应具备的主要条件。吕必松（1987）从学科建设角度提出要加强汉语教师的专业训练，提高他们的业务素质。刘珣（1996）为国内外的汉语教师培训提出了六个方面的素质要求。陆俭明（2005）认为"真要让汉语走向世界，重要的是要不断提高汉语教师的素质"。但是，高素质只是提供了一个汉语教师取得较大成果的可能性，并不具有必然性，要把可能性变为现实，还有赖于该汉语教师的主观努力和一定的客观条件。因此，这里我们将重点讨论汉语教师的课堂教学行为。

第二节　汉语教师评价的形式与内容

汉语课堂教学评价是汉语教师评价中的一个重要组成部分，它具有自身独特的过程和特征。汉语教学界经常开展汉语教师课堂教学评价工作，因为加强汉语课堂教学评价，有利于改善汉语课堂教学质量。

一、评价形式

汉语教学界的汉语教师课堂教学评价一般有两种形式：一是指标体系，二是概括性问题。两种形式既可以单独使用，也可以同时使用。具体使用哪种形式，要根据汉语教师评价的目的和要求来决定。

（一）指标体系

指标体系适用于评价目标易分解成指标的定量评价（参见王孝玲，1999：231）。例如，把汉语教师的课堂教学作为评价目标，韩孝平（1986）提出了四种评价量表：汉语教师主体自评量表（表9–1）、客体评价汉语教师的课堂教学表（表9–2）、客体评价汉语教师基本情况表（表9–3）。上述每一种量表实际上都针对不同的评价者，首先把评价目标分解成了若干具体的指标，再让评价者按照各项指标所列的等级进行评判。再如，陈光磊（2002）提出的"对外汉语课堂教学评价指标体系"（表9–4），也是按照同样的原理来进行操作的。

表9–1　汉语教师主体自评量表

项目	内　　容	评估等级 A B C D
专业基础知识	1. 系统地掌握现代汉语的语音、词汇、语法和文字知识。 2. 注意学习、研究国内外同行关于汉语教学的理论及经验。 3. 努力学习与语言教学有关的理论（普通语言学、社会语言学、心理语言学、教育心理学等）。 4. 经常参加院、系组织的学术报告会。 5. 熟悉中国的概况及文化习俗。 6. 了解世界各国概况及学生所在国家的简单情况。	

(续表)

项目	内　　容	评估等级 A B C D
备课 情况	1. 总是持"不备好课就不能上课堂"的态度。 2. 能驾驭教材的全部内容，掌握其前后之间的内在联系，设计合理的教学方案。 3. 熟悉不同阶段，不同的教学内容（如语音、汉字、词汇、功能项目及语法点）。 4. 在备课时能根据不同程度的教学对象找出难点、重点，并有针对性地、分层次地组织有效的、一定量的操练材料。 5. 常编写补充材料和练习。 6. 在课前准备好本课所需要的教具（如卡片、图片、实物、幻灯、录音、录像等）。	
课堂 教学 情况	1. 所传授的语言理论知识正确，示范明显。 2. 能根据不同的教学内容，运用不同的形式激发学生的学习兴趣，使各层次的学生都积极参与教学活动。 3. 能正确地处理听说和读写的关系，并突出所承担课型的语言技能训练的特点。 4. 严格控制师生语言比例，做到精讲多练。 5. 能正确处理学生单个操练、双人操练和集体操练的关系。 6. 能正确处理理解性操练、机械性操练和活用性（创造性）操练的关系。 7. 能正确处理单项训练和综合训练的关系。 8. 能正确处理准确和速度的关系，逐步使学生的速度接近正常语速。 9. 板书经过精心设计，起到引导、归纳本课内容的作用。 10. 通过画龙点睛式的小结，达到使学生理解、运用本课全部内容的目的。 11. 对学生不适当的提问及错误回答能恰当处理。 12. 给学生留有提问的余地。 13. 以最低限度准确地使用媒介语。 14. 经常做到合理地安排时间，按时上、下课，不拖课。 15. 能有效地使用教具及现有视听设备。 16. 对你不懂或不知道的问题敢于说"我不知道"或"下次告诉你"。	
批改 作业	1. 能迅速准确地批改作业。 2. 根据作业或测试，写出规律性的问题，作好小结。	
辅导	能坚持课外辅导以弥补课堂教学不足。	
教态 仪表	1. 随时注意自己的举止、仪表对学生情绪的影响。 2. 在课堂上有一套简明的口语及手势语与学生达成默契。 3. 教学语言干净简练，很少口头语。 4. 课堂上不管什么时候，无论对什么教学对象都表现出极大的耐心，给人以亲切感。 5. 注意使用幽默手段（避免哗众取宠）来活跃气氛。 6. 总是精神饱满，对所要传授的内容显得胸有成竹。 7. 目光能始终注视学生，以吸引他们的学习注意力。	

表9-2 客体评价汉语教师的课堂教学

项目		类　　别	
教学要求		A 目的明确，重点突出。 C 目的较明确，重点不太突出。	B 目的明确，重点较突出。 D 目的不明确，难以分辨主次。
教学任务		A 全部完成，充分体现课型特点，效果良好。 C 大部分完成，基本体现课型特点，稍有遗漏或冒出。	B 基本完成，体现课型特点，效果尚可。 D 完成不理想，课型特点体现不明显。
教学内容编排	复习旧课	A 目的明确，与本课有内在逻辑关系。 C 目的不太明确，与本课联系不大。	B 目的较明确，与本课联系紧密。 D 无此程序。
	引进新课	A 引进自然，方式新颖。 C 不太自然，方式尚可。	B 引进较自然，方式得体。 D 较生硬，方式欠妥。
	课堂讲解	A 精讲多练，画龙点睛。 C 讲多于练。	B 讲解较清楚，讲练关系合理。 D 讲解不太清楚或有疏漏。
	课堂操练	A 操练方式适当、合理，能因人而异。 C 操练方式不太合理。	B 操练方式尚可，效果良好。 D 缺项，效果差。
	教学小结	A 及时、准确地作出中段和终段小结。 C 总结不适时或不够准确。	B 注意进行中段和终段小结。 D 缺项。
教学安排	教案设计与实施	A 设计精密，能灵活变通。 C 设计不太合理或不按教案上课。	B 设计合理，按教案上课。 D 设计简单、粗糙。
	教学环节	A 环节合理、清楚，节奏紧凑。 C 环节较清楚，但不太完整或节奏松散。	B 环节较清楚，节奏适当。 D 零乱，有跳跃。
	教学时间安排	A 安排合理，恰到好处。 C 安排欠妥。	B 安排较合理，能完成任务。 D 安排不当，提前或延迟。

(续表)

项目		类　别
课堂教学技能	课堂管理	A 善于因势利导，充分调动积极性，有效处理偶发事件。 B 能引导学生，调动其积极性，对偶发事件处理得当。 C 驾驭课堂的能力不太强。 D 被学生牵着走，比较被动。
	教学语言	A 清楚、简练，声音洪亮，语速合适。 B 比较清楚，声音较洪亮，语速尚合适。 C 语言不简练，声音不洪亮，语速过快或过慢。 D 有语病，冗余信息多，声音小。
	媒介语使用	A 使用恰当、正确。 B 使用正确，比较合适。 C 使用不够准确，过多或过少。 D 不使用或有明显错误。
	文化背景介绍	A 注意中外文化对比教学，适时、适量。 B 较注意中外文化对比教学。 C 运用中外文化对比有错误或时机欠妥。 D 不善于中外文化对比教学。
	板书技巧	A 设计合理，重点突出，美观、整齐。 B 重点突出，不太整齐。 C 重点不突出。 D 杂乱有错。
	教辅手段	A 充分准备，合理有效，井井有条。 B 合理有效。 C 有安排，效果欠佳。 D 多余或欠缺。
	教态	A 精力充沛，精神饱满，举止端庄，和言悦色，善于以姿势助说话。 B 精神较饱满，注意举止对学生的影响。 C 精力较充沛，但严肃或活泼有余。 D 不精神，呆板。

表 9–3　客体评价汉语教师的基本情况

项　目	类　别
教师所学专业	A 语言　B 文学　C 外语　D 其他
从事对外汉语教学的年限	A 十年以上　　　B 六至九年 C 三至五年　　　D 一至二年
语音情况	A 普通话语音　B 带有较轻方音的普通话语音　C 外地方音
掌握媒介语情况（外语）	A 语音准确，语法清楚，运用自如。 B 了解基本语法，会用与教学有关的语言。 C 初级水平，能说不连贯的词语。 D 不会。
科研能力	A 有独特见解，科研工作卓有成效，在研讨会上提出颇有见地的论文。 B 有科研能力，并能写出一定水平的论文，阐明观点。 C 科研能力较差。 D 不具备科研能力。
对学生态度	A 关心学生，主动辅导，热情帮助。 B 关系较融洽，耐心解答问题。 C 关系一般，仅限于课堂上的师生关系。 D 关系不太融洽，对程度差的学生缺乏耐心，有些歧视。
对同行态度	A 与同行和睦相处，配合主动、默契，虚心接受别人意见，探讨专业问题。 B 努力与同行配合，工作主动。 C 关系一般，能保证教学顺利进行。 D 配合不够好，影响教学。
对个人工作中缺点的态度	A 主动征求意见，坦率承认不足，积极努力改正。 B 耐心听取别人意见，注意纠正不足。 C 有一定认识，改进不明显。 D 缺乏认识，故步自封。

表 9-4　对外汉语课堂教学评价指标体系

教学目标的实现	对总体目标	充分理解，切实贯彻，全面完成教学任务
	对根本目标	要求明确，努力达到，注重提高交际能力
	对具体目标	全面落实，认真执行，圆满完成教学任务
教学内容的传授	语言知识的讲解	内容正确，说解简明，指点精要
	言语技能的操练	方式恰当，数量足够，切实有效
	交际能力的培养	设置有效语境，运用语用规约，进行交际实践
	文化背景的说明	介绍适时适量，运用中外对比，说解正确贴切
	教学内容的组合	精讲多练，交际使用，文化导入
教学方法的运用	教学法与课型的匹配	适应课型的特点和要求
	教学法与学生的对应	适合学生的水平和要求
	教学法所具有的成效	具有启发性、生动性和趣味性
	教学设施的使用	合理，熟练，有效
教学环节的安排	教案的设计	合理，精确，可变通
	教学的过程	起始—展开—结束的顺序完整、明确
	旧课的复习	及时，注意承前启后
	新课的引入	自然，力求方式新颖
	生词和语法的教学、技能训练等环节的组合	组合合理，层次分明，节奏紧凑
	教学小结	进行适时，讲练精要
	进度安排	时间分配合理，进度恰到好处

(续表)

课堂教学的组织	课堂秩序	学生安定,精力集中
	调动学生的学习情绪	发挥学生的学习积极性、主动性、创造性,对程度不同的学生既区别又平等地对待,因材施教
	组织交际性练习	把课堂作为交际场所,提供语境和话题,展开不同形式的交际实践
	课堂气氛	调节适度,既认真紧张又活泼愉快
教学技能的掌握	教学语言	普通话标准、规范;教学用语简练,语速适当;声音洪亮,话语清晰;媒介语使用正确、恰当
	板书运用	整体布局合理,整齐美观;书写规范,字迹端正
	辅助手段	准备充分,适用合理,具有实效
	教师形象	精神饱满,仪表端庄,态度和蔼;举止优雅,善于以姿态助说话
作业布置与评改	题型设计	类别多样,内容新颖,分布合理
	程度把握	难易适度,循序渐进
	练习量度	数量足够,不过多或过少
	作业评改	进行及时,态度认真,评析精确
教学效果	学生对应知应会内容的掌握	能理解,会模仿,能记忆,会使用
	学生考试成绩	考题合理,优、良、中、差成绩的分布和比例恰当
	学生对课堂教学的意见	(可拟制学生对课堂教学评估意见以收集有关信息)

(二) 概括性问题

在汉语教学评价中,当我们的评价目标不易分解成指标时,可以使用概括性问题进行定性评价。例如,对汉语教师的综合课教学,可以提出下列一些概括性问题：

1. 汉语教学目标是否清楚、适当？
2. 汉语教学内容是否具有逻辑性？是否精讲多练？是否重视语用情境？
3. 汉语知识的讲解是否正确、简明？
4. 汉语教学结构是否紧凑、严密？
5. 新课的导入是否自然、生动？
6. 教学设备的使用是否熟练、有效？
7. 教师的教态、仪表、举止是否自然、亲切、大方？
8. 汉语课堂教学有何特点和创新？还有哪些不足？等等。

评价时，可以以这些问题为纲，总结优点，找出不足及问题所在，以便改善汉语课堂教学效果。

二、评价内容

不同的评价者对同一评价对象（汉语教师）的课堂教学可能有不同的评价内容。例如，某个美国大学在华汉语暑期教学项目的汉语学习者对汉语教师的评价有六项内容：课堂组织能力（Class Organization）、与学生有效交流的能力（Ability to Communicate Effectively with Students）、解答问题能力（Helpfulness in Answering Questions）、纠音能力（Emphasis on Correct Pronunciation）、奉献精神（Dedication）、整体教学效果（Overall Effectiveness）。

汉语教师之间的同行评价有更多的评价内容。

韩孝平（1986）提出了五项评价内容：教学要求、教学任务、教学内容编排、教学安排、课堂教学技能。每一项内容还可以进一步细化为二级指标，比如，"课堂教学技能"包括：课堂管理、教学语言、媒介语使用、文化背景介绍、板书技巧、教辅手段、教态。这些项目还可以进一步细化为三级指标。比如：A. 注意运用中外文化对比进行教学，适时、适量。B. 比较注意运用中外文化对比进行教学。C. 运用中外文化对比有错误或时机欠妥。D. 不善于用中外文化对比进行教学。

陈光磊（2002）提出了八项评价内容：教学目标的实现、教学内容的传授、教学方法的运用、教学环节的安排、课堂教学的组织、教学技能的掌握、作业布置与评改、教学效果等。每一项内容还可以进一步细化为二级指标,比如,"课堂组织能力"包括:课堂秩序、调动学生的学习情绪、组织交际性练习、课堂气氛。这些项目还可以进一步具体化。比如,"课堂秩序"指学生安定、精力集中;"调动学生的学习情绪"指发挥学生的学习积极性、主动性、创造性,对水平不同的学生既区别又平等地对待、因材施教;"组织交际性练习"指把课堂作为交际场所,提供语境和话题,展开不同形式的交际实践;"课堂气氛"指调节适度,既认真紧张又活泼愉快。

李靖华(2006)《基于胜任特质理论的对外汉语课堂教学评估量表》一文提出了41项对汉语教师的评价内容(见表9-5):

表9-5 对外汉语课堂教学评估量表

请根据教师的表现判断。

1	2	3	4	5
很不好	不好	一般	好	很好

1. 口齿清楚、声音洪亮 ·················· 1 2 3 4 5
2. 衣着得体 ························· 1 2 3 4 5
3. 面带微笑 ························· 1 2 3 4 5
4. 说话语调和节奏自然悦耳 ················ 1 2 3 4 5
5. 和学生的空间距离合适并常在教室内走动 ········ 1 2 3 4 5
6. 板书清晰美观 ······················ 1 2 3 4 5
7. 普通话标准 ······················· 1 2 3 4 5
8. 语速符合学生水平 ···················· 1 2 3 4 5
9. 准时下课 ························· 1 2 3 4 5
10. 重视学生的反应 ···················· 1 2 3 4 5
11. 所提问题有意思 ···················· 1 2 3 4 5
12. 课堂语言适合学生的水平 ················ 1 2 3 4 5
13. 所提问题在难度和内容上有挑战性 ··········· 1 2 3 4 5
14. 提问方式灵活多样 ··················· 1 2 3 4 5
15. 对学生的赞赏、批评适度 ················ 1 2 3 4 5

16. 及时发现学生的错误 ⋯⋯⋯⋯⋯⋯⋯⋯⋯⋯⋯	1 2 3 4 5
17. 及时发现学生出错的原因 ⋯⋯⋯⋯⋯⋯⋯⋯	1 2 3 4 5
18. 适时准确地纠正学生的错误 ⋯⋯⋯⋯⋯⋯⋯	1 2 3 4 5
19. 属于教学任务的语言点讲解清楚 ⋯⋯⋯⋯⋯	1 2 3 4 5
20. 及时、准确地回答学生所提的问题 ⋯⋯⋯⋯	1 2 3 4 5
21. 解释和练习的关系处理适当 ⋯⋯⋯⋯⋯⋯⋯	1 2 3 4 5
22. 练习有难度阶梯性 ⋯⋯⋯⋯⋯⋯⋯⋯⋯⋯⋯	1 2 3 4 5
23. 练习中有意识地复习所学内容 ⋯⋯⋯⋯⋯⋯	1 2 3 4 5
24. 采用师生、学生互动的练习形式 ⋯⋯⋯⋯⋯	1 2 3 4 5
25. 课堂上和学生建立的关系友好 ⋯⋯⋯⋯⋯⋯	1 2 3 4 5
26. 明确教学要求 ⋯⋯⋯⋯⋯⋯⋯⋯⋯⋯⋯⋯⋯	1 2 3 4 5
27. 给学生的机会均等 ⋯⋯⋯⋯⋯⋯⋯⋯⋯⋯⋯	1 2 3 4 5
28. 分配教学时间合理 ⋯⋯⋯⋯⋯⋯⋯⋯⋯⋯⋯	1 2 3 4 5
29. 控制课堂节奏自如 ⋯⋯⋯⋯⋯⋯⋯⋯⋯⋯⋯	1 2 3 4 5
30. 教学环节衔接自然 ⋯⋯⋯⋯⋯⋯⋯⋯⋯⋯⋯	1 2 3 4 5
31. 能够维持课堂秩序 ⋯⋯⋯⋯⋯⋯⋯⋯⋯⋯⋯	1 2 3 4 5
32. 随机应变 ⋯⋯⋯⋯⋯⋯⋯⋯⋯⋯⋯⋯⋯⋯⋯	1 2 3 4 5

33. 有耐心 ⋯⋯⋯⋯⋯⋯⋯⋯⋯⋯⋯⋯⋯⋯⋯⋯ 1 2 3 4 5
    （可能表现为：耐心等待程度差的学生回答问题，耐心讲解学生不明白的问题等）

34. 严格 ⋯⋯⋯⋯⋯⋯⋯⋯⋯⋯⋯⋯⋯⋯⋯⋯⋯ 1 2 3 4 5
    （可能表现为：老师不纵容学生的语言错误，老师对学生语言技能的掌握程度有较高要求，老师对不遵守教学规定的行为加以批评等）

35. 幽默 ⋯⋯⋯⋯⋯⋯⋯⋯⋯⋯⋯⋯⋯⋯⋯⋯⋯ 1 2 3 4 5
    （可能表现为：课堂气氛活跃等）

36. 亲切 ⋯⋯⋯⋯⋯⋯⋯⋯⋯⋯⋯⋯⋯⋯⋯⋯⋯ 1 2 3 4 5
    （可能表现为：学生对老师没有畏惧感，老师表现出帮助学生的意愿，老师乐意参与学生的各种课堂活动等）

37. 细心 ⋯⋯⋯⋯⋯⋯⋯⋯⋯⋯⋯⋯⋯⋯⋯⋯⋯ 1 2 3 4 5
    （可能表现为：老师能观察到学生情绪的变化，老师能观察到学生的微小错误，老师整个教学过程没有任何纰漏等）

38. 宽容 ·· 1 2 3 4 5
    （可能表现为：老师对不良的教学外在环境泰然处之，老师对不同程度的学生都能友好平等地对待，老师没有对某种教学法、教材或文化的偏激态度等）

39. 开朗 ·· 1 2 3 4 5
    （可能表现为：课堂气氛轻松愉悦，学生愿意与老师交流等）

40. 准备充分 ·· 1 2 3 4 5
    （可能表现为：老师的各种教学辅助材料准备齐全，老师的教学有计划、有条理等）

41. 热情 ·· 1 2 3 4 5
    （可能表现为：老师对学生的话题或回答表现出兴趣，老师上课时的情绪高涨等）

第三节　汉语教师评价的主要方法

对汉语教师课堂教学的评价可以采用多种方法，常用的方法有以下三种：

一、随堂听课

随堂听课是汉语教学界教师同行评价中最常用、最基本的方法。它大致要经历以下几个步骤：

（一）听课准备

听课准备一般包括以下几个方面：

1. 熟悉该课程的总目标、单元目标和本节课的目标以及教材的相应内容

某汉语课程的教学总目标和相应单元教学目标是汉语教师进行课堂教学的主要依据，汉语教材是汉语课堂教学内容的载体，是汉语教师的"教"和汉语学习者的"学"最基本的使用材料。听课前通过熟悉课程教学目标和单元教学目标以及教材的相应单元、某节课的内容，可以明确所评汉语课程的重点、难点、环节、步骤以及所讲那节课的内容在单元和课程中的地位和作用。

2. 了解汉语学习者的背景信息

特定的汉语课堂教学策略和程序都是根据一定的汉语学习者的需求、汉语水平、母语特点和文化背景等来制定的。评价者在随堂听课之前，了解这些汉语学习者的背景信息，将有助于充分理解汉语教师的课堂教学思路，便于敏锐地发现该汉语教师的教学优势和不足，从而对该汉语教师的课堂教学作出准确的评价。

3. 了解可用的汉语教学资源和设备

汉语教学需要多种资源和设备的支持来获得生动活泼的教学效果。当现代教育技术的教学资源和设备还不能满足所有的汉语教师时，一个拥有较多资源和设备的汉语教师与一个拥有较少或没有现代教育技术资源和设备的汉语教师，在评价要求上应该有所区别。反之，当现代教育技术的教学资源和设备能够满足全体教师的需求时，在评价要求上则应该一视同仁。多媒体技术和网络资源在汉语教学中的运用，是汉语教学适应现代教学技术发展的集中体现，能否较好地利用各种汉语教学资源和设备来支持汉语课堂教学是汉语课堂教学评价的重要内容之一。

4. 设计课堂听课记录表

评价者在随堂听课前可以确定一些预期的听课重点，并为此设计一个汉语教学听课记录表（见表9-5），在随堂听课时只需要充分关注该汉语教师在这些方面的表现，并快速作出聚焦式记录即可。设计听课记录表的好处是，听课时可以集中精力观察汉语教师的表现，听课记录的操作简便易行。

（二）听课记录

评价者的汉语课堂记录可分为全景式和聚焦式。全景式课堂记录是指对汉语教师的一次课（通常两节100分钟）所作的比较全面的记录。以汉语综合课为例，它包括复习旧课、导入新课、语法点讲练和小结、课文处理等环节。它强调汉语教学环节的完整性，教学内容的全面性，教学框架设计的整体性。聚焦式课堂记录是指对汉语教师的一次课（通常两节100分钟）所作的重点观察记录。比如，教师在汉语课堂教学行为上的某些表现：课堂组织能力、教学内容是否具有逻辑性、是否精讲多练、是否重视汉语语用规则等。

（三）课后反馈

听课后，评价者应该向汉语教师及时反馈评价信息。因为评价是针对具体的某节课或某个问题来说的，时间一长，汉语教师本人可能记不清楚当时出现过的问题和具体情况，这样的评价反馈就起不到帮助教师、促进教学的作用。

向汉语教师反馈评价信息时要采取合适的方式。反馈评价信息时要充分考虑实际情况和教师的心理承受能力，提出符合汉语教学实际的要求。要从关心、爱护教师的角度出发，态度要诚恳，方式要亲切，要防止用一两次听课评价就把教师"一棍子打死"的现象出现。

向汉语教师反馈评价信息要具体。如果评价者只给出优秀、合格、不合格等如此简单的结论或"不错""显得比较熟练""效果总的来说还可以"等笼统的反馈意见，对汉语教师并没有多大的帮助，因为这些评语太模糊，可以因人而异作出多种解释。向汉语教师反馈评价信息应该指出他的教学究竟好在哪里，不足在哪些方面，并提出改进与努力的方向，促使汉语教师养成探索和反思的习惯。

二、录像评价[1]

由于电子摄像产品的升级换代和广泛普及，录像技术已经越来越多地用于汉语教师的课堂教学评价之中。比如，美国一些大学的暑期汉语教学项目以及北京语言大学等有时就采用现场教学录像，课后分析评价的办法。我们还可以从北京语言大学的电教中心方便地获得"对外汉语综合课教学观摩录像""对外汉语阅读课教学观摩录像"等各课型的录像集锦。对汉语教师的课堂教学进行录像评价，一般分下列几个步骤：

（一）录像准备

在正式对汉语教师进行课堂教学录像之前，录像者要进行有关准备工作。一方面是大致了解所录汉语课程的总目标、单元目标和本节课的目标以及汉语教材的相应内容，粗略了解汉语学习者的背景信息（比如，该班学生的国籍构成、风俗习惯等），重点了解录像所在班级的汉语课堂教学环境条件、可以利用的汉语教学设备和资源，以便为正式录像创造良好的条件。

---

[1] 参见金娣、王刚（2002）；唐晓杰等（2000）。

(二) 实施录像

录像评价的成功既取决于录像成品的技术质量（如画面清晰、声音效果等），又取决于录像成品的拍摄内容。因为录像者所拍摄的内容，实际上就是可以向评价者提供的汉语教师的课堂教学信息资料。对汉语教师的课堂教学进行录像评价，就是在不同的汉语教师的课堂教学信息资料之间进行对比的过程。这意味着汉语教师课堂教学的录像内容不仅与汉语教师本人的汉语教学过程和内容有关，还与录像者对摄像机的使用和操作（比如，画面的取舍、镜头的切入和转换、焦距的拉近和推远等）有关。在实施录像的过程中，录像者需要作出许多取、舍、详、略方面的决策，而取、舍、详、略的依据则来源于汉语教学目标、汉语教材的相应内容、汉语学习者的背景、汉语教学资源等。如果对这些情况没有初步的了解，汉语课堂教学录像就可能遗漏或缺乏我们评价所需要的一些重要信息，相反，却收录或突出了我们不需要的某些琐碎细节，从而失去了它应有的价值。

(三) 录后访谈

在对教师进行汉语课堂教学录像后，还要进一步对其进行访谈，访谈过程也可以录像，并跟汉语课堂教学录像配套保存，便于评价者以后了解进行汉语课堂教学的该教师的教学设计思路、教学目的、教学背景、自我评价等。访谈前，可以由访谈者准备一个汉语课堂教学访谈提纲，并提交给该汉语教师，同时向其说明访谈目的。这样既可以使该汉语教师有所准备，又可以使双方的谈话紧扣访谈者设计的主题，提高所获信息的价值。比如，设计这样一些主题和话题：

1. 主题：教学目的和教学设计

话题：（1）你这两节汉语综合课的教学目的是什么？（2）你希望学生在这两节汉语综合课里学会什么？（3）你使用了哪些设计来达到你的教学目的？（4）你为什么要这样设计呢？（5）你这样设计的依据是什么？等等。

2. 主题：教学过程和教学环节

话题：（1）你的教学概括地说经历了哪些过程？（2）在这些不同的过程中包含了哪些教学环节？（3）这些环节在教学过程中起到了什么作用？（4）你是否根据学生的掌握情况来调整你的教学环节？请举例说明。（5）你作了哪些调整？为什么要这样调整？等等。

3. 主题：教学背景和教学策略

话题：（1）你上的这两节汉语综合课与前面教过的内容有什么联系？（2）它在本单元的教学中处于什么样的位置？（3）它与后面将要教的内容有什么联系？（4）这两节汉语综合课你主要采取了什么样的教学策略？（5）为什么要采取这样的教学策略？等等。

4. 主题：汉语教师自我评价

话题：（1）你对自己上的这两节汉语综合课满意吗？（2）与你平时的汉语教学相比，有什么不同吗？为什么？（3）你认为这两节汉语综合课有无成功之处？体现在哪些方面？（4）你认为这两节汉语综合课有无不足之处？体现在哪些方面？（5）你觉得应该如何改进？等等。

（四）录像分析

汉语课堂教学录像评价的好处是可以反复观察该汉语教师的课堂教学情况，从而使复杂、细致的评价分析成为可能。在进行汉语教师课堂教学录像评价前，先要进行录像分析，这就需要把录像内容转化为文字描述。然后，再根据录像内容和文字描述来归纳汉语教师的教学过程和学生的活动过程，并基于教学过程来划分其教学环节。最后，对各个汉语教学环节所开展的教学活动进行概括性的文字描述（比如情境导入等），并记录各个汉语教学环节的始末时间，学生操练汉语的开口率，教师对语法点的讲练比率，教师提问的数量和质量，教师对教学设备的使用情况等。

应该着重指出的是，对汉语课堂教学结构的分析，既要有时间分配和活动频率的定量分析，又要有涉及质量指标的定性分析。分析的内容应该比较全面，既有涉及教学基本过程的（如教学环节及其始末时间），又有涉及学生活动的（如学生活动的行为类别、是全班或小组活动还是个人活动、不同活动类别和群体所用时间等），还有涉及教师活动的（如教学行为、教学要求、教学设备的使用等）。在此基础上，才能作出比较合理的、客观的汉语课堂教学录像评价。

三、师生调查

在随堂听课或录像评价之后,为了多角度收集和验证评价信息,可以把师生调查和对学生汉语作业的抽样调查作为一个补充信息的来源。师生调查一般有两种设计方式:一种是开放式问卷调查,另一种是封闭式问卷调查。

(一)开放式问卷调查

开放式问卷调查是以书面文字形式列出所需调查的问题清单,由被评价的汉语教师或该教师所在班级的汉语学习者对每一个问题作出书面文字回答。这主要根据他们自己对汉语课堂教学过程和效果的主观印象来回答。回答的文字数量或长短不作特别的规定,由回答者自己掌握。问题清单中所列项目可以由设计者或评价者确定。汉语教师自评内容包括:教学要求、教学任务、教学内容编排、教学安排、课堂教学技能等。学生调查问卷内容包括:学生对所学内容的掌握情况、对教师教学行为的评价及其建议等。

(二)封闭式问卷调查

封闭式问卷调查是把汉语教师的课堂教学行为或学生的汉语课堂学习活动细化为一系列用文字描述的项目,(比如,汉语教学内容编排可以细化为:复习旧课、引入新课、课堂讲解、课堂操练等)在每一个项目后附上评分等级,(比如,1 = 很不好;2 = 不好;3 = 一般;4 = 好;5 = 很好)由被评汉语教师或他所在班级的学生对每一项目根据自己的评断选择等级(画勾或画圈)。评价者在回收封闭式调查问卷后,可以计算该汉语教师的得分,也可以进行进一步的定量分析和处理。

(三)汉语作业抽样调查

无论是开放式问卷调查,还是封闭式问卷调查,它们都是以主观印象为主的回答和判断,而汉语学习者实际上获得的学习成果则是比较有说服力的客观证据。因此,在检验汉语教师的课堂教学效果时,还可以采用随机抽样的方法,直接抽取该班学生的汉语作业进行考察,或者随机抽取一组学生来完成某个汉语交际任务,或者让他们回答与汉语课堂教学内容有关的问题。这样可以进一步获取不同来源的评价信息,并验证先前已获信息的准确性。

四、汉语教师评价要注意的问题

汉语教学中的汉语教师评价有不同于一般教育评价的显著特点。我国高校或普教系统的教学双方都处于相同的文化背景，他们在思维方式和价值观方面不存在很大的差异，在语言交流和思想沟通上具有特定的优势，可以及时弥补双方的误会和分歧。而汉语教学中的教师评价，面对的教学对象是没有熟练掌握汉语甚至初学汉语的外国人，教学双方不但汉语水平不同、文化背景不同，思维方式和价值观也不同，当汉语学习者评价所学汉语课程的任课教师时，外国留学生作为评价者是一种跨文化评价，文化背景的差异以及思维方式和价值观的不同，有时可能会在某些方面给评价工作造成一定程度的偏差，因此需要寻找修正或克服偏差的方法。

思考题

1. 汉语教师评价的目的是什么？
2. 汉语教师评价有哪些类型？
3. 汉语教师评价有几种形式？
4. 汉语教师评价的内容是什么？
5. 汉语教师评价的主要方法有哪些？
6. 对汉语教师的录像评价有哪些步骤？录后访谈为什么要设计一些主题和话题？
7. 录像评价有什么好处？为什么？应该怎样进行录像分析？
8. 师生调查和汉语作业抽样调查有什么作用？你打算如何进行？为什么要这样进行？
9. 汉语教学中的教师评价要注意什么问题？为什么？
10. 根据你所在汉语教学单位的实际情况设计一个汉语教师评价方案，并解释理由。

第十章
汉语教材评价

在汉语课堂教学活动中,汉语教材与汉语教师、汉语学习者这两大要素有着非常紧密的关系。它作为教师"教"和学生"学"的资源和工具,本身也是汉语教学活动中的重要元素。汉语教材的质量和适用性会对汉语的"教"和"学"产生很大的影响,因此,判断汉语教材的优劣,选择适合教学对象的汉语教材就成为了一个值得关注的问题。

我们在本章将讨论以下几个问题:为什么要评价汉语教材?评价汉语教材的原则是什么?评价汉语教材的程序如何?有哪些方法?汉语教材评价指标体系是由哪些因素构成的?汉语教材评价的标准是什么?汉语教材评价的依据是什么?等等。

第一节 汉语教材评价的基本问题

一、汉语教材的含义与分类

汉语教材是汉语教师和汉语学习者进行汉语教学活动的材料和依据,是汉语教学活动中不可缺少的要素之一。教材除了教科书以外,还包括教师用书、教具、音像资料、网络资源等,但这里所讨论的汉语教材仅指汉语教科书。

二、汉语教材的作用

　　汉语教材是完成汉语教学内容的重要工具，是实现汉语教学目标的重要媒介。它对学生汉语学习的作用主要表现在两个方面：一是学生进行汉语学习的资源，二是学生进行汉语学习的工具。作为汉语学习的资源，汉语教材往往力图遵循第二语言习得规律，用汉语学习者能够吸收、内化的形式和方法，以规范的汉语向学生输入汉语知识、技能和文化（包括汉语要素、汉语言语技能、汉语交际技能、汉语语用规则和文化背景知识）等。作为汉语学习的工具，汉语教材不仅要向学生展示汉语的各种语体，还要向学生介绍汉语语法、词汇、语音的结构特点和构成规律。同时，汉语教材的课文中所蕴涵的中国文化内涵、汉语语用规则、中华民族的道德价值观也会对学生了解中国、欣赏中国文化起到潜移默化的作用。

　　既然汉语教材有如此重要的作用，那么是否只要是汉语教材就必然能发挥出它应有的作用呢？答案是否定的。事实上，只有那些质量好、适合学习对象的优质汉语教材才能承担重任，发挥出汉语教材应有的作用，取得人们预期的汉语学习效果。汉语教师和汉语学习者当然都愿意选择并使用适合自己的优质汉语教材。然而，什么样的教材才属于优质汉语教材？什么样的汉语教材才适合自己呢？要回答这些问题，需要从多个方面进行考察和判断，这就涉及汉语教材评价。

三、汉语教材评价的意义

　　教材评价能力是汉语教师和汉语教学管理人员专业素养的重要组成部分，汉语教师使用教材、编写教材，汉语教学管理人员选择教材都需要这种专业的汉语教材评价能力。这是因为：（1）特定汉语课程的某一学生群体究竟适合使用什么汉语教材，是由汉语教学管理人员和汉语教师来决策的。在选择汉语教材前，通常需要他们对可供选择的若干汉语教材进行分析和评价，以便选择理想的汉语教材。这种评价不仅要分析汉语教材本身的编写水平和质量，而且要分析该汉语教材与学生的汉语需求及其汉语课程目标之间的吻合程度。（2）汉语教师在实际教学过程中，需要对使用的汉语教材进行取舍和调整。我们知道，任何汉语教材都不可能完全适合某一特定的汉语学习者群体，汉语教师必须善于根据学生的实际需要和汉语课程特点对教材进行适当调整和取舍，但这必须以汉语教材评价结果为依据。（3）已投入使用的汉语教材是否可以继续使用，需要汉语教师和汉语教学管理人员进行再评价。使用前的评价是根据对汉语教材的认识和对学生需求、课程要求的预测和判断来进行的。汉语教材使用的实际情况是否真的跟使用前的预测和判断一致，既需要实践来检验，又需要再评价来保证。（4）汉语教师开发新的汉语教材、改良旧的汉语教材都需要利用评价结果来认识和了解已有汉语教材的优势和不足，这样才能在原有的基础上推陈出新，编制出更好的汉语新教材。由此看来，汉语教材评价具有十分重要的意义。（程晓堂，2002）

四、汉语教材评价的原则

汉语教材评价的目的和方法可以不同，但是总的来看，汉语教材评价却要遵循两条最基本的原则：一是效果原则，二是效率原则。（参见程晓堂，2002）

（一）效果原则

汉语教材评价的效果原则指的是汉语教材能否达到预先设计的效果。这里的"效果"有两层含义：一是汉语教材能否真正取得作者事先设计的教学效果；二是汉语教材能否真正使学生达到事先设计的汉语学习效果。

汉语教材的作者在编写教材之前，一般都有某种设想和期待，比如，教材完工后的成品应该具有什么样的感官效果，汉语教师使用以后应该具有什么样的教学效果，汉语学习者使用以后应该具有什么样的学习效果等。然而，由于各种因素的干扰和影响（如编写者本身的汉语知识水平有限、编写教材的方法不科学等），教材作者当初的设想与最终出版的汉语教材成品之间或许会存在较大差距，这样就可能达不到作者预期的效果。因此，汉语教材编者声称会达到的汉语教学效果或汉语学习效果，不等于事实上就一定会达到。从这种意义上来说，评价者需要仔细考察、分析汉语教材的编写方法、教材内容、体例设计、练习配置、教学思想等，以便判断已出版的汉语教材成品是否确实达到了编者预先设计的效果。考察汉语教材能否使学生达到事先设计的汉语学习效果的方法是，把汉语学习者使用该教材之前的情况与使用该教材之后的情况进行对比。（比如，前测与后测等）如果他们使用该汉语教材之后，在汉语知识、汉语技能、跨文化交际等方面都有比较明显的进步，那么就说明该汉语教材使学习者取得了当初设想的汉语学习效果。当然，这种对比研究是在控制了其他影响因素的前提下进行的，这时我们考察的就主要是汉语教材本身这个因素了。

（二）效率原则

汉语教材评价的效率原则指的是该汉语教材能否比别的汉语教材更能有效地满足"教"和"学"的需要，并顺利达到作者预期的汉语学习效果。程晓堂（2002）举了一个很好的例子来说明这个问题：教材 A 和 B 都能达到同样的效果，但对相同的使用者来说，教材 A 在 100 个学时内可以完成教学任务并达到预期的效果，而教材 B 要花 150 个学时才能完成教学任务并达到预期的效果，那么我们可以说，教材 A 比教材 B 效率更高。如果其他条件相同的话，我们更应该选择教材 A。

上述例子说的是在教学时间上体现出来的效率，还可以是在教学效果上体现出来的效率（一种汉语教材比另一种汉语教材教学效果更好），等等。当然，比较的前提是其他背景条件相同。

第二节　汉语教材评价的程序与方法

一、汉语教材评价的程序

关于汉语教材的评价程序，我们可以借鉴国内外的教材评价经验，再结合汉语教材的实际情况进行。比如，Nevill Grant（1987）的现代教材研究、高凌飚（2001）的教材分析层次等方案，为我们提供了成功的教材分析范例。我们把汉语教材的评价程序（参见陈伟国、何成刚，2003）图示如下（见图 10-1）：

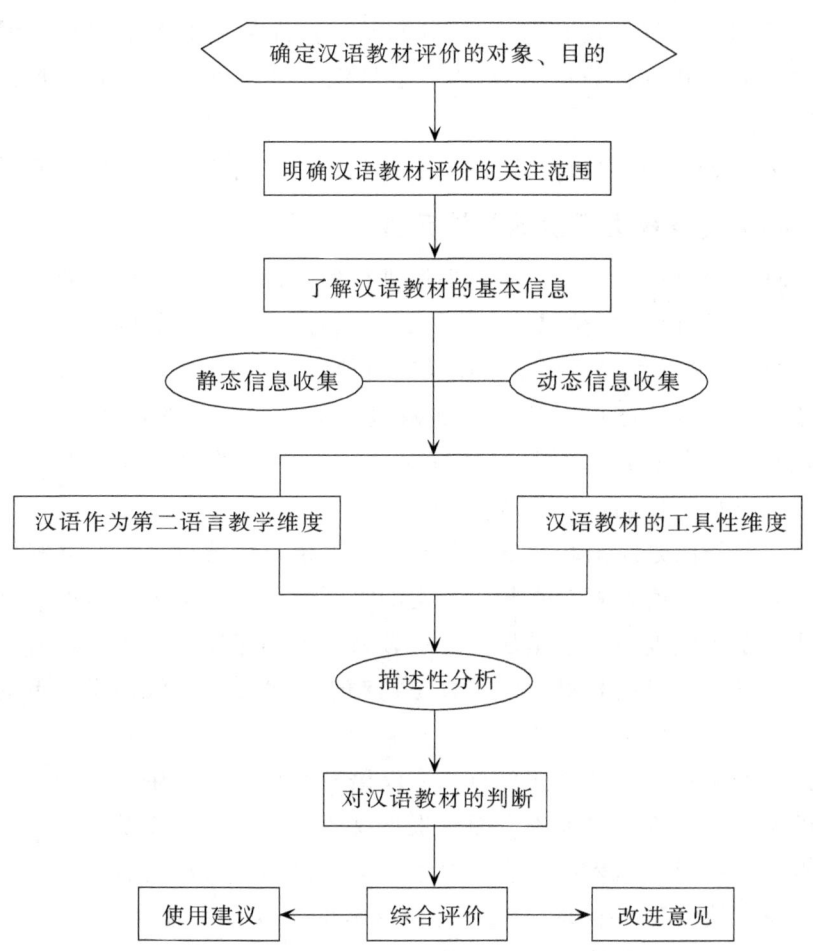

图 10-1　汉语教材评价程序

下面是我们对上述汉语教材评价程序（图 10-1）所作的描述：

(一) 确定汉语教材评价的对象和目的

确定汉语教材评价的对象就是确定具体评价哪部书。这虽然是指汉语教材自身，但是也要关注汉语教材与它的使用者（汉语学习者和汉语教师）之间的关系。比如，是否适合特定的汉语学习者，是否便于特定的汉语课程的教师使用。

汉语教材评价的目的一般有下列几种：（1）判断某种汉语教材是否适合特定的汉语学习者或汉语课程。（2）判断某种正在使用的汉语教材有无重大缺陷，是否需要改进或修订。（3）当有多种汉语教材可供选择时，判断其中哪一种最适合。

在进行汉语教材评价之前，我们需要先确定评价究竟是服务于哪一种目的的。

（二）明确汉语教材评价的关注范围

汉语教材评价是在一定的关注范围里进行的。评价关注范围主要表现在七个方面：（1）该汉语教材对谁是有价值的；（2）该汉语教材的哪一方面是有价值的；（3）该汉语教材与什么相比是有价值的；（4）在什么条件下这部汉语教材是有价值的；（5）以什么标准衡量这部汉语教材是有价值的；（6）用什么方法评价这部汉语教材是有价值的；（7）谁认为这部汉语教材是有价值的。（参见冯平，1995；丁朝蓬，2003）

上述第一条说的是汉语教材的服务对象。评价首先要确定汉语教材服务的对象，汉语教材的价值是相对于某一特定的汉语学习者的需要而言的。汉语学习者的需要处于支配地位，它是衡量汉语教材价值的尺度。汉语学习者的需要是多层次多维度的，汉语教材的价值总是相对于某种或某类汉语学习者的需要而言的。

第二条说的是评价者的关注焦点。在汉语教材评价实践中，人们并不是对汉语教材的所有方面都作出评价，而是根据汉语学习的实际需要选择汉语教材的评价焦点，即在对汉语教材的服务对象——汉语学习者作出必要限制的前提下，以汉语学习者在某一阶段、某一特定区域的需要来衡量汉语教材。因此，汉语教材的评价焦点正是从这种限制前提出发来构成的。

第三条说的是评价参照物。这是判断汉语教材价值的比较范围。事实上，人们对某一汉语教材的评价总是相对于其他汉语教材而言的，因此，在判断汉语教材的价值时，需要掌握与所判断的汉语教材相关的其他汉语教材的信息，这样才能对该汉语教材的价值作出有效、可信的判断。评价汉语教材时的参照物不同，评价的结论也就不同。

第四条说的是评价教材适用的环境条件。这是汉语教材能够充分展现其功能、发挥其作用所需要的环境条件。汉语教材自身的结构和属性使其具备了一定的功能，但是否能发挥出这些功能，还要受到外部环境条件的制约。汉语教材功能的实现实际上是其内部属性与外部环境条件相互作用的结果。汉语教材的适用环境条件"包括师资、设备、资金、管理体制等"（参见丁朝蓬，2003），判断汉语教材的价值需要明确它适用的环境条件。

第五条说的是评价标准。汉语教材评价标准来自三个方面：一是对教材服务对象——汉语学习者的需求分析。学生要通过汉语教材来学习汉语知识、汉语技能和汉语交际技能，了解中国文化及其价值观。二是对国际社会人才需求的分析。汉语教材应该为国际上不同的国家和地区培养具有汉语技能和汉语交际技能的，能够进行跨文化交际的，政治、经贸、文化等各方面的汉语人才。三是汉语教学学科发展过程中所产生的教学理论、学习理论等所提供的支持。汉语教材只有遵循"教"与"学"的规律，才能产生预期效果。

第六条说的是评价方法。目前汉语教材评价方法有下列几种：（1）对汉语教材进行经验性整体评价。这多是评价者的主观印象和感受。（2）先建立一套汉语教材评价指标体系，然后对其进行分析性评价。（3）直接对汉语教材的内容结构和编排进行定量分析评价。（4）针对某套汉语教材进行问卷调查或访谈，基于汉语教材使用者（如教师和学生）对该教材的意见进行评价。（5）观察汉语教材在教学中的使用情况，并在收集该汉语教材的使用信息的基础上进行评价。当然，不是每次都要全部使用这些方法，它们有时单独进行，有时结合使用，但是不同的评价方法和角度会产生不完全一致的评价结论，因此，多种方法结合使用，多角度验证是必要的。

第七条说的是评价者。汉语教材的评价者是多元的，可以是教师、学生、教材编制者、教材审定者和汉语教学评价专家。

我们在考察和评价一部汉语教材时通常都需要首先回答上述七个方面的问题，许多评价结论也是基于这些方面得出来的。

（三）了解汉语教材的基本信息

了解汉语教材的基本信息是指从汉语教材编写者的主观愿望角度来收集反映汉语教材质量的信息。这是评价者对汉语教材自身所进行的概括的、基本的了解。它包括四个方面：版本信息、编制背景、指导思想、教材内容。在这个阶段收集的是汉语教材编写者的看法与意见，体现的是汉语教材编写者的主观愿望。上述信息，有的教材编写者会直接在前言或后记里进行陈述，有的可以通过观察和分析汉语教材直接获得。

1. 版本信息

比如，该汉语教材的名称、作者、时间、出版社、字数、册数等。

2. 编制背景

该汉语教材的编写目的、使用对象、使用学时、使用范围等。比如，该汉语教材是为哪类特定的汉语学习者编制的，因为教材使用对象的背景（年龄、国籍、母语、媒介语、文化背景（文化传统和价值观念）、学校环境、师资条件、汉语学习的预期、对汉语教材的需求等）不同，教材使用的效果就会存在很大差异。"使用范围"跟教材使用者所处的社会环境关系很密切。比如，汉语教材在非目的语环境下使用，汉语学习者所在的某一特定国家的民族文化传统、宗教信仰、社会制度、价值观念、经济基础、教育基础、人口素质等会对教材的使用效果产生影响。"编写目的"跟满足汉语学习需求有非常直接的关系，带有浓厚的国际社会时代特征。比如，当前世界经济的发展特点、目前的世界政治格局、国际社会对汉语人才的需求趋势等。人类社会生产和生活方式的发展、人们价值观念的变化、未来国际社会对汉语人才的需求、社会经济发展可能达到的目标等因素都可能对汉语教材的"编写目的"和需求趋势产生影响，这就要求汉语教材紧密配合服务对象的需要，作出快速反应和变化。

3. 指导思想

该汉语教材要达到的教学目标、编写依据、编写原则、使用的教学原理和方法等。

4. 教材内容

该汉语教材的目录、汉语知识体系、汉语技能体系、跨文化交际体系、逻辑结构等。

（四）汉语教材的静态信息收集

汉语教材的静态信息收集是指从汉语教学参与者的经验性感受角度来收集反映汉语教材质量的信息。比如，该汉语教材所体现的教学思想、教学目标、内容体系、教学方法的设计、练习活动的安排、编写制作水平等信息。参与者包括汉语教师、汉语学习者、汉语教学专家和研究者、教学管理人员等。在这个阶段收集的是他人或评价参与者（汉语教师、汉语学习者、汉语教学专家和研究者、教学管理人员）对该汉语教材的看法，相对于前一阶段的"了解汉语教材的基本信息"来说，本阶段收集的信息体现的是汉语教学参与者主观的经验性感受。

例如，我们可以从下列几个方面来收集汉语教材的静态信息：
(1) 汉语教材的整体教学目标和单元教学目标；
(2) 处理汉语知识和汉语技能的方式；
(3) 教材所依据的第二语言教学和学习理论；
(4) 课文题材覆盖面；
(5) 汉语练习编排层次和方式；
(6) 注释是否简明扼要；
(7) 汉语文字是否规范准确；
(8) 插图是否精美、有助于汉语学习者的理解；等等。

（五）汉语教材的动态信息收集

汉语教材一旦投入使用，就会与外部因素相互作用，从而产生一系列动态信息。汉语教材的外部因素指它存在的外部环境和条件。比如，使用这部汉语教材的教师因素、使用这部教材的学校因素、使用这部教材的行政管理因素及其交互作用等。具体来说，汉语教师因素涉及对该教材的接纳欣赏程度、在汉语教学中实施教材设计思路的能力和水平；学校因素涉及该教材需使用的教学资源（经费、人员、设备、媒体）的完备程度，对教材实验的组织、协调，对使用该教材的汉语教师的激励等；行政管理因素涉及对该教材实施的监控，教材实验过程中的信息反馈等。动态信息收集是指从汉语教材与各种制约因素的相互作用的角度来收集反映汉语教材质量的信息。例如，汉语教材在使用过程中与汉语教师、留学生、汉语教学环境、国际社会环境等因素相互作用，结果使各方都发生了一些变化，从变化中可以反映出汉语教材的质量和问题。汉语教材与各种外部因素的相互作用比较明显，容易量化，也值得注意。在目前的技术资源条件下，较为可行的调查与收集项目有：

(1) 学生对汉语教材的使用方式；
(2) 教师对汉语教材的使用方式；
(3) 教师对所用的汉语教材的看法和改进建议；
(4) 学生对所用的汉语教材的看法和改进建议；

(5) 学生使用该汉语教材后，汉语学业成就的变化；
(6) 学生使用该汉语教材后，跨文化汉语交际能力的变化；
(7) 学生使用该汉语教材后，对中国文化理解和认识的变化；
(8) 汉语教师在教学中实际使用该教材开展汉语教学活动的效果；
(9) 汉语教学领域的专家学者对该教材的反映；
(10) 汉语教学管理人员对该教材的反映；等等。

（六）汉语教材的描述性分析[1]

描述性分析是将收集到的汉语教材的信息和数据进行归纳、整理，然后从不同的维度对汉语教材进行描述。不同的维度主要指两个方面：一是汉语作为第二语言教学的维度，二是汉语教材的工具性维度。描述性分析将从这两个维度来说明汉语教材的实际汉语教学目标，内容体系的科学性和系统性、针对性和实用性，实际汉语教学过程与预期汉语教学过程的吻合程度，实际汉语教学效果与预期汉语教学效果的吻合程度，汉语教材的编写制作水平等。与前面第三阶段的了解汉语教材基本信息相比较，前者收集的是汉语教材编制者的看法与意见，体现的是汉语教材编制者的主观愿望，而本阶段所获得的信息是经过调查分析后得到的信息，体现的是分析者和参与者（教师、学生、专家、学者、管理人员）的看法。了解基本信息与描述性分析相结合，可以形成对一部汉语教材的较为全面的看法。

（七）对汉语教材作出价值判断

当汉语学习者信息、使用汉语教材的社会背景信息、国际社会发展趋势信息、汉语教材的自身静态信息和外部动态信息等都收集到了以后，评价者获得的信息就比较充分全面了，这时就可以对一部汉语教材作出价值判断了。实际上，任何一个价值判断都不可能是完全客观的，评价者的汉语知识水平、汉语作为第二语言教学的专业背景、语言学习理论和第二语言习得理论的修养、个性特征、价值观等都难免会渗透到汉语教材评价过程中，从而使评价过程和评价结果都带有一定程度的个人风格。评价者观察教材的敏锐程度、分析问题的逻辑功力、进行价值判断的准确性都与其个人独有的专业背景和理论修养紧密相联，也使评价过程和评价结果密不可分。因此，汉语教材评

---

[1] 参见陈伟国、何成刚（2003）。

价者是否具备汉语教学专业素质、汉语和语言学理论知识、第二语言习得理论的修养也非常重要。研究评价者的主观因素如何影响汉语教材的评价过程与评价结果也是有意义的。

（八）对汉语教材进行综合评价

对汉语教材的综合评价方式可以是文字描述，也可以用一个等级来代表。描述性评价的主要内容有（参见陈伟国、何成刚，2003）：

(1) 该汉语教材的主要特点；

(2) 该汉语教材的目标与效果；

(3) 支持和反对该汉语教材的意见；

(4) 支持或反对该汉语教材设计的教与学方式的意见；

(5) 对该汉语教材测试学习效果方式的支持或反对意见；

(6) 对该汉语教材使用方式的建议与改进意见；

(7) 对该汉语教材编制的建议与改进意见；等等。

如果你需要快速确定一部汉语教材的优劣等级以便自己选择教材，也可以配合一定的评价标准和权重、计分方法，进一步给汉语教材进行简单的评级。比如，把汉语教材分成七个维度：语言系统维度、言语交际技能维度、跨文化交际维度、认知心理维度、教材趣味维度、教材可行性维度、教材制作工艺维度，再把每个维度各分为 5 个等级，最佳得 5 分，最差得 1 分。一部教材的总分就为（参见陈伟国、何成刚，2003）：

$$M = D \times \sum r_i A_i$$

其中 A_i 表示在"七个维度"的某一维度上的得分，r_i 表示该维度的权重，D 为"否决系数"。当被评价的汉语教材有重大错误而必须被否决时，取值为零，在其他情况下取值为 1。按照这种计算方法，你可以较为快速地得到一部汉语教材的总分，并根据其总分情况来确定该教材的优劣等级。

当然，严格、正规的优劣等级评定一般由比较权威的行政部门或学术机构按照严格的标准来进行，这是个人力量难以做到的。

二、汉语教材评价的方法

汉语教材评价的方法是指通过什么途径，采用哪些手段或工具对汉语教材进行评价？程晓堂（2002）把教材评价的方法分为两大类：随意的印象性评价和有系统的评价，后者内部又分成内部评价（对教材本身内在的评价）与外部评价（对使用对象的适用性的评价）。丁朝蓬（2003）把教材评价的方法分为五大类：（1）根据经验对教材进行整体评价。（2）根据评价指标体系对教材进行分析性评价。（3）直接对教材进行定量的内容分析。（4）通过问卷调查或访谈了解各类群体对教材的意见。（5）观察教材在教学中的使用情况。我们根据汉语教学界教材评价的实际情况，在综合吸收上述分类法的基础上，把汉语教材评价方法归纳为下列几种类型（见图10-2），这些方法常常在汉语教材评价实践中综合使用，评价方法的选择往往会对评价结论产生影响。

我们在图10-2中首先把汉语教材评价分成两大类：系统性评价与非系统性评价。在系统性评价的范围里再区分为：内部评价与外部评价。内部评价指对汉语教材本身及其内在科学性、合理性、有效性的评价。典型的系统性内部评价是汉语教材指标体系评价法。非典型的系统性内部评价是汉语教材文本定量分析评价法。外部评价指对汉语教材是否适用于特定的汉语学习者群体的评价。典型的非系统性外部评价是汉语教材印象性评价（比如，某人关于某部新教材的评介）。非典型的非系统性外部评价是汉语教材经验性评价，它虽然也是非系统性外部评价，但毕竟还有教学实践作为评价的依据，所以相对于完全凭感觉的印象性评价来说，还算不上典型。下面我们来更为详细地逐项讨论这些评价方法。

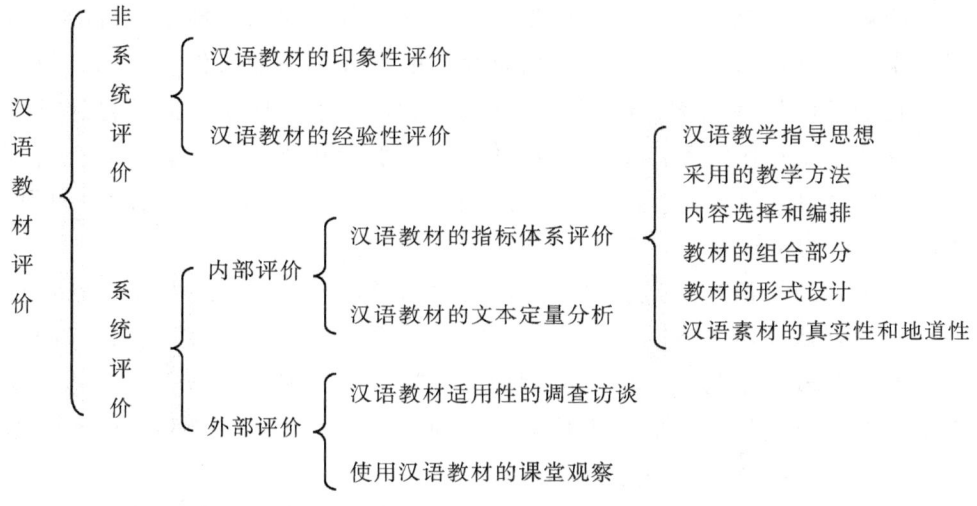

图 10-2　汉语教材评价方法分类

（一）非系统性评价

1. 依据印象进行整体评价

为了推广和宣传新的汉语教材，评价者需要简单快速地浏览新教材，并根据自己的主观感受和个人喜好对该汉语教材作出印象性评价。一般情况下，这种评价是把评论与介绍结合在一起，重点描述该汉语教材的成功之处，尤其是该教材与众不同的优势，对缺点或不足则是轻描淡写，甚至干脆不提。这类评价常用"……评介"的标题，充满大量夸张溢美的词句。评价结果带有强烈的主观色彩，极有可能出现严重的偏差。

2. 依据经验进行整体评价

由于工作的需要，有时汉语教师或研究者必须简易快速地对一部汉语教材作出自己的评价，以便尽快开展当前的工作。这时，依据自己的经验来对汉语教材进行整体评价就是一个简单易行的办法。

评价者所依据的经验一方面来源于汉语教学过程中对汉语教材的使用经历（汉语教材自身信息如何与其外部信息相匹配）；另一方面来源于对汉语学习者与教材互动作用的深入认识（汉语学习者信息如何与汉语教材自身信息相匹配）。汉语教材的自身信息指它的属性、结构、功能、实施计划等，比如，汉语教材设计的目标、汉语教材所要求的汉语教学活动方式、汉语教材的实施过程、预期学生的汉语成就、教材预期取得的和非预期取得的汉语学习效果等。汉语教材的外部信息指它存在的外部环境和条件。比如，使用这部教材的汉语教师因素、使用这部教材的学校因素、使用这部教材的行政管理因素及其交互作用等。汉语学习者信息主要指使用该教材的留学生背景信息。比如，学生的大致年龄、国籍、母语、媒介语、文化背景、汉语学习的预期、对汉语教材的希望等。

评价者的汉语教学经历越丰富，对汉语学习者信息如何与汉语教材自身信息相匹配认识越深入，对汉语教材自身信息如何与其外部信息相匹配体会越深刻，对教、学与教材的匹配就把握得越准确。因此，结合自己的经验对汉语教材进行整体评价时，评价者本身的汉语教学实践经历和汉语教学理论修养会对评价结果产生一定的影响。

依据经验对汉语教材进行整体评价的优点是：简单易行，方便快捷。缺点是：评价结果带有较强的主观性，可能出现某种程度的偏差。

（二）系统性评价

1. 内部评价

（1）依据指标体系对汉语教材进行全面的分析性评价

评价者还可以根据一套汉语教材评价指标体系对一部汉语教材进行分析性评价。指标是具体的、行为化的、可测量或可观察的评价内容。在汉语教材评价指标体系中，我们是用具体的项目来反映抽象的评价内容的。指标有定性、定量之分，定量指标在指标体系中已计算出了它的权重。汉语教材评价指标体系就是反映一部汉语教材的项目数量（评价内容）和质量要求的指标的集合。比如，汉语教材的教学指导思想、采用的教学方法、教材内容的选择和编排、教材的形式设计、教材课文和练习所选择的汉语素材的真实性和地道性、教材的各个组合部分是否既是有机的组合，又有各自的特色等。

根据一套汉语教材评价指标体系对一部汉语教材进行分析性评价的优点是：能反映汉语教材的共同属性，具有规范性和可比性。分解细致，便于测量和定量处理，误差较小，信度较高。缺点是：设计和编制比较费时费力，较难反映汉语教材的特点和社会多样化的需要。对汉语教材评价内容的多次分解可能偏离教材的本质属性，造成效度相对较低。

(2) 通过直接定量分析教材内容来进行评价

评价者也可以直接对汉语教材文本进行定量的内容分析。比如，对教材课文的长度分析，对课文中生词的数量、生词重现率的分析，对语法项目的数量、句式的长度与复杂程度的分析，对题材类型的数量分析，对练习题数量和类型以及对全部教学内容的覆盖率的分析等。

直接对汉语教材文本进行定量的内容分析的优点是：能精确简洁地反映教材的某些特性；具有严格规范的分析程序和顺序；受评价者的主观影响相对较少，客观性强；可借助计算机等现代化手段完成分析，效率较高。缺点是：不适合分析带有模糊性和不确定性的信息。

2. 外部评价

(1) 通过调查访谈了解教材使用群体的评价意见

评价者还可以向使用过该汉语教材的教师和学生等有关人员进行问卷调查和访谈，以了解各类群体对汉语教材的评价意见。比如，学生使用该汉语教材的学习方式问卷调查和访谈，主要了解学生使用汉语新教材前的学习方式、使用汉语新教材后的学习方式以及变化的情况及原因；学生对汉语教材的接受程度调查和访谈；教师对该汉语教材的教学理念的问卷调查和访谈，主要了解教师使用该汉语教材的教学背景、新教材的使用是否带动了他们教学理念和教学效果的改变；教师对汉语教材的评价问卷，主要了解教师对该汉语教材的看法和意见等。

(2) 通过观察教材的教学使用情况来评价教材

汉语课堂观察的目的在于收集实际教学过程中，汉语教师和留学生与汉语教材相互作用的情况，以验证汉语教材对教学过程的设计是否合理可行。收集信息使用课堂观察记录表。记录采用对照表的形式，列出一系列需要记录的项目，比如：

1. 汉语教材的教学目标；
2. 汉语教材内容；
3. 汉语教材与学生、教师之间的互动情况；
4. 汉语教材的适应性与学生特征；
5. 汉语教材与学生动机；
6. 汉语教材对学生的认知准备条件的设计；
7. 教完该汉语教材所需的时间；

8. 汉语教材与教学条件的适应性；等等。

每一项又包含 2~3 种需要记录的情况，比如，第 3 条 "汉语教材与学生、教师之间的互动情况"，就包含 3 种需要记录的情况：（1）教材是否设计了在特定情境中使用某一汉语句式进行表达的汉语练习活动？（2）教材是否为汉语语法点设计了足够的情境导入式操练活动？（3）教师在课堂活动中起组织引导作用还是支配主宰作用？当出现某种情况时，就在记录表上打勾，然后统计各种情况及次数（强度）（参见陈伟国、何成刚，2003）。

第三节　汉语教材评价的指标体系

汉语教材指标体系评价是最典型的、使用最普遍的汉语教材系统性内部评价。因此，我们特别关注这类评价。既然如此，什么是汉语教材的评价指标呢？汉语教材评价指标体系是由哪些因素构成的呢？评价指标是汉语教材本质属性与特征的具体反映，是我们对汉语教材评价的各个维度的界定。一个完整的汉语教材评价指标体系应该由评价指标、评价标准、量表和权重构成。评价标准是对汉语教材各个评价维度的定性或定量的要求，是汉语教材属性的质的临界点及其质变过程中量的规定，是衡量汉语教材价值的准则。量表则是衡量汉语教材是否达到标准的程度的一种尺度。指标权重是标明汉语教材每个评价指标在指标体系中重要性的数值，当需要对汉语教材作出综合的数量化判断时，权重系数必不可少。

汉语教材的全貌就是由一系列相互联系的指标来描述的，与每一个指标对应的评价标准集合成了对汉语教材的要求。在汉语教材的评价指标体系中，评价指标与评价标准是不同的两个概念。前者是靠对汉语教材固有属性和内在结构的分析得来，对指标的评价可以反映汉语教材质量的全貌，后者是由评价者的需求分析得来，它只是衡量汉语教材价值的准则；前者在一定时期内相对稳定，后者相对来说，具有多样性和易变性。（参见丁朝蓬，2003）

毫无疑问，我们这里所说的汉语教材是基于第二语言教学的，这就决定了汉语教材的基本性质，从而牵涉到汉语教材评价的依据（即依据什么基准进行判断）和标准（即从什么角度进行分析）以及汉语教材的本质结构。因此，我们对汉语教材评价指标体系的讨论要从这些方面导入。

一、汉语教材评价的依据

汉语教材评价的依据主要来自以下三个方面：

（一）汉语学习者的需求

是否能够满足汉语学习者的需求是汉语教材评价的依据之一。因为汉语教材的服务对象是汉语学习者，既然汉语教材的价值是相对于某一特定对象的需要而言的，那么，特定对象的需要就应该处于支配地位，他们的需要就成了判断汉语教材价值的依据。人的需要是多层次多维度的，汉语教材的价值总是相对于某一种或几种汉语学习者的需要而言的。

（二）国际社会的需求

汉语学习者的需求在就业层面跟国际社会对汉语人才的需求紧密相联，教材是否能够满足国际社会的需求也是汉语教材评价的依据之一。汉语教材应该为国际上不同的国家和地区培养具有汉语技能和汉语交际技能的，能够进行跨文化交际的政治、经贸、文化等各方面的汉语人才。汉语教学目标一般是针对国际社会的需求来设置的，并借助一定的汉语教材来实现，因此，教材能否有利于实现预定的汉语教学目标，以满足国际社会对汉语人才的需求就成了判断汉语教材价值的依据。

（三）汉语作为第二语言的学科理论

汉语作为第二语言的学科理论包括汉语本体研究成果、第二语言教学和学习理论研究成果等。随着汉语作为第二语言教学学科的发展，新的理论研究成果不断出现，这为汉语教材评价提供了理论依据。因为汉语本体研究、第二语言教学策略、中介语理论、可理解输入、学习者认知心理特点等领域的理论研究的深入，在很大程度上代表着人们对第二语言"教"和"学"的客观规律的探索成果。汉语教材只有遵循一定的"教"和"学"的客观规律，才能使汉语教材产生预期的使用效果，从而显示出它应有的实用价值。

二、汉语教材的本质结构

　　汉语教材评价指标的建立应该基于对教材内在本质结构和属性的分析，以便通过对这些指标的评价来反映汉语教材质量的全貌。

　　丁朝蓬（2003）提出了从"深层结构"和"表层结构"两个方面来对教材进行分析的结构框架，这为我们的汉语教材评价提供了很好的启示。从汉语教材的本质结构分析入手，构拟汉语教材评价指标体系，这是一种比较严谨、合理的思路。如果我们客观地观察汉语教材，就会发现它也是深层结构设计与表层结构设计的统一体。所谓深层结构设计，是指汉语教材所选择的汉语要素、汉语技能、文化要素的组织结构。它体现了汉语教材的内容特性，决定了汉语教师教什么和学生学什么。所谓表层结构设计，是指汉语教材为了便于学生有效地学习深层结构而设计的表现形式。表层结构的要素包括汉语教材的功能模块（比如，课文、生词、学习活动、汉语习题、语法点注释、图表、与教材配套的汉语资源等）及相应的汉语文字或图表的呈现方式。在表层结构中，课文、生词、语法点、汉语习题等是汉语教材的主体，是对深层结构要素的直接体现，是编者为体现深层结构要素而选择和组织的特定材料的表述。汉语学习活动包括汉语技能操练、汉语（跨文化）交际性练习等。与汉语教材配套的资源包括汉语教师用书、汉语课件、汉语实物教具、汉语音像资料等。表层结构设计使同一类型的功能模块形成序列，使不同类型的模块有机组合。比如，语言文字如何表达，插图和表格如何编排等。表层结构为汉语教学提供依托和框架，为学生提供汉语使用环境和范例，它决定了汉语教师怎样教、学生怎样学，体现了汉语教材的教学特性，在很大程度上引导着汉语教师的教学方式和学生的学习方式。

　　基于上述对汉语教材本质结构的分析，我们可以构拟一个汉语教材结构示意图（如图10-3）：

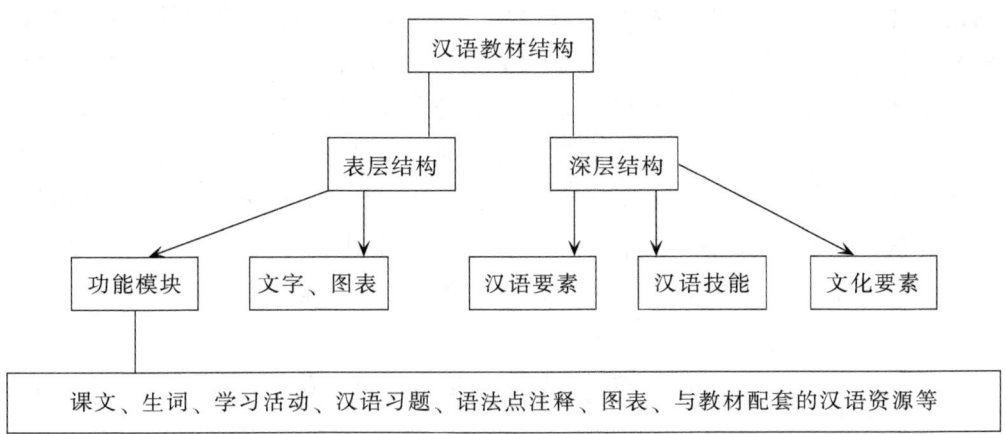

图 10-3　汉语教材的结构

三、汉语教材评价指标体系的树型结构

根据丁朝蓬（2003）的研究成果，从汉语教材本质结构的角度出发，来构拟汉语教材的评价指标体系，我们可以把它分成多个层次（如图10-4）：

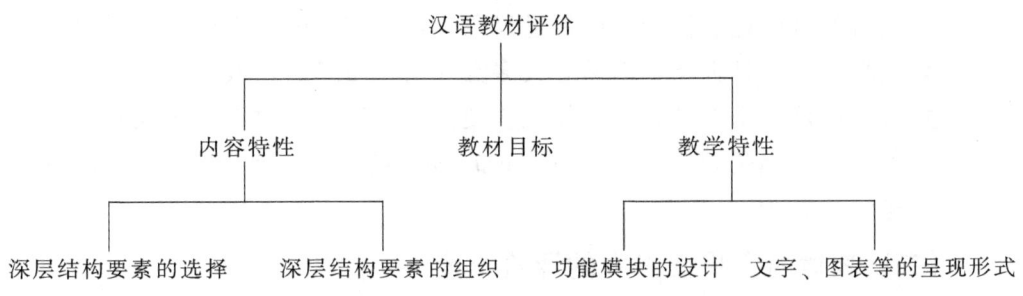

图 10-4　汉语教材评价的指标体系

上图表示，汉语教材评价指标体系的一级指标有三个：汉语教材的内容特性、汉语教材的目标、汉语教材的教学特性。汉语教材的内容特性指的是汉语教材所选择的汉语要素、汉语技能、文化要素的组织结构。汉语教材的内容特性包括两个二级指标：深层结构要素的选择和深层结构要素的组织。深层结构要素的选择和组织指的是选择哪些汉语要素、汉语技能和交际技能、

305

汉语文化要素，如何把选择好的这些要素进行科学、合理的编排配置。汉语教材目标指的是汉语教师和汉语学习者通过该教材的"教"或"学"可以取得的汉语学习成就。汉语教材的教学特性指的是汉语教材各种功能模块的设计，功能模块的编排序列，不同类型模块的组合与搭配，汉语文字的表达与修饰，插图、表格和形象化设计等。汉语教材的教学特性包括两个二级指标：功能模块的设计和文字、图表等的呈现形式。上述几个二级指标还可以进一步细分出若干个三级指标，直到满足评价者的需要为止。

四、汉语教材评价的标准

汉语教材评价的标准可以从三个维度去考虑：一是教材目标引发的评价维度，二是教材的内容特性引发的评价维度，三是教材的教学特性引发的评价维度。从这三个维度出发，可以进一步引申出 40 个具体问题，由此建立起汉语教材的一系列评价标准。（参见刘珣，2000b）

（一）教材目标引发的评价维度

1. 教材的目标是否与该汉语课程的教学目标一致？
2. 教材的目标是否符合汉语教学的学科特点？
3. 教材的目标是否符合并能促进汉语学习者当前的认知心理发展水平？
4. 教材的目标是否能基本满足大多数汉语学习者的发展需求？
5. 教材的目标是否具有可操作性，便于在汉语课堂教学中实施？
6. 教材的目标是否适合国际社会的需要，特别是未来国际社会的发展趋势？等等。

（二）教材内容特性引发的评价维度

1. 教材的内容是否系统科学地介绍了汉语语音、词汇和语法等方面的知识？是否反映了汉语的结构规律和系统特点？
2. 汉语要素在教材中的推进是否循序渐进，发展脉络清晰，有一定的逻辑联系？
3. 教材是否使用了规范、典雅的汉语？
4. 教材对汉语语言现象的解释是否准确？

5. 教材的内容是否反映了汉语研究、汉语作为第二语言教学的新成果？
6. 教材是否选择了能代表汉语主流文化的典型汉语题材作为课文？
7. 教材是否选择了真实、地道的汉语素材？
8. 教材内容（包括课文、练习、汉语知识等）是否适合通过教学转化为汉语学习者的汉语技能和汉语交际技能？
9. 教材内容是否能满足汉语学习者进行交际活动的的需求？
10. 教材内容是否来源于中国社会的真实生活？
11. 教材内容是否有利于在汉语教学中开展交际性活动？
12. 教材内容是否以适当的方式介绍了中国文化并考虑了可接受性？
13. 教材内容是否有利于培养汉语学习者的中外文化差异意识？
14. 教材内容能否适当引导汉语学习者正确理解和尊重中国文化？
15. 教材内容能否潜移默化地培养学习者的跨文化的汉语交际技能？
16. 教材是否适合某一类型的汉语学习者？
17. 教材是否适合某一具体的汉语学习环境（如目的语环境或非目的语环境）？
18. 教材是否适合某一具体的汉语学习期限？
19. 教材内容是否有利于汉语教学的精讲多练？
20. 教材内容是否满足了汉语学习者的需求，有利于急用先学、学了能用？

（三）教材教学特性引发的评价维度

1. 汉语材料的组织和练习设计是否有利于培养学习者的汉语交际能力？
2. 教材教学内容的安排是否循序渐进、由易到难、由简到繁？
3. 生词和语法点是否分布均匀、合理？
4. 汉语词汇、语法点和练习是否考虑了重现率和循环复习？
5. 汉语材料的编排和练习设计是否考虑了第二语言学习的规律以及成人的记忆特点？
6. 教材的练习内容和方式是否与汉语教学目标、汉语课型特点一致？
7. 教材的练习设计方式是否丰富有趣？
8. 教材内容和形式是否生动有趣，能吸引汉语学习者？
9. 教材的趣味性与汉语的实用性、交际性是否密切相关？

10. 教材内容是否反映了中国丰富多彩的社会现实？
11. 教材的题材、体裁和语言风格是否多样化？
12. 教材的文字编写是否准确、规范（无错别字和汉语病句）？
13. 教材的插图是否精美、数量适当、与内容配合紧密，能帮助汉语学习者理解？
14. 教材的版式设计是否活泼新颖，能吸引汉语学习者？

五、汉语教材指标体系评价案例

前面我们说过，一个汉语教材评价指标的建立应该在分析该教材的内在本质结构和属性的基础上进行，以便通过对这些指标的评价来反映该汉语教材质量的全貌。由此可见，评价指标的确立和指标体系的建立具有十分重要的意义。下面就是两个这样的评价案例，可以为我们采用类似的形式来评价其他汉语教材提供启示。

（一）赵金铭的汉语教材指标体系评价表

赵金铭（1998）在分析汉语教材现状的基础上，提出了一份汉语教材评估一览表。这是汉语教学界首次出现的较为系统、全面的教材评价等级量表（见表10-1），为我们开展汉语教材评价的指标体系研究提供了宝贵的启示。

表10-1　汉语教材评估一览表

教材名称＿＿＿＿＿＿＿　　　作　　者＿＿＿＿＿＿＿
出版时间＿＿＿＿＿＿＿　　　出版单位＿＿＿＿＿＿＿
教材类型＿＿＿＿＿＿＿　　　适用对象＿＿＿＿＿＿＿
开　　本＿＿＿＿＿＿＿　　　总 页 码＿＿＿＿＿＿＿

序号		评 估 项 目	得 分			
			A	B	C	D
1	前期准备	对学习者的需求有调查了解				
2		依据现行的某种教学计划、课程大纲进行编写				
3		依据大纲对词汇总量及其分布进行控制				
4		覆盖大纲所规定的语言点				
5		依据大纲确定功能意念项目且分布合理				
6	教学理论	以某种语言理论为基础,如结构主义或功能意念				
7		体现或侧重某种教学法原则,如听说法或交际法				
8		使用该教材可完成预定的教学目标				
9		正确处理语言知识的传授和语言技能的培养				
10		听说读写译各项技能训练比重均衡,并有综合训练				
11		按照语言技能编排教学内容				
12		既注意表达正确又注意表达得体				
13		语言能力与交际能力并重				
14	学习理论	以第二语言学习心理过程为理论基础(如,行为主义)				
15		教材内容与学习者的需求相一致				
16		内容编排符合学习者的学习心理过程				
17		语言水平与学习者的基础相符				
18		语言内容与学习者以前所学相衔接				
19		注意学习者的情感因素对学习的影响				
20		每课生词量适当,重现率充分				
21		句子长短适度				
22		课文篇幅适中				
23		课文与会话语言真实自然				
24		口语与书面语关系处理得当,是真正的普通话口语				
25		所设语境自然、情景化				

(续表)

序号		评 估 项 目	得 分			
			A	B	C	D
26	材 料	课文内容符合外国人、成年人、有文化的人的心态				
27		课文题材涵盖面广,体裁多样				
28		课文内容的深浅难易排序得当				
29		从开始就有可背诵的材料				
30		按照语言技能编排教学内容				
31		课文有意思,给学习者以想象的余地				
32		内容无宣传、无说教、无强加于人之处				
33		材料的文化取向正确无误				
34	练 习 编 排	练习覆盖全部的教学内容				
35		练习有层次：理解性—机械性—活用性练习				
36		练习类型多种多样,每个练习都很短				
37		各项练习之间具有内在联系				
38		注重表达练习,练习项目具有启发性				
39		练习的量足够				
40		练习编排遵循"有控制—较少控制—无控制"原则				
41	注 释 解 说	淡化语法,少用概念和术语,加强交际				
42		语言现象的解释简明扼要				
43		外文翻译准确,具有可读性				
44		注重词的用法及使用条件的说明				
45		例句精当,可以举一反三				
46	材 料 配 套	有教师手册及参考用书,方便教师,起导向作用				
47		有学生练习册				
48		各单项语言技能训练教材配套				
49		有清晰的音像材料,可供视听				
50		有阶段复习材料及总复习材料				
51		有相关的测试练习				

(续表)

序号	评估项目	得分 A	B	C	D
52	其他 开本合适，使用方便				
53		插图数量适当，与内容配合紧密				
54		版面活泼、新颖，吸引汉语学习者				
55		教材内容使用不同字号编排				

（二）薛艳君的汉语教材指标体系评价表

薛艳君（2005）比较和参考了国外各种评估模式，分析了国内第二语言教材（主要是英语教材）的评估情况，考察了国内教育评估的一系列研究成果，在此基础上，作者采用调查法和系统量化的方法设计了一套"初级阶段对外汉语精读教材的评估指标体系"（见表10-2），为我们开展进一步的汉语教材评价指标体系研究提供了有益的启示。

表 10-2 初级阶段对外汉语精读教材评估指标体系评估项目表

一级指标	二级指标	三级指标	评 估 标 准	量 表 5	4	3	2	1
内容质量	语音	规范性	符合普通话语音规范，注音、拼写规范					
		选择与编排	集中编排与长期严格要求相结合，涵盖语音系统的各个方面					
		教学法	音素与语流教学相结合，声韵调相结合；通过语音对比突出难点和重点；介绍交际中语音形式的选择					
	词汇	规范性	采用普通话词语，不用方言词、生造词					
		选择与编排	选用高频词，词汇量控制在 2500 个左右；每课生词从 3~5 个开始逐渐增加，但不超过 30 个；词性标注准确，具有针对性					
		教学法	词与句子的教学相结合，与字（语素）的教学相结合；加强词汇的对比；介绍如何选择合适的词语进行交际					

(续表)

一级指标	二级指标	三级指标	评估标准	量表 5	4	3	2	1
内容质量	语法	规范性	符合逻辑，符合汉语的表达习惯					
		选择与编排	以交际化为标准、精选语法项目100个左右；将包容量大的语法项目分散呈现，难易结合					
		教学法	通过对比突出语法的难点、重点，在语义、语用和功能中教语法，介绍在交际中如何选择合适的句式					
	汉字	规范性	使用规范的简化汉字，不用异体字、异形词					
		选择与编排	选择高频字，数量控制在1500个左右					
		教学法	口语和汉字教学先分后合，字与词的教学相结合，从笔画、笔顺、部件、间架结构等方面进行教学，重视跟学生的母语文字进行对比					
	课文	选材	题材丰富、体裁多样，富有科学性、针对性、实用性和趣味性，尽量采用原文					
		内容编排	生词量适当、句子长短适度、课文篇幅适中；课文内容的深浅难易排序得当					
		语言	所设语境情境化，语言得体、通俗易懂					
		语篇	介绍有关语篇衔接、连贯的方法，如代词、连词的使用					
	注释	词与语法注释	少用术语，简明扼要，重用法和使用条件的说明					
		例句	例句精当，可举一反三					
		外文注释	外文注释正确、准确、完整、充分					

(续表)

一级指标	二级指标	三级指标	评 估 标 准	量 表				
				5	4	3	2	1
内 容 质 量	练 习	练习的强度	练习适量、适度；既有利于教师教学，又有利于培养学生的语言能力和语言交际能力					
		练习的类型	包含理解性、机械性、活用性练习；既有语言要素型练习又有技能型练习；既包含单项练习又包含综合练习；要素型练习题型基本固定，技能型练习力求变化					
		练习的编排	练习覆盖全部的教学内容，各项练习之间具有内在的联系，遵循有控制—较少控制—无控制的原则					
	文 化	知识文化	中外知识文化介绍准确、正确，不加褒贬					
		交际文化	与语言结构和功能的教学紧密结合，从跨文化对比出发组织语言材料					
		文化和社会价值	内容无强加于人之处，无性别、生理、职业、种族等方面的歧视和偏见					
	教 材 配 套	教师手册	提供详细的语言知识、背景知识、练习答案、难点预测、教学目标和一定的教学指导					
		学生练习册	提出明确的学习目标，具有练习答案，介绍学习技巧和使用工具书的方法					
		复习与测试材料	有阶段复习材料及总复习材料和相关的测试练习，供学生复习和自测					
		音像材料	录制清晰，形象生动；语速为每分钟160~180字，能为学生学习提供较好的范例					

(续表)

一级指标	二级指标	三级指标	评估标准	量表				
				5	4	3	2	1
编校质量	加工水平	具体内容	无政治性、科学性、知识性错误					
		各类符号	标点、符号、公式、计量单位规范					
	设计水平	封面设计	封面、扉页、封底能恰当反映本书内容，构思合理、风格鲜明、色彩搭配和谐					
		版式设计	规范、统一、字号、行距大小合适					
	绘图水平	绘图水平	线条清晰、准确、美观					
	校对水平	校对水平	差错率在万分之一以内，或者超过万分之一但有更正签（注：对差错率有修改）					
印刷质量	印刷水平	开本	开本大小合适，使用方便					
		纸质	纸质厚薄适中、经久耐用					
		墨色	墨色均匀、字迹清楚、层次分明					
		照片插图	色彩搭配和谐，与内容配合紧密					
价格	价格	价格	价格合理					

思考题

1. 为什么要评价汉语教材？
2. 评价汉语教材的原则是什么？
3. 评价汉语教材的程序如何？有哪些方法？
4. 汉语教材评价指标体系是由哪些因素构成的？为什么？
5. 汉语教材评价的标准是什么？
6. 汉语教材评价的依据是什么？
7. 你使用过哪些汉语教材？请为其中的某种教材设计一个评价量表。
8. 你设计的评价量表包含了哪些项目？为什么要包含这些项目？
9. 把自己设计的汉语教材评价量表与别人设计的量表进行对比，看看有什么不同，并解释原因。
10. 你对自己使用过的汉语教材满意吗？如果满意，请指出对哪些方面满意，并解释原因；如果不满意，请指出对哪些方面不满意，并解释原因。请提出你的改进意见并解释理由。
11. 根据你所在汉语教学单位的实际情况试选择某种汉语教材，并解释理由。

主要参考文献

1. 巴巴拉·西尔斯、丽塔·里齐著，乌美娜、刘雍潜等译（1999）《教学技术：领域的定义和范畴》，中央广播电视大学出版社。
2. 北京语言大学汉语水平考试中心（2003）《中国汉语水平（高等）考试大纲》，北京语言大学出版社。
3. 曹贤文（2007）明德模式与中国大陆高校基础汉语教学常规模式之比较，《对美汉语教学论集》，外语教学与研究出版社。
4. 陈玉琨（1999）《教育评价学》，人民教育出版社。
5. 陈玉琨等（2001）《课程改革与课程评价》，教育科学出版社。
6. 陈伟国、何成刚（2003）《历史教育测量与评价》，高等教育出版社
7. 陈永明（2003）《教师教育研究》，华东师范大学出版社。
8. 陈昭玲（1998）大型对外汉语口语成绩测试的探索，《汉语学习》第4期。
9. 陈若凡（2002）谈成绩测试的科学化，《世界汉语教学》第2期。
10. 陈光磊（2002）对外汉语教学评估问题探讨，《第七届国际汉语教学讨论会论文选》。
11. 程书肖编著（2004）《教育评价方法技术》，北京师范大学出版社。
12. 程伟民、杜玲玲（2004）清华—哥伦比亚大学暑期汉语项目"家住"计划的调查及分析，《国外汉语教学动态》第3期。
13. 程晓堂编著（2002）《英语教材分析与设计》，外语教学与研究出版社。
14. 程晓堂（2004）《任务型语言教学》，高等教育出版社。
15. 崔颂人（2006）略谈对外汉语成绩考试的改进，《语言教学与研究》第4期。
16. 崔永华（1992）基础汉语阶段精读课课堂教学结构分析，《世界汉语教学》第3期。
17. 崔永华、杨寄洲主编（1997）《对外汉语课堂教学技巧》，北京语言大学出版社。
18. 丁朝蓬（2003）《新课程评价的理念与方法》，人民教育出版社。
19. 范晓玲、杨志明主编（1999）《教育测量与评价》，中南工业大学出版社。
20. 冯平（1995）《评价论》，东方出版社。
21. 高晨（2007）"哥伦比亚在北京"暑期汉语项目个案研究，北京语言大学硕士学位论文。
22. 高兰生（2002）《英语测试与试题命制》，人民教育出版社。
23. 高兰生、陈岳辉（1996）《英语测试论》，广西教育出版社。
24. 高凌飚（2001）教材分析评估的模型与层次，《课程·教材·教法》第3期。
25. 龚亚夫、罗少茜编著（2002）《英语教学评估》，人民教育出版社。
26. 桂诗春、宁春岩（1997）《语言学方法论》，外语教学与研究出版社。

27. 韩孝平（1986）试论对外汉语教学工作的评估，《语言教学与研究》第 3 期。
28. 黄伯荣（1991）《现代汉语教程》，青岛出版社。
29. 黄光扬主编（2002）《教育测量与评价》，华东师范大学出版社。
30. 黄祥年（1991）关于课堂教学评估的实践与认识，《世界汉语教学》第 2 期。
31. 黄自然（2007）HBA 的教学模式探析，北京语言大学硕士学位论文。
32. 胡中锋等（1999）《教育测量与评价》，广东高等教育出版社。
33. 贾笑寒（2006）日本国内的汉语能力考试及其借鉴意义，《语言文字应用》第 2 期。
34. 金　娣、王　刚编著（2002）《教育评价与测量》，教育科学出版社。
35. 江傲霜（2006）论对外汉语课堂教学的评价体系，《云南师范大学学报》第 3 期。
36. 姜　安（2007）对外汉字初级教材评价研究，北京语言大学硕士学位论文。
37. 汲传波（2006）论对外汉语教学模式的构建，《汉语学习》第 4 期。
38. 柯传仁、沈禾玲（2003）回顾与展望：美国汉语教学理论研究述评，《语言教学与研究》第 3 期。
39. 雷　莉（2006）韩国三星集团的汉语教学，《世界汉语教学》第 1 期。
40. 李雁冰（2002）《课程评价论》，上海教育出版社。
41. 李筱菊（1997）《语言测试科学与艺术》，湖南教育出版社。
42. 李海燕、蔡云凌、刘颂浩（2003）口语分班测试题型研究，《世界汉语教学》第 4 期。
43. 李靖华（2006）基于胜任特质理论的对外汉语课堂教学评估量表，北京语言大学硕士学位论文。
44. 林　敏（2006）以学习者为评估者的对外汉语教材评估模式研究，华东师范大学对外汉语学院硕士学位论文。
45. 刘德联、李海燕（2004）对外汉语教学评估偏差分析及纠偏对策，《语言教学与研究》第 5 期。
46. 刘润清、韩宝成编著（2000）《语言测试和它的方法》，外语教学与研究出版社。
47. 刘颂浩、钱旭菁、汪　燕（1999）交际策略与口语测试，《世界汉语教学》第 2 期。
48. 刘　珣（1996）关于汉语教师培训的几个问题，《世界汉语教学》第 2 期。
49. 刘　珣（2000a）近 20 年来对外汉语教育学科的理论建设，《世界汉语教学》第 1 期。
50. 刘　珣（2000b）《对外汉语教育学引论》，北京语言大学出版社。
51. 刘英林（1983）试论对外汉语教学的测试问题，《对外汉语教学论文选》，中国教育学会对外汉语教学研究会编制。
52. 刘晓海（2005）数字化对外汉语教学学习者评价系统，北京语言大学硕士学位论文。
53. 鲁健骥（1984）多项选择答案测试：出题技巧与题目分析，《对外汉语教学》第 4 期。
54. 鲁健骥（1993）中介语研究中的几个问题，《语言文字应用》第 1 期。
55. 陆俭明（2005）汉语教员应有的意识，《世界汉语教学》第 1 期。
56. 罗少茜编著（2003）《英语课堂教学形成性评价研究》，外语教学与研究出版。
57. 罗立祥（2006）《对外汉语教学网络课程的评价研究》，北京语言大学硕士学位论文。

58. 吕必松（1996）《对外汉语教学概论讲义》，国家教委对外汉语教师资格审查委员会办公室。
59. 美国国家研究理事会行为、社会科学及教育中心《课堂评价与国家科学教育标准》编委会著，熊作勇、何凌云译（2006）《课堂评价与国家科学教育标准》，科学普及出版社。
60. 潘永庆、孙文彬、路吉民（2004）《多元评价创新教育的有效机制》，山东教育出版社。
61. 彭聃龄、谭力海（1991）《语言心理学》，北京师范大学出版社。
62. 钱旭菁（2002）词汇量测试研究初探，《世界汉语教学》第4期。
63. 饶　玲主编（2004）《课程与教学论》，中国时代经济出版社。
64. 任春艳、马新芳（2006）汉语作为第二语言的学习者听说能力关系实证分析，《语言文字应用》第4期。
65. 盛　炎（1990）《语言教学原理》，重庆出版社。
66. 宋伏秋、梅　克（1995）《我国普通教育评价模式研究》，中国和平出版社。
67. 邵　菁、张　忻、李黔萍（2007）如何提高对外汉语教学评估的有效性，《中国大学教学》第11期。
68. 唐晓杰等编著（2000）《课堂教学与学习成效评价》，广西教育出版社。
69. 王　甦、汪安圣（1992）《认知心理学》，北京大学出版社。
70. 王添淼（2006）教学目标的有效陈述与对外汉语教学，《汉语学习》第3期。
71. 王秋雨（2007）哈佛大学汉语讲练课课堂活动研究，北京语言大学硕士学位论文。
72. 王孝玲（1989）《教育测量》，华东师范大学出版社。
73. 王孝玲编著（1999）《教育评价的理论与技术》，上海教育出版社。
74. 吴　刚（2004）《现代教育评价基础》，学林出版社。
75. 吴　刚、张辉华（2001）高校课堂教学评价的探索，《江苏高教》第6期。
76. 吴贵生等（2004）《高等学校教学质量测评与教学体系建设》，冶金工业出版社。
77. 吴维宁主编（2004）《新课程学生学业评价的理论与实践》，广东教育出版社。
78. 武尊民编著（2002）《英语测试的理论与实践》，外语教学与研究出版社。
79. 修玉霞（2008）美国在华中文项目教学模式探析，北京语言大学硕士学位论文。
80. 许建钺（1992）《高等学校教育鉴定与水平评估》，中国科学技术出版社。
81. 薛艳君（2005）初级阶段对外汉语精读教材评估指标体系研究，北京语言大学硕士学位论文。
82. 杨惠元（2004）课堂教学评估的作用、原则和方法，《汉语学习》第5期。
83. 杨　翼（2000）从排序看汉语学习者的局部连贯障碍，《世界汉语教学》第1期。
84. 杨　翼（2001）诊断性测试在对外汉语教学中的应用，《语言教学与研究》第2期。
85. 杨　翼（1998a）B级证书获得者作文中的杂糅现象分析，《语言教学与研究》第1期。
86. 杨　翼（1998b）高级汉语学习者的学习策略与学习效果的关系，《世界汉语教学》第1期。
87. 闫寒冰（2003）《信息化教学评价》，教育科学出版社。
88. 张敏强（1998）《教育测量学》，人民教育出版社。
89. 张宝玲（2003）谈对外汉语教学质量的多元评估模式，《首都经济贸易大学学报》第3期。

90. 郑日昌编著（1987）《心理测量》，湖南教育出版社。
91. 赵金铭（1998）论对外汉语教材评估，《语言教学与研究》第3期。
92. 赵　新、李　英（2006）中级精读教材的分析与评估，《语言文字应用》第2期。
93. 赵智超（1986）教学效果好的外语教师应具备的主要条件，《第一届国际汉语教学讨论会论文选》，北京语言学院出版社。
94. 朱正才、范开泰（2001）语言听力理解能力的认知结构与测试，《语言教学与研究》第3期。
95. 邹　申主编（2005）《语言测试》，上海外语教育出版社。
96. Diane Hart 著，国家基础教育课程改革"促进教师发展与学生成长的评价研究"项目组译（2004）《真实性评价》，中国轻工业出版社。
97. Ellen Weber 著，国家基础教育课程改革"促进教师发展与学生成长的评价研究"项目组译（2003）《有效的学生评价》，中国轻工业出版社。
98. Grant Wiggins 著，国家基础教育课程改革"促进教师发展与学生成长的评价研究"项目组译（2005）《教育性评价》，中国轻工业出版社。
99. J. Bellanca, C. Chapman, E. Swartz 著，夏惠贤等译（2004）《多元智能与多元评价》，中国轻工业出版社。
100. Robert L. Linn & Norman E. Gronlund 著，国家基础教育课程改革"促进教师发展与学生成长的评价研究"项目组译（2003）《教学中的测验与评价》，中国轻工业出版社。
101. W. James Popham 著，国家基础教育课程改革"促进教师发展与学生成长的评价研究"项目组译（2003）《促进教学的课堂评价》，中国轻工业出版社。
102. Arthur Hughes（1989/2000）*Testing for Language Teachers*, Cambridge University Press, People's Education Press, Foreign Language Teaching and Research Press.
103. Alan Davies, Annie Brown, Cathie Elder, Kathryn Hill, Tom Lumley & Tim McNamara（2002）*Dictionary of Language Testing*, Cambridge University Press, Foreign Language Teaching and Research Press.
104. Fred Genesee & Johna A. Upshur（1996）*Classroom-based Evaluation in Second Language Education*, Cambridge University Press.
105. James Dean Brown（2006）*Testing in Language Programs: A Comprehensive Guide to English Language Assessment*, McGraw-Hill Education (Asia) Co. and Higher Education Press.
106. Lyle F. Bachman（1990/1999）*Fundamental Considerations in Language Testing*, Oxford University, Shanghai Foreign Language Education Press.
107. Lyle F. Bachman & Adrian S. Palmer（1997/1999）*Language Testing in Practice*, Oxford University Press, Shanghai Foreign Language Education Press.
108. Nevill Grant（1987）*Making the Most of Your Textbook*, Longman.

后　　记

　　二十多年的对外汉语教学、汉语水平考试（HSK）命题和研究的工作经历使我有机会既能从对外汉语教学的角度观察汉语测试与评价，又能从汉语测试与评价的角度反观对外汉语教学，并使我对探讨和研究二者之间的关系及其交互影响产生了浓厚的兴趣。在这期间，我先后给北京语言大学对外汉语方向的研究生讲授过"语言测试对教学的反拨效应""对外汉语教学评价"两门课程，本书是在这一基础之上修改、扩充而成的。

　　研究和写作过程充满艰辛，历时数载，终于成书。在此谨向所有帮助过我的专家、同行致以诚挚的谢意。感谢刘珣、崔永华、张宁志、姜丽萍先生在本书写作启动之初的小型研讨会上提出的宝贵建议，正是他们的建议打开了我的思路。感谢刘珣教授的多次鼓励和帮助。感谢美国哈佛大学冯胜利教授和该校王秋雨老师提供的帮助。感谢南开大学施向东教授和该校梁磊老师提供的帮助。感谢崔永华教授在百忙之中审阅了全稿，并提出了许多宝贵的修改意见，使我获益匪浅。感谢程洲先生为本书的出版作了大量的编辑工作，付出了辛勤的劳动。感谢北京语言大学的多位研究生为本书提供相关资料。

　　最后我还要感谢家人的支持和理解，尤其是遇到困难时，母亲生前的音容笑貌就浮现在眼前，给予我精神上巨大的支持和鼓励，使我能够克服许多困难。

　　教学评价是第二语言教学的一个重要组成部分。在对外汉语教学界引进教学评价理论，开展汉语教学评价研究还是初次尝试，本书虽然进行了一些探索，但许多观点和方法还不够成熟，有待于在实践中深化和发展。恳请专家和同行不吝赐教。

杨　翼
2008 年于北京